人工知能と
21世紀の資本主義

サイバー空間と新自由主義

本山美彦◉著

AI and
21st CENTURY
CAPITALISM
Cyberspace and
Neo-liberalism

明石書店

はしがき

私は、優秀な職人を身近に見て育った。木型職人の彼の図面はまさに芸術品であった。私はいつも感動してその図面に見入ったものだ。彼は、さらに腕を磨くべく、当時の著名な洋画家の手ほどきを受けていた。私にもその成果の数々を見せてくれた。それらは、彼の木型の図面のような静謐と気品に溢れたものであった。彼の生涯は、地味だが気骨あるものであった。彼からもらった図面と油絵は今でも私の宝物である。

そうした思い出からか、私は経済学を学ぶようになって、迷うことなくピエール・プルードンの世界にのめり込んだ。しかし、当時、プルードンは、カール・マルクスの手厳しい批判によって、正統派のマルクス主義者による嘲笑の的であった。しかし、私はそうした嘲笑を無視できた。プルードンの方に、「労働の尊厳」を実現する優しい眼差しを感じていたからである。

印刷工のかたわら、プルードンは数々の著作を著し、当時の人々に大きな影響を与えた。「連合」

の思想、「ヨーロッパ同盟」の思想、「人民銀行」の実験、等々。最終的には、彼は時の権力者であるナポレオン三世によって潰されたが、彼の思想には神々しい気高さがあった。

しかし、私が研究生活を続ける上で圧倒的な影響を受けた「職人」の生み出す深みのある世界は、サイバー空間の爆発的な進展によって、木っ端微塵《みじん》に破壊されてしまう可能性が日々大きくなっている。私が受けた感動などは今や、化石のように記憶の中に留まるにすぎない。現在、多くの人が、コンピュータ社会の中に悪魔的な世界を見るようになった。

二〇一四年、ＳＦスリラー映画『トランセンデンス』が公開された。「トランセンデンス」とは「現実を超越した異次元の世界」という意味である。

この映画は、人工知能（ＡＩ）に対する人々の恐れを示したものである。

主人公のコンピュータ科学者とその妻は、コンピュータが人間の能力を超える世界を構築するシンギュラリティ（技術的特異点）を目標に活動していた。しかし、主人公は反テクノロジーを唱える過激派テロ組織の凶弾に倒れてしまう。妻は、夫を救うべく、死に際にあった夫の意識を、開発したＡＩ技術によって、コンピュータにアップロードする。夫は、人工知能としてコンピュータの中で蘇《よみが》った。主人公は、人工知能として、軍事機密から金融、経済、さらに個人情報に至るまで、あらゆる情報を取り込み、驚異の進化を始めた。彼は、人間世界を支配するようになった。そして、人間社会は、人工知能の擁護者と、人工知能を抹殺しようとする人たちの間で分裂し、抗争に明け暮れるようになった。人工知能は神なのか、それとも悪魔なのかの結論を出さないまま、映画は終わる。

近い将来、世界は人工知能の開発推進派と絶対阻止派との間で深刻な対立・諍《いさか》いが生じるかもしれない。そうした危惧を多くの人がすでに抱いている。にもかかわらず、現実の世界では、ＩＴ技術で先端を行く企業が人工知能の開発に邁進《まいしん》している。人工知能の開発に成功するか否かで、市場支配力が決まると、これら企業が意識しているからである。

本書で、私は、これから到来する世界を虚心に展望しようと心掛けた。とくに、米国の経済（経営）学者たちによる人工知能開発必要論に耳を傾けた。

本書は三部からなる。

第Ⅰ部は「サイバー空間の現在」を扱い、従来の雇用、とくに職人の雇用が一変する道筋を追った。どうすれば、「労働の尊厳」を維持することができるのかを問いつつ、「コンピュータリゼーション」（労働の排除）の脅威に分け入った。

また、いわゆるＳＮＳ（ソーシャル・ネットワーキング・サービス）の将来に関する問題点を、サイバー空間に潜む、多数派への同調圧力という面から取り上げた。

第Ⅱ部は「サイバー空間の神学」論である。とくにサイバー空間が市場経済の「最後のフロンティア」とする「サイバー・リバタリアン」たちの新自由主義思想を分析した。そこでは、経済（経営）学者が、ＩＴ開発者として大きな影響力を発揮したことを驚きの目をもって解説した。

第Ⅲ部は「サイバー空間における情報闘争」論である。「暗号」「盗聴」「スノーデン・ショック」について点検した。理論の世界が後退し、経験の世界が支配し、人工知能開発が企業の将来を決定する様《さま》を描いている。ここでも、経済（経営）学者たちの果たした役割に注目した。

本書は、結論として、甘すぎるとの批判を受けることを覚悟の上で、「人間社会の連帯」（アソシエ）の倫理が「コンピュータリゼーション」（コンピュータによる生きた労働の置き換え）の悲劇から世界を救う唯一の道であることを訴えている。

私は、その手掛かりを、フランスのプルードンと、一八世紀に東北の地で労働の尊厳を題材にした著作に励んでいた医者の安藤昌益《しょうえき》（一七〇三～一七六二）から学んだ。安藤昌益は、無責任な似而非《えせ》学問を売り物にする「不耕貪食の輩《やから》」を糾弾し続け、真の生き方を訴えた人である。

安藤昌益は、偏狭なイデオロギーを飯の種にして、世人に寄生する聖人たちを軽蔑していた。孔子は、作りごとの学問を振りかざして世上を徘徊し、働いている人に寄生する「聖人」であったと批判した（『自然真営道』）。

孟子は、治める者と治められる者とに分かれていることを天下の理だとする、はなはだ愚かな誤りを犯した輩である。天下は、人を養うものでもなければ、人に養われるものでもなく、治めるものでもなければ、治められるものでもない（同）。

「無欲な自然の天子」である労働（＝耕作）には上下がない。「私心」なく、宇宙という自然とともに生きることが労働である。釈迦でさえ、出家したからといっても、穀物から離れることはできない。それを悟らず、尊い労働を「士」の下に置き、足の下に踏みつける聖人の罪は重い（『統道真伝』）。

安藤昌益は、労働を「感」という言葉で表現し、それを「はたらく」と訓《よ》ませた。「はたらく」ことによって、自然を感じ取り、自然と手を携えて生きる術を会得できるからである。そのことを安藤昌益は、「直耕」と表現した。それが、労働の持つ本来的な喜びなのである（同）。

安藤昌益の労働理解は、旧約聖書で記述されている労働理解とは正反対である。

旧約聖書の「創世記」によれば、禁断の木の実を食べてしまったアダムとイヴの子孫である人間は、楽な生活を保証されていたエデンから追放され、荒れ果てた「呪われた大地」を耕す苦役を背負わされた。

宗教は、それを信じる人の魂である。したがって、軽々に論評されるべきものではない。そのことを重々承知しつつも、安藤昌益ならこの記述に憤《いきどお》ったであろうと私は思う。「呪われた大地」とは何ごとか。労働は苦役ではない。大地とは、喜びである労働によって、豊かになり、人間と同じように成長するものであると。

私は、安藤昌益を賛美するとともに、イマヌエル・カントの思想をも復権させたく願っている。

実務で成功した起業家には、理論家を机上の空論家として軽蔑する人が多い。経営とは、経験の積み重ねによるものであるのに、抽象的な理論などは何の役にも立たないという実務家は昔から多かった。「現実は理論が想定するように単純なものではない。よしんば正しい理論であっても、複雑な現実に対応できるものではない」というのが彼らの常套語であった。この同じ文句が、ビッグデータ論、人工知能論で頻繁に使われている。

覇権争いを勝ち抜いてきた勝者たちが、決まって使いたがるこの言葉への批判は、すでに一八世紀にカントが行っていたものである。カントは、政治家がそうであるとして、彼らを揶揄《やゆ》していた。政治家を企業経営者に読み替えれば、それはそのまま、競争に勝利した企業家批判にも適用できる。

「実務に携わる政治家は、理論的な政治学者とは仲が悪く、並外れたうぬぼれをもって政治学者を机上の空論家と蔑視し、国家はもともと経験の諸原則に基づくはずのものである」とうそぶく(『永遠平和のために』)。

現代の民主主義社会に住む私たちには、カントのこの揶揄が、それこそ命を懸けた発言であったことをすぐには理解できないだろう。カントが尊敬し、当時の宗教権力を批判したジャン＝ジャック・ルソーが国外追放された時代にあって、カントは、堂々とその時代の権力者を揶揄したのである。カントが説いた道徳は、きれい事で実現性のない代物のように見える。しかし、何事も敵に勝つことがすべてであるというリアリズムに還元してしまう類いの権力者に対抗できるのは、反抗する人間が身につけた高い道徳であるとカントは信じた。その姿勢を私たちはもっと真摯《しんし》に考えるべきである。カントの同時代で、米国の独立戦争を支持し、アイルランドの反英闘争に理解を示し、プロシアにとって敵方のフランスの革命を評価した人はどれだけいただろうか?

企業にとって、競争は神聖なルールである。このルールに則って勝ち抜くことが至上命令であるとの発言を企業人はよくする。しかし、実際には、いかなる手段を用いても、拡大に継ぐ拡大路線を推し進め、市場支配力を不断に増大させるというのが経営者の名誉である。大きく企業を成長させ、さらに世界一を狙う企業経営者が賛美される。勝ってしまえば官軍である。勝つためには人に言えない悪辣なことをしていたとしても、それは問われない。問われるのは、敗者に対してである。水に落ちれば、敗者は、叩かれる運命にある。その意味で競争は残酷である。

競争の修羅場を勝ち抜くことを使命と考える経営者は、企業を大きくする際の限界を設けない。ひたすら巨大化を追求して止まないのが彼らの存在理由である。その姿勢を批判する理論は、リアリズムを理解しない空想的なものとして一蹴される。

企業家と違って、学問上の理論家は、自らの理論にモラルを盛り込もうとするものである。過去の経済学者は、自分の研究を「モラル・サイエンス」たらんとしてきた。古典派の経済学者たちの多くは、体制批判者でもあった。

人間が社会的に結合するに当たって、社会の構成員が暗黙の了解の下に交わす契約を、私は、「協同社会」（アソシエ）を支える礎《いしずえ》として重視している。

理論を軽蔑する経験至上主義者たちは、自分たちの成功が永遠に続くものと錯覚し、将来待ち受けている社会からの反撃を無視してしまう傾向を持つ。そして、若者たちから批判力を奪う教育を推進しようとしている。

例えば、最近の日本における経済学の権威者たちに、経済学原論を新古典派流のマクロ・ミクロ論に限定しようとする動きがある。百年の計を考えなければならない教育現場で、科学の名の下に、特定の狭いイデオロギーを押し付け、それがグローバリズムに適うものだと、その道の権威者が、大学に圧力を掛けている。それだけではない。今や、文部科学省までも、国立大学の人文社会系学部の縮小を公然と要求するようになっている。
カントは、狭く底の浅い、即効的実利のみを重視する教育システムを軽蔑していた（『啓蒙とは何か』）。具体的な実践に役立つには、これまでの理論は高尚すぎ、抽象的すぎるという理論軽視の悪しき風潮、それがもたらす労働の尊厳の破壊に抗するためにも、人間が社会的に組織するアソシエの契約、そのモラルを重視することが喫緊の課題である。それは、個人のものではなく社会の契約、ともに生きるアソシエの契約である。労働者を機械に置き換えることをよしとする昨今の風潮に抗して、自然とともにに生きる人間を、その品位にふさわしく遇することこそ、人の輪＝アソシエの基本的なモラルでなければならない。個々人が切り離されてしまっては実現できない高尚な精神も、個々人がアソシエの輪に参画することによって実現できるものである。カントの力説していたことを私は真摯に受け継ぎたい。

二〇一五年一一月五日

本山美彦

もくじ

はしがき　3

第Ⅰ部　サイバー空間の現在——オンデマンド経済と労働の破壊

第1章　フリーランス（独立した）労働者……18
はじめに　18
1　正規労働者の排除　19
2　ロンドンの厳しい運転免許試験　22
3　ウーバーが開くオンデマンド（周旋）経済　25
4　労働破壊　28
おわりに　36
第2章　コンピュータリゼーション（労働の破壊）……37
はじめに　37
1　中間層の分解　38

2 機械打ち壊し（ラッダイト運動） 44
3 アルゴリズム（プログラムの手順）――細分化される労働 51
おわりに 58

第3章 使い捨てられるIT技術者……60
はじめに 60
1 いかに会社を高く売るか――IT企業の戦略 61
2 淫靡《いんび》な開発競争 65
3 コダック社の破綻に見る株価資本主義の行き詰まり 70
4 下請け技術者の憤懣《ふんまん》 77
おわりに 83

第4章 SNSと刹那《せつな》型社会の増幅……85
はじめに 85
1 仁義なき「プラットフォーム」戦争――オール・オア・ナッシング 87
2 大きな声の前に沈黙させられてしまうSNS 95
3 疑似的仲間 98

4　福沢諭吉の楽観論とマーシャル・マクルーハンの悲観論　102
おわりに　107

第Ⅱ部　サイバー空間の神学──新自由主義のイデオロギー

第5章　サイバー・リバタリアンの新自由主義……110
はじめに　110
1　シンギュラリティ（技術的特異点）とは　111
2　テクノロジー進化論　115
3　サイバー・リバタリアンの群像　120
4　「新自由主義」とは何か　126
おわりに　132

第6章　ジョージ・ギルダーの新自由主義神学……133
はじめに　133
1　ジョージ・ギルダーの「ノマド」批判　134

2　ギルダーの「セントラル・ドグマ」信仰　137
3　ギルダーの「テクノ・ユートピア」論　144
おわりに　151

第7章　ハーバート・サイモンと人工知能開発……153
はじめに　153
1　米国流近代化論と数量経済学　155
2　「ダートマス会議」と経営学者ハーバート・サイモン　160
3　経営学者のサイモンが人工知能に期待する理由　165
4　「ベイジアンネットワーク」――ビッグデータ解析への道筋　168
5　脳を超えるコンピュータと「ディープラーニング」　175
おわりに　177

第Ⅲ部　サイバー空間と情報闘争――新たなフロンティアの覇権の行方

第8章　企業科学とグローバルな共同利用地の行方……180

はじめに　180
1　「ディープラーニング」とビッグデータ　181
2　ビッグデータの罠　186
3　廃れたウェブ2・0の現実とビッグデータの未来　192
4　冒される個人の権利と「グーグル・フォビア（恐怖症）」　200
おわりに　205

第9章　証券市場の超高速取引（HFT）……207
はじめに　207
1　証券市場で増大したHFTのウェイト　208
2　「フラッシュ・クラッシュ」と「ミニ先物」という投機的取引　214
3　アルゴリズム取引と「ダークプール」　220
おわりに　228

第10章　サイバー空間と情報戦……231
はじめに　231
1　「スノーデン・ショック」　233

2　スパイマシーンになったインターネット会社　240
おわりに　245

第11章　ビットコインの可能性……248
はじめに　248
1　サイファー・パンク　249
2　ビットコイン　252
3　ビットコインの広がり　259
おわりに――ビットコインの可能性とプルードンの「人民銀行」　262

終　章　スタートアップ企業に見る株式資本主義の変質……269
注　278
参考文献　296
あとがき　310

第Ⅰ部

サイバー空間の現在

――オンデマンド経済と労働の破壊

第1章　フリーランス（独立した）労働者

はじめに

労働の中身が急速に悪化する時代に入ってしまった。

深刻なのは、不定期・非正規労働者の、就業者に占める比率が激増していることである。米国では、この比率は、リーマン・ショック（二〇〇八年九月）前では三パーセント前後で推移してきた。ショック後は六パーセント台になり、二〇一四年時点でも四パーセント台で推移していて、ショック前の水準に戻っていない。

米国では、失業が長期化してしまって、もう職探しをあきらめた人の数が増えている。雇用調査期間の四週間内では職探しをしていなかったが、過去一年前まで遡れば、職探しをしていたことのある人たちを「周辺労働力人口」という。労働力人口に対するこの層の比率は、リーマン・ショック前には一パーセント程度であったが、ショック後のピークは一・八パーセント台で、その後は低下傾向を示したものの、二〇一四年末でも一・四パーセント程度の水準にある。

周辺労働力人口に含められるが、調査期間中に職探しを諦めた人を「求職意欲喪失者」と定義し、周辺労働力人口に占めるその比率は、リーマン・ショック前には〇・二パーセント程度であったが、二〇一四年末では〇・四パーセント弱あった。

米国の労働統計局は、狭義の失業率と広義の失業率を公表している。前者は通常の失業率で「U-3」と呼ばれている。広義の失業率は、周辺労働力と非正規労働力を失業者の範疇に入れたもので「U-6」である。

当然、U-6の方がU-3よりも高くなる。リーマン・ショック前にはこの乖離幅は四パーセント程度であったが、ショック後、一時は七パーセント前半まで拡大し、その後縮小しているが、それでも、二〇一四年末時点で五パーセント台後半の水準にある。労働市場の「質的」改善は捗《はかど》っていない(1)。加えて、IT革命の進展が、労働の質をさらに悪化させている。

1　正規労働者の排除

ウーバーという会社がある。二〇〇九年に創設された新会社である（正式には、ウーバー・テクノロジー。以下、ウーバーと略す）という。この会社が、主としてヨーロッパで物議を醸している。同社は、スマートフォン（スマホ）を駆使してハイヤーを配車するＩＴ企業である。

通常のハイヤー会社とは異なり、同社は、ハイヤー仕様の車をまったく持っていない。ハイヤー運営会社としての免許も取っていない。自社直属のハイヤー運転手すらいない。ウーバーは、ユーザーにハイヤー予約用アプリを配信し、そのアプリを通して、ユーザーから配車の予約があれば、契約している運転手に命じて、運転手所有の車を、ユーザーの指定する場所に差し向ける。画面は常にグーグル・マップで表示される。

ウーバーのハイヤーを呼び出したいユーザーは、まずダウンロードした専用アプリを開く。画面には、ユーザーが立っている現在地がマップ上で表示される。ユーザーは、次に、画面上で「配車」と書かれたボタンを押す。これで予約は完了である。そして、ウーバーにユーザーの位置情報が登録される。ユーザーは一言も発する必要はない。スマホを触るだけである。

配車ボタンを押せば、次に、こちらに向かっている車の位置と到着までの待ち時間が、画面上に表示される。それも、実際に到着するまで刻々と表示される。車の到着を待つ間に、ユーザーの行きたい先をタップすれば、そこまでのだいたいの料金も知らされる。そして、車が到着する。運転席の横にはタブレット端末があり、目的地までの車の走行経路を示している。これによって、正しい走行経路を車が辿っているかをユーザーは知ることができる。到着すればユーザーは、その場で支払いをせずに車から降りる。支払いは、事前に登録しておいたクレジットカードでユーザーの銀行口座から自動的に引き落とされる仕組みである。

ウーバーの本拠は、シリコンバレーに置かれ、グーグルから二億五〇〇〇万ドルの出資を受けて設立された。ハイヤーの運転手は、非正規の契約社員である。正社員は、運転手ではなくソフトウェアのエンジニアたちである。

ウーバーは株式非公開の企業である。にもかかわらず、投資家から莫大な資金を瞬時に集めることができる。それは、投資家が買った同社の未公開株を公開時に高値で販売できるよう、企業価値を高めることを約束するからである。投資の際、企業価値を投資家が見積もり、その一〇パーセント程度なら株の購入予約に応じてもよいとの投資家の心理を利用したものである。

二〇一三年の資金調達では同社の企業価値は三五億ドルと評価されていた。二〇一四年末六月に一二億ドルを調達した際には、企業価値は一八二億ドルにまで急騰した(2)。二〇一五年六月にはそれが四一二億ドルにまで跳ね上がった。このことから見て、ウーバーが、世界のタクシー業界を蹴散らすようになることは容易に想像される。

ウーバーのトラヴィス・カラニック（一九七六年〜）最高経営責任者（CEO）によると、新たに入手した資金は海外事業の拡大に充てられる予定である。同社のアプリは、二〇一四年末時点で、五三か国・二五〇都市以上で利用可能である。

もっとも活発に営業している都市はシカゴである。乗車賃の二〇パーセントをウーバーに納入するという契約をした運転手は一〇〇〇人を超える。彼らは、ハイヤーの運転手としてのライセンスを取った人たちである。シカゴでは、二週間程度の訓練でハイヤー運転手のライセンスを取ることができる。

いきおい、アルバイトをしたい学生やサラリーマンが、同社と容易にハイヤー契約を結ぶ。車は、購入せずにリースで調達する。大きな投資をしなくても、アルバイト感覚でハイヤー業務に就ける。こうした参入障壁の低さもウーバーを急成長させた理由である。

ウーバーが登場する以前は、タクシー・ハイヤー業界の運転手の免許取得には、多くの国で厳しい訓練が課せられていた。この点を確かめるために、ロンドンの「ブラック・キャブ」の例を見ておこう。

2　ロンドンの厳しい運転免許試験

ロンドンには、「ブラック・キャブ」と呼び慣らわされている大型のタクシー車がある。馬車に客を乗せていた時代を再現するかのように、大きな客席部分に四〜五人が向き合わせで乗る形になっている。この型のタクシーはロンドンの名物である。

ロンドンのタクシー業界には、「ノリッジ」（知識）試験と呼ばれる厳しいタクシー運転免許試験がある。「知識」とはロンドンの地理についての知識のことである。合格するためには、三年以上もかかる。受験生には、ロンドンのすべての道と主要な建物・地点を、完璧に覚えることが要求される。一回の試験で終わるのではなく、何年にもわたって何度も試験が繰り返される。一段ずつ段階を上がり、六段を終了すれば合格であるが、最後の七段目で運転手としての姿勢が訓示される。

第一段階では、「ブルーブック」と呼ばれる地図を描いた教本が渡される。ブルーブックには勉強すべきロンドン市内の三二〇のルートが示されている。自習して六か月以内に、筆記の模擬試験を受ける。試験内容は地理についての知識である。これを自己採点することで、受験者は、自分の実力と適正を判断して、受験を続けるか、断念するかの決断をする。

第二段階は、自己評価から一八か月以内に実施される筆記試験である。通常、この筆記試験突破までに一年を要する。

第三段階から第五段階までは、試験官と一対一の口頭試問である。段階を経るごとに課題は難しくなるが、基本的な課題は、ブルーブックに載っているルートの中の一つのルートの起点と終点が出題され、そのルートに沿ったすべての道、主要な建物等を答えなければならない。実質的には、ロンドンのすべての道と主要な建物等を把握しておかなければならないことになる。

この口頭試問には、受験者の性格や人間性が試される。試験官は、時にわざと強圧的な態度をとったり、受験者を無視したり、軽蔑したような態度を取る。受験者が正確な解答をしているのに、それは間違っていると怒鳴ることさえあるという。受験者が冷静に対応できるかが問われる。

第五段階の間に、タクシー車両を使った運転実技の試験がある。

第六段階も一対一の口頭試問であるが、ここでは、「ロンドン全域」の資格を目指すものは郊外の地理、「郊外」の資格を目指す者はロンドン中心部の地理について試験される。この段階で実質的な試験は終了である。

第七段階は、最終講話と免許の授与で、上席試験官がタクシー運転手としての心得を説明し、タクシー運転免許状と運転者の証のバッジが授与される。

以上が、試験の内容である。この全課程を経て合格するまでに平均して三四か月を要するという。この厳しい試験のゆえに、タクシー運転者の質は極めて高い。運転者は自らの高い専門性に自信を持ち、プロとしてのプライドを持っている。いったん、ブラック・キャブの運転者になれば、生涯にわたって長く続ける者がほとんどで、社会的にも尊敬を集める職業となっている。雇用主に拘束されることなく自由に働けるという点で、タクシー運転手は、一種の憧れの対象である。ロンドンのタクシーはすべて個人タクシーで、ほとんどのドライバーが一人で一台の車両を保有している。

しかし、現在の車両数は二万二〇〇〇台ほどで少ない。その数も、この数年はほとんど増減がない。その台数の少なさが、ウーバーなどによって批判されているのである。

英国では、サッチャー政権時代（一九八〇年代）に世界に先駆けて規制緩和が実施された。しかし、米国と並んで規制緩和の母国のような英国でも、タクシーは規制緩和の対象から外されている。タクシー業界については、必要な規制と仕組みが依然として機能しているのである。消費者による選択が容易でないタクシーという乗り物にあっては、どの車両、どの運転者のタクシーであっても、一定水準以上の質が確保されていなければ、乗客は安心して乗ることができない。その乗客の安心を保障するためには、運転者の質が維持されていなければならないという考え方がまだ英国人の多くを捕らえ

ている。(3)

3　ウーバーが開くオンデマンド（周旋）経済

スマホなどの新しい通信手段を駆使して、消費者の時々のニーズにＩＴ企業が応えるべく、該当者を消費者に引き合わせるという体制が、「オンデマンド経済」と持ち上げられる時代になった。

英『エコノミスト』は、コンピュータの力とフリーランス労働者を組み合わせるシステムをオンデマンド経済として賞賛する特集記事を掲載した。(4)

前述のウーバーと並んで、同記事は、似たような事例をいくつか紹介している。「ハンディ」は家政婦・掃除人を即時に手配してくれる。「スプーンロケット」はレストランの食事を家庭に届けてくれる。「インスタカート」は冷蔵庫に入れる食材を買い出してくれる。「メディキャスト」は二時間以内に医者を派遣してくれる。「アクシオム」は弁護士を、「エデン・マッカラム」はコンサルタントを直ちに差し向けてくれる。「イーランス・オーデスク」は九三〇万人のフリーランス労働者を三七〇万社に紹介している。

そして、パートタイマーやアルバイター、さらには派遣社員などの非正規労働者たちを十把一絡げにフリーランス労働者と呼ぶ。同記事は、ＩＴ企業が、企業とフリーランス労働者を、スマホのアプリをクリックしてくれたユーザーに橋渡しするというシステムを、オンデマンド経済と名付けた。そして、オンデマンド経済が、今後、急速に成長するであろうとする。

同記事は言う。「大企業と大労働組合を有する経済は」「一九七〇年代以降」「衰退してきた」。「大企業は終身雇用を放棄してしまった。米国では、約五三〇〇万人の労働者がフリーランスとして働いている」と。

非正規で非常勤の労働者が、正規労働に比して悲惨な状態にあるという認識を、同記事は拒否する。彼らを非正規とはいえ、自由な労働者＝フリーランス労働者として、専門能力を持つ独立不羈《ふき》の仕事人として描き出しているのである。

「アップルのマックを持つ一匹狼でも、ハリウッドのスタジオに匹敵する映画作品を作り出すこともできれば、企業における「複雑な作業は、今では構成要素に分割して、世界中の専門家に下請けに出すことができる」。「オンデマンド経済のおかげで、社会は十分に使い切れていない資源を活用できる。ウーバーは人々に車を貸し出させる、つまり、『インセンティブ』を使って、余剰能力を貸し出せるわけである」。

同記事は、労働者を含めて、失業状態にある資源を、眠っている余剰能力と定義し直している。ソフト企業が、時おり「失業者を一時的に雇い入れる」という理解でなく、「余剰能力の有効活用」という別の理解を意図的に提出しているのである。

生産手段を持つ階級と、そこに雇用される無産階級というカール・マルクス（一八一八～八三年）の階級対立論を退けて、同記事は、「資金はあるが時間がない人々と、時間はあるが資金がない人々に二分されつつある」現在、「オンデマンド経済が、この両者に相互取引する手段を提供している」とウーバー的企業の歴史的貢献を評価するのである。

「オンデマンド企業は、決まった人材を管理するのではなく、中間業者としてさまざまな労働者と事業者を結びつける手配をし、品質を管理」しているとの認識の下に、同論文は、フルタイム労働者、正規雇用の高い価値を否定し、「働いた分だけ報酬が支払われ、年金や医療保険は自己責任となる」としてウーバー的企業の存在は歴史的に必然なものであるとして肯定する。

雇用主を福祉社会の要《かなめ》としている現状も、同記事は否定する。

「年金と医療保険をはじめとして、社会保障制度のあまりに多くの部分が雇用主を通じて提供されている。年金も医療保険も、個人と結びつけて管理して、会社が変わっても移動できるようにするべきだ」。政策は、「個人主義の進んだ時代に合わせて転換」しなければならない、と。

しかし、どうであろうか？　人が、企業であれ、労働組合であれ、人生の大部分を信頼している組織に託すという姿勢は、単純に批判されるべきだろうか？　人は孤立して生きることができるものではない。人が組織に所属するのは、同じ境遇にある者が同じ夢を見るためではないのか。人々が組織から切断され、孤独な人生を余儀なくされることが歴史の必然的な進歩であろうか？

人は、「このような社会で生き残るためには、複数のスキルを身につけ、そのスキルを更新し続けなければならない」、人は、「自分の売り込み方も学ばなければならない」、人は、「個人的なコネクションやソーシャルメディアを使いつつ、自分をブランド化しなければならない」と冷たく言い放つテクノロジー至上主義者たちの威圧的な姿勢こそ、歴史の悪い流れを傍観する傲慢として拒否されるべきである。そうではなく、歴史の持つ否定的な流れを矯正することこそが社会の思想でなければならないと私は思う。

4　労働破壊

ウーバーの進出以降、ヨーロッパのタクシー業界の労使は、ウーバーに対する激しい抵抗運動を展開している。それは、ドイツ、スペイン、フランス、オランダ、イタリアで広がっている。その一部を、二〇一四年の事例で紹介しよう。

二〇一四年九月、ウーバーはドイツ全土での営業を裁判所によって禁じられた。ドイツのタクシー業界団体のタクシー・ドイチェランドによる提訴を受けて、下された裁判所の決定であった。

同年一二月九日、スペインの裁判所がウーバーの営業を一時的に停止させるとの判決を出した。

同年一二月一五日、パリのタクシー運転手たちが、パリ中心部への交通を妨害するという決起行動に出た。これは、三日前にパリ商事裁判所がウーバーの営業を禁止しないという判決を下したことへの抗議行動である。何千人ものタクシー運転手が、パリの二つの空港から中心部に向かう道路を非常に遅い速度で走行し（エスカルゴ作戦）、交通渋滞を起こす作戦であった。オランダ、ベルギー、イタリアでも同じような抗議行動にウーバーはさらされている。

翻って、日本のタクシー業界はどうか？

ウーバーは、二〇一三年一一月に日本にも進出した。日本の国交省もスマホ利用のタクシー配車制度を後押しするという方針を二〇一四年三月一五日に示した。二〇二〇年の東京オリンピックに合わせるためであると報じられた。

日本の為政者たちは、ウーバー的ハイヤー・システムに好意的である。しかも、消費者優先政策がタクシー利用者たちの人気取りのために取られている気配である。

例えば、大阪では次のような高裁の決定があった。国が定めたタクシー運賃の幅より安い運賃で営業しているエムケイなどが国に対し、運賃変更命令などの行政処分を出さないよう求めた仮処分申請の即時抗告審で、大阪高裁は二〇一五年一月七日、エムケイ側の申請を認めた一審を支持、国側の抗告を棄却した。仮処分申請をしていたのはエムケイと大阪、神戸、滋賀のグループ三社の計一四〇〇台である。提携する個人タクシー事業者も一四人いた。消費者の利益が優先されたのである。

国は二〇一三年一月、行き過ぎた競争を是正する目的で改正タクシー事業適正化・活性化特別措置法を施行していた。この法律に基づいて、都市部を中心に地域ごとに運賃の幅を定めている。従わない事業者には運賃の変更を勧告し、応じなければ変更命令を出せる。それでも従わない場合、車両の使用停止処分や再度の運賃変更命令を経て、事業許可の取り消し処分を出せるというものであった。この方向性が裁判所で否定されたのである。

しかし、今のところ、この判決に抗議する日本のタクシー運転手たちの動きは見られない。ヨーロッパでは、消費者利益を優先することこそ、政治的任務であると豪語するウーバーへの抵抗運動が日々高まっているのに、日本では、労働破壊に通じる規制緩和を推し進めることが正義となっている。ヨーロッパの国々とは対照的に、日本では、消費者のために価格破壊をする企業こそが時代を切り開く主役であるとの理解が広がっているのである。

話をウーバー的な運転手派遣システム[5]のことに戻そう。

ウーバーは、ヨーロッパで激しい抗議行動にさらされるまでは、「反消費者という既得権益にしがみつく産業を毀し、消費者の立場に立つ優しい業界でありたい」という姿勢を崩さず、そうすることが、「ウーバーの政治的戦略である」とまで言い切っていた。しかし、二〇一五年に入ってからは、ウーバーは少なくとも外交的にはその居丈高な姿勢を改めているようだ。

ドイツのミュンヘンでは、毎年初めに「デジタル・ライフ・デザイン会合」（DLD会合と表記する）が開催される。DLD会合は、「世界経済フォーラム」（WEF）に参加するためにダボスへ向かう前に、米国とヨーロッパのハイテク起業家とベンチャーキャピタリストが毎年集い、業界について話し合う場となっている。

二〇一五年一月のDLD会合での、ウーバーの創業者、トラヴィス・カラニックのスピーチは、以前の居丈高の姿勢が影を潜めたものであった。その文章は、周到に練られたものであった。文案は、かつて、バラク・オバマ（一九六一年〜）大統領の選挙対策本部でストラテジストとして働き、現在、ウーバーの戦略を率いるデーヴィッド・プロフ（一九六七年〜）の手になるものであった。

ウーバーの新しい宣伝文句は、「対立ではなく協調がすべて」というものであった。それは、ウーバーは雇用を創出し、地域の税収を増やし、自動車を所有する必要から市民を守り、炭素排出を減らすことが同時にできることを訴えたものである。同氏の主張は、ヨーロッパの都市だけに向けたものではなく、全世界の聴衆に、ウーバーのプラットフォームが進歩であるということを納得させようとした。

居丈高な姿勢こそ引っ込めたが、ウーバーはヨーロッパでの事業を拡大するとの方針は撤回しなかった。カラニックは、「ＥＵの各都市で新たな提携ができれば、年内（二〇一五年）にＥＵで五万人の雇用を生み出せる」、そして、「二〇一五年はＥＵ各都市と新たな提携関係を作っていく年にしたい」、同社の配車サービスを認める都市には「四年以内に一万人の雇用を創出すると約束する」と述べた。

これまでのミュンヘンでの会合では、彼らは、米国的手法とＥＵ的手法との差違を主要な問題としてきていた。ＥＵ側は、米国式の仮想プラットフォームの創設には批判的であった。米国的リスクテイキングとＥＵ的セーフティーネットとの差違、米国的自由市場とＥＵ的規制との差違、米国的スタートアップ重視とＥＵ的既存企業重視との差違、等々が話題に乗せられ、そのことごとくにおいて、米国式のスタンスへの拒否反応がＥＵ側に見られるというのが、二〇一四年までのＤＬＤ会合であった。

しかし、二〇一五年の会合の雰囲気は違った。ウーバーの低姿勢とは反対に、米国だけでなくヨーロッパのベンチャービジネスもオンデマンド経済の到来を不可避と見、その需要をやむなしとの雰囲気が会合を支配することになった。

二〇一五年のＤＬＤ会合では、もはや、米国とＥＵとの対比云々という話題は出されず、人がどこに住み、どこで働いていようと関係なく、技術の進歩が世界の人々の全員を呑み込んでしまう、この流れについては素直に認めようという雰囲気であった。

会合で注目を集めたひとりにニコラ・ブリュッソン（一九七七年〜）がいた。二〇〇六年に相乗り自動車システムの「ブラブラカー」を立ち上げた人物である。

フランス国内では、カーシェアによって、長距離を移動する人が増えている。この変革の急先鋒に立つのがブラブラカーである。見ず知らずの旅行者たちを一台の自動車に相乗りさせて長距離を移動させるというシステムを開発して、フランス国鉄（ＳＮＣＦ）に対抗できるまでに成長している。ブラブラカーはフランスを超えて拡大し、二〇一四年末時点で、一三か国で一〇〇〇万人の登録会員を集め、一〇〇万台の車でヨーロッパ全体を移動できる相乗りの機会を提供している。ユーザーは、スマホで予約できる。

ブラブラカーは、二〇一四年六月、インデックス・ベンチャーズやアクセル・パートナーズなどの欧米のベンチャーキャピタル企業から一億ドルを調達した。フランスの新興企業へのベンチャー投資では過去最大規模の一つとなった。

このような実績を持つブリュッソンは、二八もの法律と規制がある「単一市場」のＥＵで事業を展開することの困難さについて質問されたとき、技術の進歩を阻止する法的な規制などいずれ壊されると豪語した。

オンデマンド経済が社会に破壊と混乱をもたらしていることは事実だが、それを阻止することは不可能であると、この会合に出席していたマサチューセッツ工科大学の経済学者、アンドリュー・マカフィー（一九六七年〜）も言う。「混乱はまだ序の口だ。混乱の量は減らない」と。

マカフィーは、同僚のエリック・ブリニョルフソン（一九五八年〜）との共著を二〇一四年一月に発売している[6]。

同書は、飛躍的に向上するコンピュータなどの機械が知力を持ち、それを飛躍的に向上させることによって、生きた人間の肉体労働だけではなく、知力を使う仕事も次第に機械が担うようになると予測する。弁護士からトラック運転手まで、すべての職業に影響が及ぶ。企業は変化しなければ、衰退を強いられる。すでに、この影響は最近の経済指標に現れている。労働に従事する人が減少し、生産性や利益は向上しているのに賃金は減少している。

起業家、イノベーター、プログラマー、科学者、デザイナーなど、第二の機械時代にチャンスを見出せる人が出る一方で、中間層や下位の人たちの生活は一段と悪化し、格差対立が深まる時代になる。

第二の機械時代では、機械の膨大な処理能力と人間の知恵を組み合わせた新たなコラボレーションが必要になる。しかし、そうした情況に適応できる人の数はますます少なくなる。現実には、成功した一握りの人と、大きな変化に苛立つ人たちとの軋轢が、拡大する一方になるだろう。しかし、その苛酷な世界は容赦なく来るが、マカフィーたちはそれを運命として受け取るしかないとペシミスティックである[7]。

マカフィーの考え方をもう少し詳しく説明しておこう。彼は『週刊東洋経済』のインタビューに答えている(8)。

米国で長引く失業問題の背景には、景気循環やグローバル化以外に、ＩＴ革命の影響がある。コンピュータの発達が中間層の仕事を奪うというのである。

マカフィーは非難する。止まるところを知らないＩＴの進化の恩恵を受けているのは、トップ一パーセントの人間だけだと。

米国経済の不調には、テクノロジーが大きく関わっている。グローバル化も、テクノロジーによるオートメーションの帰結である。

そして、この流れに直撃されているのが中流層である。中でもホワイトカラーの知識労働の打撃は大きい。中流層の将来は暗い。失われる仕事がもっとも多く、創出される仕事がもっとも少ないのがこの層である。米国の中流層は、一五年前より富も収入も減っている。

税計算ソフトによって、複雑な所得税の申告もネットでできるようになった。会計ソフトの開発会社は大いに儲けたが、数年前に比べ、税理士の需要は八万人も減った。

弁護士も同様である。以前なら、訴訟などで膨大な資料を手作業でチェックする必要があったが、今では、データ分析ソフトが同種のパターンなどを見つけ出してくれるため、少ない人手ですむ。

ＩＴ革命は労働需要を減らす。産業革命は、多くの労働者を生み出したが、ＩＴ革命はまったくその反対である。

もちろん、ハイテク産業も雇用を生み出している。一〇年前にはデータ科学者など存在しなかった。しかし、IT革命で創出される仕事は、数が多くないうえに、ハイエンドの仕事が多い。アマゾンとアップル、フェイスブック、グーグルの四社の株価を足すと、時価総額はざっと九〇〇〇億ドルにも上るが、四社全部を足しても、社員数は一九万人足らずである。

四〇年後、われわれはまだ車を運転しているか。まだ飛行機で空を飛んでいるか。答えはノーだ。では、工場や倉庫で、ほとんどの仕事をロボットが肩代わりするようになっているか。コンピュータが人間の言うことを理解し、質問に答えるのが朝飯前の時代になっているか。答えは、いずれもイエスだ。あと一〜二世代後になれば、サイエンスフィクション（SF）さながらの経済が到来するのは間違いない。

雇用の限りない縮小を阻止したいが、そうしようにも手を施す術はないと、この若き経済学者は匙を投げているのである。

マカフィーは、以上のように述べた。

再度、DLD会合に戻ろう。

DLD会合でのフランスのデジタル担当相のアクセル・ルメール（一九七四年〜）の発言も破壊をやむなしと捉えられても否定できない内容であった。同氏は、スタートアップ文化を称えながら、それが失敗と人員解雇を意味する可能性があることを認めることを慎重に避けたのである。

ストックホルムやベルリンなどの都市のスタートアップ世代はシリコンバレーの人たちと文化的

な共通点が多く、ブラブラカーのブリュッソンを含む多くの人がシリコンバレーで働いたことがある。ヨーロッパも破壊者を輩出し出したのである(9)。

おわりに

本章の冒頭で、米国における労働の質の低下を指摘したが、日本は米国よりももっと酷い状態にある。

日本では、非正規雇用が減少傾向を示していない。非正規雇用者数は、一九九三〜二〇〇三年に九八六万人から一五〇四万人へと激増し、その後、増加率は低くなったものの、増加傾向は止んでいない。二〇一三年では、一九〇六万人となり、役員を除く雇用者全体の三六・七パーセントを占めている。とくに、一五〜二四歳の若年層で増加は顕著である。同年齢層の就業者に占める割合は一一・五パーセントから三二・七パーセントと激増した（厚労省資料(10)）。

しかし、労働者派遣法の改正の流れに見られるように、日本政府および経団連は派遣労働者の長期化を可能とすることによって、非正規労働の改善には意識を向けていない(11)。

第2章　コンピュータリゼーション（労働の破壊）

はじめに

二〇世紀末から、世界は、十数年続いた物価下落（デフレ）と経済停滞に苦しんでいる。日本では二〇一三年九月以降、「異次元の金融緩和」というスローガンの下、日銀が、それこそ異例な規模で金融機関から日本の国債を購入し、巨額のカネを金融機関に渡している。しかし、そのカネは雇用の増加につながる企業の設備投資にはほとんど融資されず、相変わらず、金融ゲームの資金源に回されている。それは、日本だけに見られる現象ではない。世界のどの国にも共通に生じているやっかいな問題である。

この世界的な経済停滞の根底には、中間層の急激な雇用喪失がある。現在の経済社会を基本的に支えているのは、膨大な数の中間層である。世界には少数の億万長者がいる。しかし、極端な富者といっても、彼らの消費が社会全体に占める割合は小さい。圧倒的なシェアを持つのは、人口の半分程度を占めている中間層の消費である。もし、この中間層の半分が雇用から排除され、しかも新しい職場を見つけられないとなれば、現行の経済社会は確実に崩壊してしまう。

1　中間層の分解

今日の、このような雇用喪失をもたらしたのは、ITテクノロジーの目も眩《くら》むような進展である[1]。本書第Ⅱ部第5章で説明するが、ITテクノロジーの進化は徐々に起こるものでなく、等比級数的に急進展する。進化が年々倍増すると言っても、最初のうちは、実感できないが、ある年数を超えると爆発的な進行ぶりを見せる。

インターネットの進展を見てもそのことが分かる。例えば、インターネットでよく使われるソフトウェア、ブラウザを考えてみよう。ブラウザとは、情報をまとまった形で閲覧するためのソフトウェア全般のことを指す。一般に単にブラウザと言うとき、「WWWブラウザ」（ウェブ・ブラウザ）を指している。WWWブラウザは、「ワールド・ワイド・ウェブ」を利用、閲覧するために用いるソフトウェアである。

二〇一五年時点の主要なWWWブラウザは、マイクロソフトの「インターネット・エクスプローラー」（IE）、グーグルの「グーグル・クローム」、アップルの「サファリ」、オープンソースの「モジラ・ファイアーフォックス」等々が代表格である。

ブラウザが登場したのは一九九〇年のことであった。この年、スイスの「素粒子物理学研究所」（CERN）でWWWシステムのための最初のサーバとブラウザが試作された。しかし、初期のブラウザの利用は素人が手軽に扱えるものではなかった。だが、それからわずか四年後の一九九四年、ネットスケープ・コミュニケーションズ製の「ネットスケープ・ナビゲータ」がリリースされた。これは、当初、非常に人気を博した。一九九六年には、シェアが七〇パーセントにも上った。

しかし、一九九〇年代も末になると、一九九五年にすでにリリースされていた、マイクロソフトのIEが機能を強化し、ブラウザ戦争と呼ばれるシェア争奪戦が始まった。マイクロソフトとのシェア争いに敗れたネットスケープ・コミュニケーションズはAOL（現在のタイム・ワーナー）傘下に入った。ブラウザ戦争によって、インターネットは個人の間で一挙に普及したのである。

一九九三年時点では、世界の双方向電気通信でやり取りされた情報の総量のうち、インターネットを使ったものは一パーセントにすぎなかった。二〇〇〇年にはそれが五一パーセントに成長し、二〇〇七年には九七パーセント以上の情報がインターネット経由でやり取りされるようになった(2)。

人間の頭脳とコンピュータ関連の進化とは、スピードにおいて比べものにならない。コンピュータの能力の進化はあまりにも急速すぎて、生身の人間が、コンピュータの進化によって引き起こされる社会の激変に備えることは容易ではない。予想される惨事に備える時間的余裕すらない。なす術もなく、事態の進行を放置している間に、膨大な中間層が分解してしまった。

過去にも、テクノロジー革新によって古い形の雇用は奪われてきた。しかし、失業した人は新しい職種の雇用を得ることができていた。ただし、ジョン・メイナード・ケインズ（一八八三〜一九四六年）が指摘していたように、新しく創り出される雇用は、機械化によって失われた雇用よりも量的に少なかった。(3) そう言いながらも、生来が多面的な主張を持つケインズ自身はこの考え方に固執しておらず、経済成長を通じて、孫の代には貧困の問題は解決されているであろうと楽観していたが。

だが、コンピュータ化は雇用に深刻な影響を与える。これを「コンピュータリゼーション」と言う。コンピュータによる雇用変化をこの言葉は指している。コンピュータによる雇用への悪影響は、けっして軽視できるものではない。コンピュータが生み出す新しい雇用量は、コンピュータが棄てる旧《ふる》い雇用よりもはるかに少ない。

コンピュータに埋め込まれている人工知能（ＡＩ）が旧来の職種の雇用を奪っても、消失させられた雇用数を埋めるだけの人工知能開発者数が増えるわけではない。人工知能の開発者はほんの一握りの専門家で賄えるからである。

テクノロジーの進化によって雇用が奪われる形態は、機械化（オートメーション化）と海外移転（オフショアリング）によって代表される。コンピュータリゼーションという最新の形態もこの二つに集約される。オフショアリングも、オートメーション化の帰結である。オートメーション化に後押しされてオフショアリングは進む。

コンピュータリゼーションの基本は、作業工程をできるかぎり細分化し、細分化された一つ一つの工程のアルゴリズム（コンピュータに指令する課題を解析して、その解を提示する手順）を獲得することである。その作業に成功すれば、細分化された工程を全体の工程から切り離して外部に委託する（オフショアリング）ことができる。

テクノロジーの進歩がなければ、作業工程を低賃金国に移転することは不可能であった。どこの地でも、その地の誰でも、先進国と同じような製品を作ることができるためには、熟練度の差違を克服するテクノロジーが必要となる。機械だけではない。通信テクノロジー、情報テクノロジーの進歩もまた、作業工程の一部を低賃金国に移転できるようにするための不可欠な要素である。

オートメーション化もオフショアリングも、旧来の雇用を奪うことにおいては同じ役割を果たす。しかし、オフショアリングよりもオートメーション化の方が雇用の減少には大きな影響力を持つ。生産を海外に移転しても、それまでの労働工程を低賃金の労働に置き換えるだけであって、労働そのものを機械に完全に置き換えるものではないからである。しかし、テクノロジーがさらに進歩すれば、海外における労働すら不要になり、移転された生産工程は本国に帰ることになる。それは、本国に残っていた作業工程の労働がさらにいっそう機械に置き換えられるということである。

一度は他地域に移転させられた作業工程が、テクノロジーのさらなる進展によって、本拠地に帰るようになるが、そのときには、本土で雇用そのものが以前よりも大規模な形で奪われるようになっている。

その具体的な例を「コールセンター」に見よう。

コールセンターは、企業から委託されて、顧客との電話対応業務を専門に行う事業所・部門である。大手企業の問い合わせ窓口となって、電話回線数や対応するオペレータの数が多い大規模な施設がコールセンターと呼ばれている。

日本では、当初の段階、つまり、一九九五年頃からコールセンターが比較的賃金水準の低い日本の地方に業務を委託するようになった。委託した地方は、東京から遠いため、専用線やＩＰ電話等を併用して、通信コストを下げるシステムが作られていた。地方公共団体が電話料金や初期投資に対して一定の補助金を支出している場合も多かった。札幌市や仙台市は、言葉遣いやアクセント、イントネーションが標準語に近いことや、自治体が誘致に熱心であった等の理由から、コールセンターの進出が多い地区になっていた。

コンピュータ技術の発展に応じて、コールセンターは、次第に海外にも設置されるようになった。ＩＰ電話を使えば、国際電話のコストはゼロに等しい。しかも、時差を利用すれば、日本では深夜でも、現地では業務時間帯である。人件費の安い国で業務を請け負う現地の業者があったことから、海外、とくに、北京、大連、バンコクにコールセンターの設立ラッシュが続いた。

コールセンターという業界は、人材となるオペレータの定着率が低く、常に、人手不足に悩まされただけでなく、電話が短時間に集中するので、オペレータを配置するタイミングを決めることが難しい。業界は、タイミングのズレにしばしば苦しめられてきた。それでも、企業からの委託業務が増えて、業界としては発展をしてきた。

二〇一〇年あたりから、コールセンター市場は、スマートフォンの普及で潤ってきた。二〇一一〜一四年の約三年間で四〇〇〇万台を超える携帯電話がスマートフォンに移行し、使い方からトラブルまで、多くの問い合わせがコールセンターに殺到した。しかし、この潤いも、近年、急速になくなってきた。

ネット社会が普及したからである。ウェブによるメールが、音声（電話）の価値を低下させた。記録やデータの登録の容易さ等で、顧客は電話からネットに移行した。企業から見ても、ネットの方が図解や動画で商品を詳しく説明できるし、受け付けも手間がかからず、間違いも少ない。

また、若者の間では主要なコミュニケーションの方法が音声通話ではなくなってきた。それに代わって、メールやウェブが主たるメディアになった。コミュニケーション市場におけるＩＴ化がコールセンターの仕事を奪いつつある[4]。

音声そのものも自動音声装置テクノロジーの急速な発展で環境が激変している。すでに、二〇〇四年の早い段階で、オンライン誌の『インフォメーション・ウィーク』が、米国のコールセンター企業の委託先のインドやフィリピンの従業員たちが、洗練された自動音声装置によって、失業の危機に怯えているというニュースを伝えていた[5]。

新しいテクノロジーが旧い技術の雇用を追い出し、そして新しい技術の雇用を誕生させるのであるが、この新しい雇用もまた、さらに新たなテクノロジーの開発によって消えてしまう。そのサイクルは、テクノロジー開発の速度が急激であればあるほど、短くなる。等比級数的な新テクノロジーの開発によって、またたくまに新しい雇用も奪われている。ITの職種では、IT技術者の相次ぐ失業が日常化している。

一九四五〜八〇年にかけてコンピュータのコストは年平均三七パーセントほど低下した。一九八〇年代、九〇年代になるとその低下スピードはさらに加速した。この時代、コスト低下は年率六四パーセントという驚異的な数値を示した。(6) 二年でコンピュータの性能は倍増するというムーアの法則（第5章参照）はよく知られているが、性能向上は、それより年率で一八パーセントほど高かった。その間、バーコードやスキャナーがあらゆる小売店で採用されるようになった。

そして、一九八〇年代にはパソコンが普及した。ワープロ・ソフトとパソコンからの印刷が簡単にできるようになって、タイピストが駆逐された。電話交換士も同じ運命を甘受するしかなかった。労働者は製造現場からサービス労働に追いやられた。一九八〇〜二〇〇五年の間に、サービス産業に従事する総労働時間は三〇パーセントも増加している。

かくして、社会の中間層の二極分解が進行し出した。低所得の単純労働に従事する人と高い技術を持つ労働者が増え、中間層が減少したのである。(7)

2　機械打ち壊し（ラッダイト運動）

機械が雇用を駆逐することへの労働者の反抗運動は、いつの時代にも見られた。もっとも有名な例は一八一二年から一七年にかけてイングランドで起きたラッダイトによる機械打ち壊し運動である。

　この運動は、世の中の進歩を否定する時代錯誤者たちの無知蒙昧なものとして、後世の人々から侮蔑的に語られることが多い。しかし、テクノロジーの進歩を憎悪でもって拒否する姿勢から、基本的にその進歩を容認するように社会の心理に変化があったのは、いつのことで、それはなぜなのかということをきちんと理解することが重要である。

　ヨーゼフ・シュンペーター（一八八三〜一九五〇年）は、テクノロジーの進歩は、発明能力の問題ではなく、発明を受け入れる社会的力関係によるということを強調していた[8]。つまり、一九世紀の労働現場の機械化には、ギルドを解体させたブルジョア層の台頭、貴族的特権社会を打倒した市場経済体制の勝利といった社会の力学の変化があった。イングランドが、世界に先駆けて産業革命を推進できたのは、資本制的社会革命（名誉革命）を経験していたからである（後述する）。

　ギルドは、市場がテクノロジーを陳腐化させるものと受け取っていた。そのために、ギルドは市場を敵視した。敵視は発明家にも及んだ。自分たちの安全を脅かす存在として、ギルドは発明家を敵視したのである[9]。ギルドの成員は、熟練した自分たちの技術が、外部の介入によって破壊されることを恐れ、自分たちの熟練を秘密裏に保持することに専念していたのである。

　イングランドのチューダー王朝は、とくに一六世紀を通じて、ギルドの政治勢力に依存する側面が強かった。都市の政治を牛耳《ぎゅうじ》る各種ギルドの勢力を無視しては、絶対王権といえども、権力を維持することができなかった。イングランド王は、ギルドの中でも手織物産業には特別の保護を与えていた。

一七世紀後半に綿織物が普及する前までは、ヨーロッパでは毛織物が衣服の基本形であった。一四世紀中期から一五世紀中期まで、断続的に続いた百年戦争は、フランドル地方の毛織物産業をめぐる利益配分も一つの原因であった。イングランド産の羊毛をフランドルの毛織物製造業者が製品化していたのであるが、このフランドル地方の支配権をめぐって、英仏の王家が紛争を繰り返していたのである。当時、フランドル地方と呼ばれていたのは、現在のベルギー北部、オランダ南西部、フランス北部に相当する。

この地方の中心地であるブリュージュは、強固な自治権を保持する特権都市であった。一二世紀頃からフランドルには多くの自由都市が発達した。とくに、ブリュージュはフランドルの中心として、北ヨーロッパでもっとも豊かな都市となった。毛織物産業を中心に広範な交易網を築いていた。北西ヨーロッパ都市間の同盟「一七都市ハンザ」と、「ロンドン・ハンザ」の両ハンザに参加し、一四世紀から一六世紀にかけて、ヨーロッパ経済圏の要として繁栄していた。ちなみに、ハンザとは商人の組合団体を意味する古代ドイツ語である。

一五世紀頃からイングランドでは、毛織物の輸入代替生産が行われるようになった。毛織物産業は、マニュファクチュアと問屋制によって発展した。それには、イングランド王家の保護政策が大きく貢献していた。(10)

ギルドと同じく、王家もまた毛織物の機械化を敵視していた。一四八二年には「フリング・ミル」、一五五一年には「ギグ・ミル」、一五五五年には「タッキング・ミル」という自動織機の導入を禁止する法までもが施行されたのである。[11] このことが、ギルド社会を基礎とした王政を安定させていた。

イングランドで産業革命が毛織物でなく、綿織物で始まったことについてはいくつかの説がある。中でも、世界の需要が毛織物でなく、綿織物に移っていたからというのが最有力の説であるが、私はそれは結果論であって原因論ではないと考えている。

ギルドが力を持っていた時代には、機械化が抑圧されていたので産業革命が生じなかった。ギルドが力を失い、資本家層が台頭する時代になってやっと機械化が進行したのである。たまたまその時代の基本的衣服が綿織物に移っていただけのことである。私はそう見なしている。

毛織物業者のギルドと王家が新しい技術をいかに恐れたかを物語るものとして、ウィリアム・リー（一五六三～一六一〇年）のエピソードがある。

リーはケンブリッジ大学セント・ジョンズ・カレッジを卒業後、英国ノッティンガムシャーのカルバートンで牧師をしていた。根を詰める手編みに従事する女性の労働を楽にしてやろうと靴下編み機械を発明した。一五八九年のことである。彼が機械の発明を思い立ったのは、ほかにも、彼の求愛を撥ね付けてひたすら手編みに熱中していたある女性の気を惹こうとしたからであるとか、編み物のスピードが極端に遅い彼の妻を助けてやろうとしたからであるとかの諸説があるが、彼には宗教家として労働者の厳しい労働を軽減しようとの想いがあったに違いない。

この発明の特許を取ろうとロンドンに赴き、機械の展示場で、エリザベス一世の拝謁を受けた。しかし、機械を見た女王は、その機械によって女性の仕事が減ってしまうと判断して、彼に特許を与えることを拒否した。確かに便利な発明だが、この機械によって、臣民たちは仕事を奪われ、一文なしになってしまうであろう。それゆえに特許は認められないと女王は彼に申し渡した[12]。女王に靴下職人のギルドが強烈に反対意見を申し入れていたのである。

リーはさらに機械を改良した。編み針を、これまでの一インチ当たり八本から二〇本に増やした。最初の編み機はごわごわした低級な綿しか扱えなかったが、絹のような高級繊維でも編めるようにした。この改良機械についても女王は王国の編み物職人の利益を守るためという理由で特許を与えることを拒否した。

彼は、イングランドを離れ、フランスのルーアンに移り住み、ブルボン王家のアンリ四世の知遇を得て、靴下製造業を起こし成功させた。しかし、国王の死後、没落し、失意のうちにパリで死んだが、彼とフランスで編み物工場を協同経営していた弟のジェームズがイングランドに帰り、ロンドンとノッティンガムで編み物の一大産業を築き上げた。ウィリアムズの編み物機械は、現在の自動織機の原型をなしている[13]。

一七世紀に入ると、都市ギルドに基盤を置く絶対王政は、新しく台頭してきた都市ブルジョア層の経済・政治力によって追い詰められていく。この世紀に相次いで生じた王権と議会との角逐が、権力基盤が確実に市民階級の手に移行してきたことを物語っている。

イングランドでは、職人のギルドは、一六八八年の名誉革命時には、政治的影響力をほとんど失っていた[14]。

王権を凌ぐ力を持つようになったイングランドの議会は、機械を打ち壊せば、壊した本人やグループを死刑に処するという法律を一七六九年に成立させた。これはイングランドにおけるギルド保護政策の大転換であった。

さらにラッダイト運動の起きる前年の一八一一年二月、英国政府は機械破壊を死罪にする法案を改めて提出した。上院での第二議会では、出席した詩人ジョージ・バイロン（一七八八～一八二四年）はこの法案に反対し、労働者を弁護している。(15) 草案は一八一二年三月に法律となったが、一七六九年の法律同様、機械破壊を止めることはできなかった。一、二度の死刑執行はあったが、襲撃者を発見することがきわめて困難だったためである。

ラッダイト指導者の首に二〇〇〇ポンドに上る懸賞金がかけられ、はじめて密告者により検挙が行われた。一八一三年一月、ヨークの裁判所で指導者三名への死刑宣告があり、その三日後、一五人の労働者が処刑された。年報の『アニュアル・レジスター』（一八一三年版）には、彼らは裁判の最後まで沈着な態度を示し、立派であったという記述がある。(16)

ラッダイト運動は、一八一六年に再燃した。ノッティンガムで靴下職人が三〇台の機械を破損し、イングランドの東部地方では農民が積み上げた干草に放火した。彼らは脱穀機を打ち壊し、「パンか、血か」と書かれた旗をもって示威運動を行った。バーミンガム、プレストン、ニューカッスルでは失業者が示威運動を、ダンディーとグラスゴーでは軍隊と血なまぐさい衝突を起こした。運動が一つの絶頂に達した一八一六年一二月一六日、ラッダイト運動は、弾圧に敗れたが、一八一八年のランカシャーではより高い賃金のためだけでなく工場法と婦人少年労働の規制のために戦い、一八一九年のマンチェスターでは普通選挙権と社会政策を求める政治行為となり、産業革命に対するたんなる反革命では終わらなかった。ラッダイト運動は農民一揆から労働運動への過渡期を担い、労働者の権利を追求する人たちの情熱を刺激したのである。

イングランドにおいて、テクノロジーの進歩が受け入れられるようになったのには二つの理由があった。

前述のとおり、議会の力が王権を凌ぐようになってからは、ブルジョア層が政治的支配力を強めたことがその一つ(17)。テクノロジーの進歩があっても、ブルジョア層の資産が減少するどころか、新テクノロジーによって生産された機械財が彼らの富を増やした。もう一つは、他方の職人たちはブルジョア層による新テクノロジーの採用に抗する政治的な力はすでになくしていたのである。そして、ブルジョア層以外にも、発明家、消費者、未熟練労働者たちが機械化による恩恵を受けるようになったことが第二の理由である(18)。

それは、市場原理を信奉するブルジョア層の勝利であった。しかし、イングランドには、同時に、労働者の権利保護のシステムも作り出されていた。ジョン・スチュアート・ミル（一八〇六～七三年）など、多くの古典経済学者たちが社会主義を標榜していたことからもこれは理解されるだろう。

イングランド議会は、当初、労働者の団結を犯罪として労働組合の設立を禁止した。「団結禁止法」（一七九九年）がそれである。それでもラッダイト運動のように労働者の非合法闘争を抑えることはできなかった。繊維工業地帯でのストライキ、鉱山ゼネストなどが無数に起こった。農村でも囲い込み運動に対する農民暴動が起きていた（囲い込み運動とは、地主が小作農を追い出し、放牧場に変える動きのこと）。

結局、一八二四年、団結禁止法は廃止され、一八三〇年代以降、多数の労働組合が結成された。一八三四年、ロバート・オーエン（一七七一～一八五八年）の呼びかけで「大ブリテン・アイルランド全国労働組合大連合」が結成された。このようなナショナル・センターの結成は世界史上初の出来事だった。労働時間短縮の闘いがこの時期に本格化した。

一八三六年には、「ロンドン労働者協会」が結成され、二年後の三八年に「チャーティスト」の名称となる「人民憲章」（チャーター）が謳われた。チャーティスト運動は、政府による大弾圧にあって、解体に追い込まれたが、その間、社会主義思想が大きな影響力を持ち始め、一八四八年にはフランスの「二月革命」につながった。労働時間の短縮、労働組合の権利保障、等々、フランスの臨時政府は革命的な施策を次々と施行した。それには、ラッダイトの運動の影響が大きかった。

ラッダイトの運動は決して時代錯誤のものではなかったのである。

3　アルゴリズム（プログラムの手順）――細分化される労働

二〇一三年九月、コンピュータの導入で雇用が喪失する可能性の高い職種に関する調査報告をオックスフォード大学が公表した。米国の統計で検索した七〇二の職種のうち、ほぼ半数の四七パーセントの職種において、人工知能による雇用減（これをコンピュータリゼーションと同報告は名付けた）を被るという計算結果を同報告は提示した[19]。

コンピュータリゼーションは、「ML」（マシーン・ラーニング＝機械学習）と「MR」（モバイル・ロボティクス＝携帯ロボ）を併用している。

機械学習とは人工知能に関する技法の一つで、人間の学習能力と同じ機能をコンピュータで実現させようとする試みである。

「ビッグデータ」を入力し、それを解析して、有用な規則、知識、判断基準などを引き出し、アルゴリズムを発展させることが機械学習の目標である。

すでに触れたように、アルゴリズムとは、問題を解くための手順を定式化して表現したものである。提起された問題の解を得るには、解に辿り着くまでの手順がきちんと創り出されていなければならない。しかも、その手順に時間が掛かってはならない。効率よく解に到達するためには、手順は常に更新されなければならない。コンピュータにこのアルゴリズムを指示する電子文書がプログラムである。

アルゴリズムという名称は、九世紀のバグダードに在住していた数学者、アル・フワーリズミー（七八〇頃～八五〇年頃）の名前から来ていると言われている。

アル・フワーリズミーはイスラム世界が生んだ数学の天才であった。アルゴリズムという用語で著名なだけでなく一次方程式の解法を示した人である[20]。

彼の著作『インドの数の計算法』（八二五年）が、一二世紀になってから、チェスターのロバートと呼ばれていた研究者によってラテン語に翻訳された。この書は、五〇〇年にわたってヨーロッパ各国の大学で数学の主要な教科書として用いられた。各節の冒頭に「アル・フワーリズミーは言った」という文が置かれていたために、その教科書は『アルゴリトミ』と呼ばれていた(21)。チェスターのロバートは、英国人で、一二世紀において数学、天文学、錬金術、クルアーン（コーラン）等の文献をアラビア語からラテン語に翻訳した人物である。ちなみに、一一四三年に彼が行ったクルアーンのラテン語訳は、ヨーロッパで最初のものであった(22)。

話を戻そう。コンピュータに、指定された順序で特定の仕事をさせることがアルゴリズムの役割である。アルゴリズムは常に演算可能な手続きを指令できるものでなければならない。コンピュータの世界では、演算可能なことを「明確なもの」と表現する。アルゴリズムは明確な手続きのリストであり、命令列が先頭から最後尾に至るまで逐次的に実行可能であることが必須の要件になる。つまり、演算順序が最重要なものになる。

アルゴリズムは、入力されたデータの相互の関係を識別しなければならない。この識別することをコンピュータの世界では「定量化される」と表現する(23)。

さらに、アルゴリズムは、コンピュータにデータを学習させて、データの確率分布を分析し、学習によって得た知識を用いて新たな入力データについて知的な決定を行う。その過程で重要なことは、データを使って訓練した経験に基づいて一般化できる知見を学習することである(24)。

また、「携帯ロボ」は、学習能力を持つ移動可能なロボットが人間社会のあらゆる部面で人間の能力に匹敵し、時には人間を上回る能力で人間の労働を代替することができる。このロボットは、学習能力、分析能力に加えて感情移入がプログラムされていることもある。[25]

このようなＡＩ（人工知能）テクノロジーの進展を踏まえて、前述のオックスフォード大学の報告書は、人工知能搭載のコンピュータによって浸食される労働の職種を分類した。

過去数十年、コンピュータリゼーションは税理士、会計係、電話交換士の雇用を奪ってきた。[26]とくに「単純職種」（ルーティーン労働）の雇用がコンピュータの直撃を受けている。ただし、単純労働全体がマイナスの影響を被っているわけではない。雇用喪失は、コンピュータで置き換えられることが容易な職種で顕著だが、同じ、単純労働でも、コンピュータに置き換えることが難しい職種では雇用は失われていない。

コンピュータで置き換えられることが容易な雇用は、アルゴリズムを明確にできる職業である。つまり、プログラムを容易に書ける職種である。

単純労働と一口に言っても、アルゴリズムの観点から見れば、労働の中身には大きな差違がある。製造部面での労働は作業工程を細かく分割すれば、アルゴリズムに馴染みやすい。

しかし、同じ単純労働でもサービス業はアルゴリズムの対象になり難い。例えば掃除という業務。床に乱雑に家具が置かれている状況に直面した人は、家具をまず片付けてから掃除にかかる。この、人なら苦もなくやり遂げる片付け作業も、コンピュータには苦手なものがある。掃除のアルゴリズムを書こうにも、家具が散乱している様子は一様でないので難しい。

掃除にはさまざまに異なる作業が必要である。障子の桟《さん》の埃《ほこり》を取るには、はたきを掛けた後、きれいな雑巾で拭き取らなければならない。畳と絨毯とでは箒の入れ方が異なる。

雑巾掛けの方法も窓ガラスを拭くのと板廊下の拭き掃除とはまったく異なる。掃除する人の仕事をアルゴリズムで明確にすることは不可能に近い。少なくとも、最近まではそうであった。

賃金水準を比較すれば、製造業労働者の方がサービス業労働者よりも高い。しかし、製造業労働はアルゴリズム面でサービス業労働よりも明確化しやすい。つまり、アルゴリズムが書かれてしまえば、比較的賃金の高い労働がより多く失われ、比較的賃金の低い労働が労働現場に残る。労働が分極化させられるのである[27]。

コンピュータの価格の大幅な下落によって、製造業の現場で働く中所得者（中間層）の雇用が失われた。そして、コンピュータで置き換えられた層は、より低賃金と、高収入の層とに二極分解する経済になった。中間層の縮小は、雇用の面で表現すれば、「嫌な労働と楽しい労働」とに分解したことになる[28]。

これまでの雇用の喪失速度に関する認識は甘すぎた。少なくとも二一世紀の一〇年代までは、今後もっと恐ろしい事態が発生するとは多くの人には想いもよらないことであった。

今や、コンピュータリゼーションは、製造業における単純労働だけでなく、これまではコンピュータで代替できなかったはずの、「人間にとってはたやすいがコンピュータには難しい」サービス労働をも標的にするようになったのである。グーグル等のデータ検索業者が自動車の無人運転を可能にした。物流までもが無人化されるようになった。人間の知覚能力をオートメーションで代替することなどは不可能だとして、その例として、自動車の運転が挙げられていたのは二〇〇四年のことであった。自動車の運転には、左折するだけでも、信号に従い、横断歩道の通行者や直進して来る対向車の動きに目配りするといった数多くの認知作業を一瞬に果たさなければならない。そうした人間の知覚能力をコンピュータが備えることなど不可能だとされていたのである[29]。

ところが、それからわずか六年後の二〇一〇年一〇月、グーグルはトヨタのプリウスに人工知能を組み込んで自動運転できるように改造できたと発表した[30]。

高度に専門的で複雑な労働からなる新職種（非ルーティン労働）の中にもコンピュータリゼーションの衝撃を受けているものがある。

例えば、法律文書作成の職種がそれである。法律文書には、裁判所が作成する司法行政文書と裁判文書、弁護士事務所が作成する公判用文書、個人の依頼を受けて司法書士等が作成する司法関連文書等々がある。司法行政文書や司法書士の作成する文書等は、公用文作成の要領に準拠していて、作成は一定の形式に従うもので比較的作成が容易であるが、裁判文書は、公用文作成要領に準拠しつつも、必ずしもこれに拘束されず、専門的な概念の言葉遣いや独自の表記が認められている。その点ではコンピュータに作成を委ねることはできないものとこれまでは見なされてきた。

とくに弁護士事務所が作成する書類は膨大なものである。訴訟の記録だけでなく、裁判所、相手方、クライアント、その他第三者のそれぞれに向けた参考資料等々がある。パソコンのデータを示すのではなく、文書で表示した方が説得的であるという意味において弁護士は文書作成に重きを置いている。[31]
しかし、「エンジニアリング・サイエンス」「データマイニング」「マシン・ビジョン」「コンピュータ統計学」等々を駆使することによって、上記のような複雑な文書作成もコンピュータリゼーションの領域に組み込むことができるようになった。

この用語について短く説明しておこう。

エンジニアリング・サイエンスは、学際的に科学と工学を融合した学問の応用分野である。例えば、海水の淡水化は化学反応を応用する化学工学、微生物等を応用するバイオ工学を基礎としつつも、装置を実用化するとなると設計できる分野の技術者が必要となる。コンピュータの世界は、今では、学際的研究分野そのものになっている。[32]

データマイニングは、データの山の中からその中に潜んでいる有用な情報（パターンやルール）を見つけ出す技術のことである。例えば、スーパーマーケットにおける過去の購買履歴から「オムツを買った客はビールもよく買う」といった情報が発見されると、オムツとビールを並べて置けば売上げの増加が見込める等々の手法である[33]（ただし、この事例については多くの批判が出されている）。

マシン・ビジョンは、ベルトコンベヤ上の物体を数えるとか、シリアル番号を読み取るとか、製品の表面に傷がないか調べるなどの仕事を実行することである。マシン・ビジョンは、高速で細部にわたる目視検査を休みなく実行できる。[34]

コンピュータ統計学は、統計学の手法とコンピュータの手法を融合させたものである。統計学は、ある程度以上の数のバラツキのあるデータの性質を調べたり、大きなデータ（母集団）から一部を抜き取って、その抜き取ったデータ（標本）の性質を調べることで、元の大きなデータの性質を推測したりする。ビッグデータを扱うようになって、統計学の手法を基礎としたアルゴリズムの開発が急進展している。その際、重視されるのは確率論的解析である。不確実な社会における意思決定は、過去の経験や現在の願望等によって個人ごとに異なる。主観を完全に拭い去ることはできないにしても、コンピュータを援用すれば、あり得べき多様な将来社会を描くことができる。コンピュータ統計学は、意思決定の選択肢を提供する。(35)

おわりに

コンピュータリゼーションは、企業内部の作業工程をかぎりなく小さく分解して、身軽になりたい企業をして、これまで抱え込んでいた工程をできるだけ外に追いやらせる。外に追いやられるのは単純労働だけではない。ソフト開発等の知的労働をも外部に押し出す。こうして外部に追いやられた元従業員たちに対して、人材派遣会社という名の、昔の周旋屋的サービス会社が自社の会員にする。登録された会員はけっして従業員ではない。会員は独立したフリーランス労働者なのである。単純労働も知的労働も、ともに特定の組織から離れた一匹狼として周旋屋が時おり斡旋《あっせん》してくる作業依頼に応じる雇用形態になる。つまり、層としての作業者はいるのであるが、彼らは緊密にコミュニケーションを図る集団ではない。まったくばらばらの群《むれ》（クラウド＝群衆）である。この世界が「クラウドソーシング」である。

このサービス会社は、発注者から手数料を受け取る。手数料に相場はないが、依頼金額の二〇パーセントも取るケースもある。

仕事を発注する側の企業も人件費を固定化せずにすむのでクラウドソーシングの利用価値は高い。斡旋会社にとっても、ウェブサイトに載る広告が収益源に貢献する）。

余った時間で働く場がある。今はこれでよい。しかし、働く場がここしか残されていない時代はすぐそこまで来ている。

第3章　使い捨てられるＩＴ技術者

はじめに

伝統的技術に生涯を掛けてきた人は幸せである。料理人であれ大工であれ、あるいは、古典芸能人であれ、その道一筋に精進し、高い技術水準に達した人は、「匠《たくみ》」として世人の尊敬を集め、晩年には、勲章をもらえたり、人間国宝になれたりする。何よりも、「職人」という呼ばれ方に人は胸をときめかす。

それにひきかえ、ＩＴ業界の技術者の環境はどうか？「マセメティカル・デス」（数学的死）を三〇歳代前後に押し付けられ、その年齢を超えるとゴミ扱いされると自虐的に語るＳＥ（システム・エンジニア）は結構多い。

大会社のＩＴ技術者ならば、管理職になるということも中にはあるだろうが、圧倒的多数は、社外に放り出される。技術者を辞めて、自己の専門とはまったく違うアルバイトで糊口《ここう》を凌《しの》がざるを得なくなる人も多いと言われている。

ＩＴ業界は、その創生期から巨大メーカーによって牛耳《ぎゅうじ》られてきた。大会社が、コンピュータというハードを売って、その中のソフトウェアは、下請け会社に開発させる。下請け会社は、さらに孫請けに発注し、曾孫請けがそれを受けるというように、ＩＴ業界の受注関係は、ピラミッド構造になっている。

この構造には、年齢階梯も組み込まれる。下請け会社は、本社から放り出されたメーカー系の社員のリーダーが四〇歳であると、下請けに出すＳＥは、四〇歳以下が発注条件になる。彼らは、「フリーランス労働者（自立技術者）」という歯の浮くような名称で呼ばれてはいるが、その実、人生の自由を手に入れるにはあまりにも得る給料が少ない。

ｉＰｈｏｎｅ《アイフォン》アプリの開発は、若い技術者によって担われている。これは、若い人ほど高い技術があるからではない。根拠のないイメージの結果である。若い人だったら、斬新な発想ができ、早くプログラムを書け、よいものができる。しかし、年寄になると、頑固で、手も遅く、持病があり、扱い難いというイメージが、理不尽にもある。(1)

1　いかに会社を高く売るか――ＩＴ企業の戦略

アップルにしても、グーグルにしても、スマホ開発に当たって非常に厳しい秘密主義を取っていた。

アップルのｉＰｈｏｎｅ開発チームのメンバーは、他人はおろか家族に対しても、プロジェクトに関わる話をすることを固く禁じられていた。そのプロジェクトに関与していない社員は、プロジェクト・チームが働いている場所への立ち入りが禁止されていた。プロジェクトに関与している社員同士ですら互いに話すことが禁じられていた。ｉＰｈｏｎｅの電子部品を設計するエンジニアは、それを動かすソフトウェアを見ることが許されなかった。ソフトウェアの開発者は、ハードウェアの性能試験ができず、試験には本物の製品ではなく、シミュレーターで代行することを強制されていた。

グーグルも、Ａｎｄｒｏｉｄ《アンドロイド》開発には、アップルと同じく秘密主義を取っていた。開発チームのメンバーは、他の誰とも交わることを禁じられ、隔離されていた[2]。首脳陣は、Ａｎｄｒｏｉｄに関する情報が外部に漏れている可能性があるとして、毎週金曜日に開かれる社内会議で漏洩者を突き止めると宣言したほどの徹底ぶりだった[3]。

このようなセクショナリズムは、アップルやグーグルに限られるものではなく、ベンチャー企業に共通のものである。

先端的な発明を実現できそうな開発者（仮にＡと名付ける）は、その企画をベンチャー企業専門ファンドに売り込む。ファンドの支援を得て、Ａは株式会社（仮にＢ社とする）を起業する。そして製品化に成功しそうな段階で、Ｂ社に目を付けたアップルなどの大手企業（仮にＣ社とする）が、Ｂ社の買収話を持ちかけて来る。買収は、それぞれの企業の株式交換で行われるのが通常の手法である。金銭による買収でなく、株式が貨幣として機能するのである。つまり、株式がストック・カレンシー（株の形を取った貨幣）になる。Ａは、Ｂ社での仲間を引き連れて、Ｂ社を買収したＣ社に移籍し、さらに、製品の高品質化を図る。それに成功すれば、Ａは、Ｃ社の首脳からＣ社株を追加的に贈与される。これがストック・オプションである。

Ａは、移転先のＣ社の優秀で、将来、自分が再度独立したときに行動を共にしてくれそうなエンジニアたちを配下に組み込もうとする。こうして、開発チームはセクショナリズムで固まることになる。自分たちだけのノウハウを仲間以外に拡散させたくないからである。

Ａのチームが新製品開発に貢献したことによって、Ｃ社の株価がさらに高騰したとしよう。その時点で、Ａは、ストック・オプションで得たＣ社株を売却し、巨万の富を得て、Ｃ社から独立し、また新たなベンチャー企業（Ｄ社とする）を立ち上げる。Ｄ社でもまた新製品の開発に成功すれば、以前と同じく、Ａは、株式交換で新たな買収先に入社する。そしてまた独立する。このようなプロセスが成功するためには、買収される側も、買収する側も、自社の株価が不断に高騰することが条件になる。そして、仲間の開発チームの技術に関する秘密が保たれることも必須の要件になる。

株式交換の弊害について付言しておきたい。

ストック・カレンシーとストック・オプションの横行が、米国企業の体質を変えてしまった。企業経営者が、主たる戦略を、自社株の価格上昇に置くようになったのである(4)。

しかし、株式を企業運営の重要な手段とすることは、株式市場の健全な姿を損なう危険性がある。ストック・オプションの持つ弊害が如実に顕れたのが、二〇一四年三月下旬のグーグルの新株発行である。グーグルが、無議決権株を無償で既存の株主に割り当てたのである。

議決権を持つ既存の株式はA株式と呼ばれている。議決権のない無議決株式がC株式である。これで、グーグルの株式数は倍増した。しかし、A株式とC株式を合計した株価総額は、C株式が無償譲渡される以前と変わらなかった。C株式にもグーグル株としての資格が米国の証券市場で認定されたのである。つまり、グーグルは二〇一四年三月七日、一夜にしてC株式という新しい自社株を手に入れることに成功した。

グーグルは、今後、社員にストック・オプションを支給する際に、C株式を渡すことで、創業者の持ち株比率を薄めなくてもよいことになる。グーグルの創業者の二人は、A株式を大量に保有することによって、同社の投票権の過半数を支配している。この二人が投票権の過半数を握っているということは、M&Aを、株主たちからの反対を押し切って進めることができることを意味する。(5)

あらゆるイノベーションがそうだが、投入した膨大な開発資金が、製品化できないと瞬時に負の遺産になってしまう。これは「イノベーションの壁」として、開発業者の心に染みついている強迫観念である。そのこともあって、ベンチャービジネスは、トップの指令が末端まで届くように独裁色の強い組織になっている。開発の方針がトップの間で分かれ、違う発想のすり合わせに時間を取られてしまえば、それだけで致命傷になってしまう。しかし、すんなりとトップに全組織が従うわけではない。ベンチャービジネス企業の内紛は、他の業界のものとは比べものにならないような、すさまじいものである。

開発の秘密主義と内紛の冷酷さの例を次に見てみよう。

2　淫靡《いんび》な開発競争

ベンチャー企業が、巨額のカネで買収されることを期して立ち上げられることの例を、アップルの開発部門でスコット・フォーストール（一九六八年〜）、そして彼と主導権争いを演じ、結果的にアップルを去ったトニー・ファデル（一九六九年〜）のキャリアに見よう。

まずファデルから説明する。ファデルは、ミシガン大学在学中に、すでに、子供向けの端末機を作る「メディア・テキスト」を起業していた。コンピュータ・エンジニアリングを修めて、一九九一年に大学を卒業し、アップルの関連会社であるジェネラル・マジック社に勤務した。その間、「ソニー・マジック・リンク」「モトローラ・エンボイ」の開発に従事した。これらは、通信用ＯＳである「マジック・キャップ」の重要な構成部分であった。「キャップ」というのは、「コミュニケーティング・アプリケーションズ・プラットフォーム」の略で、携帯情報端末用のＯＳのことである。

一九九五年、ファデルはフィリップス社に移り、同社傘下の「モバイル・コンピューティング・グループ」の共同設立者になった。ここで、「フィリップス・ベロ」や「ニノＰＤＡ」を開発した。これらは、ＰＤＡ（パーソナル・デジタル・アシスタント）である。

ＰＤＡとは、個人用の携帯情報端末。手のひらに収まるくらいの大きさの電子機器で、パソコンの持つ機能のいくつかを実装したものをいう。液晶表示装置や外部との接続端子を搭載し、電池や専用バッテリーで駆動する。シャープの「ザウルス」やアップルの「ニュートン」、カシオの「カシオペア」、パーム・コンピューティングの「パーム」がPDAの代表格であった。

先述のキャップとPDAという名称は、アップルの元CEO、ジョン・スカリー（一九三九年〜、ペプシコーラ社の社長も経験）が付けたものである。(6)

そして、ファデルは、同時期に、家電製品として、コンパクトで携帯可能な音楽再生ディスクを開発すべく、自らの企業、ヒューズ社を立ち上げた。しかし、資金難に陥り、二〇〇〇年、アップルに同社を売り付け、二〇〇一年に自らもiPod《アイポッド》のアイディアを売り込み、アップルに入社した。入社後は、iPod開発の副チーフを任され、二〇〇六年には、アップルを退社したジョン・ルビンスタイン（一九五六年〜）の後継者としてiPod開発の責任者となり、「iPodの父」と称賛されるようになった。(7)

二〇〇八年にはチーフの座を降り、しばらくは、スティーブ・ジョブズ（一九五五〜二〇一一年）の顧問としてアップルに留まっていたが、二〇一〇年に正式にアップルを退社し、同時にネストを創業した。

ネストは、インターネットに接続して利用できるサーモスタット（自動温度調節器）と煙感知器を販売する企業である。あらゆるものをインターネットに接続することで実現するサービス、いわゆる「IoT」（インターネット・オブ・シング）の可能性を一般消費者に示した企業として、ネストは注目を集めた。

ところが、何と、アップルのライバル企業であるグーグルが、ネストを三二億ドルで買収したのである。二〇一四年一月にグーグルがそのことを発表した。アップル退社時に確執があったとされるが、自分が幹部を務めていたアップルの最大のライバル企業に自社を売り付けたことに、ウェブ業界の冷酷さが現れている。

さらに、ファデルは、次に来るのは「コネクテッド・カー」（通信機能を持つ自動車）だとし、向こう数年内に大きな変化が起こると語っている[8]。

ジョブ・ホッピングならぬ、ベンチャー企業の創業から売却というワン・パターンをウェブ業界は描くという好例である。

ファデルとアップルで死闘を演じたもう一人の主役、スコット・フォーストールについても叙述しておきたい。彼は、アップルでは暴君であったと言われている。

フォーストールは、スタンフォード大学で記号論およびコンピュータ・サイエンスの修士号を取得している。かつてアップルを追われたジョブズが立ち上げた「ネクスト」のソフトウェア・エンジニアであった。一九九七年、アップルによる同社買収を経て、ＭａｃＯＳＸ《マック・オーエス・テン》向けのグラフィカル・ユーザー・インターフェース（ＧＵＩ）「アクア」の開発を担当した。アクアは流れる水のようなイメージで、青を基調とした透明感のある表示や、メニューやウィンドウが重なると、その部分が合成されて半透明で表示される効果などの特徴があった[9]。

モバイル・ソフトウェア部門責任者として、フォーストールは、今日、アップルの収益の約七割を占めるｉＰｈｏｎｅとｉＰｏｄのオペレーティング・システム、ｉＯＳ《アイオーエス》を総括する。スティーブ・ジョブズのビジョンをもっとも忠実に伝えることができる、まさにジョブズの右腕的存在であった。フォーストールは、アップルの成功を支えた最大の貢献者だった。

フォーストールは、常に、ジョブズたらんとしていた。新製品発表のステージに上がる時の服装まで黒靴、ジーンズ、首元チャックの黒セーターで、ジョブズそのものであった。

二〇〇五年、ジョブズは、モバイルのソフトウェア開発を、マックの技術陣とｉＰｏｄ開発チームに競わせる方針を出した。これは死闘であった。

マック中心のアプローチを率いたのがフォーストールだった。彼は、開発には一五人そこそこの少人数で当たらせた。彼のチームは、アップルのＯＳＸの機能を徹底的に削ぎ落とし、普通のコンピュータよりも格段に少ないデバイスでも動かすことのできるＯＳの開発に乗り出した。

対するｉＰｏｄチームはファデルが率いることになった。先述のように、ファデルは、ｉＰｏｄの生みの親の一人である。元アップル社員によると、この競争はそれこそ火を吹くようなすさまじさだったと言う。優秀な社員の引き抜き、資材確保をめぐって、フォーストールとファデルは激しく対立した。

フォーストールは他の部署からトップの人材を奪っただけでなく、チーム内のメンバーにすら、ｉＯＳの初期版を見せるのも拒否したほど秘密主義を徹底させていた。

そして、フォーストールのチームは、マック縮小版システムを動かすことに成功した。ジョブズはフォーストール・チームの成果をｉＰｈｏｎｅの中心戦略として選んだ。二〇〇七年、初代ｉＰｈｏｎｅに載せたｉＯＳが世に出たことによって、フォーストールの地位は強化され、彼は、あらゆる新規プロジェクトの認可権を持つようになった。ファデルですら、どんな新機能も、フォーストールにアイディアを気に入ってもらえないかぎり、開発認可を得ることができなくなってしまった。こうして、二〇〇八年、ファデルは責任者の座を降りた。

二〇〇九年、療養でジョブズが不在中、アップルの年次計画は、フォーストールが取り仕切っていた。しかし、アップルの首脳陣たちとの軋轢は激化する一方だった。[10]

そして、二〇一二年一〇月、ジョブズ亡き後、ＣＥＯを引き継いだティム・クック（一九六〇年〜）から、フォーストールは退社を迫られた。アップルの新しい地図情報サービス「アップル・マップス」の欠陥に関する謝罪の手紙に、フォーストールが署名を拒んだことを理由に、退職を言い渡されたのである。クックは、社員の協調姿勢をアップルに回復させたいために、フォーストールを解任したと発表した。[11]

しかしながら、退社に当たって、フォーストールは巨万の富を確保していた。彼は、約二三万七〇〇〇株（当時の時価にして四二五〇万ドル＝五〇億円相当）の持ち株を退社直前に売却していたのである。[12]

このように、プラットフォームたらんとする企業ほど、株価資本主義を地で行っているのである。

3　コダック社の破綻に見る株価資本主義の行き詰まり

企業が株式発行によって調達できる資金は債務ではない。一方、銀行借入れは債務である。そうした事情から、株式市場が発達するにつれて、従来のような企業の運転資金を供与する銀行の役割は低下した。企業が、銀行離れを起こし、株式に傾斜してきたのも、市場の論理としては当然であった。しかし、銀行に支えられた企業運営と、株式に依存する企業運営との間には天と地ほどの違いがある。銀行は、顧客である企業に向けての専門家を自行で養成し、長期的な視点から企業を支える。「ケイレツ」として米国から批判された日本的な企業とメインバンクとの強い結び付きはその典型であった。幼稚産業であった日本の企業が、世界に雄飛できるようになった大きな理由の一つに、銀行と企業との強い結びつきがあったことを否定することはできない。企業が経営に困難さを覚えれば、メインバンクが懸命にその企業を支えるというのが、高度成長時代の日本で普通に見られた事態である。

ところが、株式発行で結びつく証券会社（インベストメント・バンク）と企業との関係は短期的なものである。証券会社にしろ、株主にしろ、長期的な視点から企業を育てようという心構えはない。自らが関係している企業の短期的な収益動向だけが重要になる。長期的な投資によって、企業の資金繰りが苦しくなることを彼らは忌み嫌う。彼らにとって、株価が上昇してくれればよいだけのことであり、変に長期的な視点から莫大な資金を新規分野に固定されてしまえば、その企業の将来は不透明になり、株価が下落する。彼らはそうした事態の到来を恐れる。

株価資本主義は、その意味で長期的な展望を持たない不安定なものである。

このことを象徴的に示したのが「イーストマン・コダック」の破綻であった。世界のカメラ市場を支配していたコダックの破産申請は、現代の株価資本主義の行き詰まりを示したものである。二〇一二年一月、世界最大を誇っていた写真感光材メーカー、コダックが「米連邦破産法一一条」の適用をニューヨーク連邦地裁に申請した。コダックの創業は一八八〇年。米国企業としては珍しく、一三〇年以上の歴史を持っている。

コダックは、ＥＳＯＰ（エソップ＝従業員株式所有制度）という従業員の福祉制度を持ち、終身雇用の会社であった。親子三代にわたって勤務する従業員も多数いた。つまり、従業員にとっては、苛酷な労務制度を取る米国の多数の会社よりもはるかに居心地のよい職場であった。

写真の歴史はコダックの歴史であった。コダックの三五ミリ・フィルムは、一九三四年に登場し、デジタルカメラが市場を支配するようになるまで、七〇年以上、フィルムの世界規格であり続けた。このフィルムは銀塩フィルムであった。この分野で、コダックは、世界において圧倒的なシェアを誇り、一九八八年時点で、世界で一四万人強の従業員を擁していた。それが、二〇一二年の破産法適用時には従業員は一万人台にまで減少していた。

コダックをここまで追い詰めたのは、フィルムのデジタル化であった。それは確かである。しかし、投資のタイミングがコダックの場合には早すぎたことはあまり知られていない。一般的に言われていることは、コダックがデジタル化に乗り遅れたが、同じ、フィルム・メーカーでも、富士フイルムは新しい波をキチンと摑んだということである。しかし、そうではない。

そもそも、カメラのデジタル化に乗り出したのは、コダックが最初だった。一九七五年と一九九一年に、他社に先がけてコダックはデジタルカメラを市場に投入した。しかし、時期が早すぎた。顧客はデジタルカメラに関心を示さなかった。それでも、将来はデジタル化が必至であると判断した首脳陣はデジタル化に積極的であった。だが、コダック首脳陣のデジタル化戦略は、「物言う株主たち」によって潰された。

今や、アマゾンにしろ、グーグルにしろ、急成長する企業は、ほぼ例外なく新興企業である。二〇世紀に権勢を誇った従来の大企業の多くが、斜陽産業の憂き目にあっている。日本の大企業が、二一世紀の新しい流れを摑めなかったのは、リスクを取ろうとしなかったからであると、企業コンサルタントたちは言い立てている。

しかし、真実はそうではない。過去に成功した企業には、安定した配当を望む株主がいる。安定志向の株主には、安定している優良会社がリスクを取って、大規模な投資をすることを拒否する傾向がある。下手すれば、企業の安定さが新規分野の投資によって損なわれ、株価が下落する怖れが大きくなるからである。安定志向の「物言う株主たち」の反対を押し切って、新規分野に進出しようとする経営者は、株主総会で罷免されてしまいかねない。コダックはまさにその典型であった。

作家の楡周平は、「企業の挑戦を株主が妨げる」と喝破している。「配当目的の株主からすれば、業績に陰りが見えれば投資先を変えればよいだけのこと。投資している企業の将来など、どうでもよい」のだと。[13]

その点、アマゾンやグーグルは、過去のしがらみがなく、財政的にはまったくゼロからの出発であった。こうしたベンチャー企業に冒険的な投資家は期待する。そして、大金持ちを会員にしている投資ファンドほど、冒険を好む。ベンチャーファンドは、アマゾンやグーグルの市場支配を歓迎する。そして、前節で説明したように、新製品開発を担当するエンジニアほど高い株価の恩恵を受けようと新規株式発行を狙う。こうして、現在の株価資本主義は、社会的効用ではなく、キャピタル・ゲインを取得する行為を跳梁跋扈させている。

さらに株価資本主義の弊害は、過去の優良企業にリスクを取る新規事業に向かわせないというだけではない。雇用を突然に、大規模に消滅させてしまうのである。

先ほど、富士フイルムは、デジタル化の波を乗り切り、企業としてさらに発展したではないかという見方が一般的にあると説明した。確かに、富士フイルムは生き残り、新薬や化粧品で息を吹き返し、再度、優良企業の仲間入りをした。それは、銀塩フィルムから撤退し、新たな事業に向かうことに成功したからである。その点では、同社は、株主の圧力をそれほど受けなかったと言える。

しかし、二〇〇五年から〇六年にかけて、同社は、本社だけで一万人以上もの人員整理を行って生き延びたのである。切られた社員は写真部門の人たちだった。[14] ＩＴ化により、新しい事業部門が出現するようになった。それも過去にはなかった猛スピードで進展している。そのために、今や、多くの雇用が突然に失われてしまう時代に入ってしまった。

技術革新の波に足をすくわれたもう一つの例として、一五〇年の歴史を持つ、フィンランドの通信機器メーカー、ノキアを挙げよう。

ノキアは、携帯電話市場で全盛期（二〇〇四年）には世界の四〇パーセントのシェアを誇っていた。ところが、二〇一四年に入ると、一三万人いた従業員が五万人前後にまで減少した。同社は、世界で最初にスマホを発売したのに、アップルなどの追い上げによって、世界シェアが五パーセントにまで落ち込んでしまった。そして、二〇一四年に、携帯電話の端末業をマイクロソフトに売却し、携帯電話市場から完全に撤退した(15)。

日本の企業において、二〇一二年に大量の人員整理が行われた。その後も家電メーカーで続いているが、この二〇一二年のリストラはとくに大規模なものであった。この年、NECが従業員一万人を削減、ソニーも一万人、パナソニックは、創業以来の「聖域」に踏み込み、事務部門、研究開発部門、生産技術部門など本社従業員約七〇〇〇人の他事業への配置転換、早期希望退職の募集を通じて、四〇〇〇人の従業員を削減した。半導体メーカーの「ルネサスエレクトロニクス」も、以前からずっと削減を続けていたが、この年には、従業員の三割に及ぶ約一万二〇〇〇人を削減した(16)。

従業員削減の嵐は、二〇一二年に比べるといくぶん緩和されているが、それでも、まだ続いていることに変わりはない。ソニーは、二〇一三年一二月三一日という大晦日の日に、勤続一〇年以上で四〇歳以上の中堅社員や管理職を数百人規模で削減すると発表した(17)。

日本で職を失った技術者たちの多くが、韓国や中国の企業に誘われて、現地に赴任し、そして使い捨てられていると言われている。

信州大学教授で経営学者の真壁昭男によると、海外企業がハンティングの対象として狙いを定めているのは、日本の有力電機メーカーからリストラされた技術者である。五〇歳代の部長クラスで、高水準の技術を持っている人材が、ハンティングの対象になり、現役時代の給料の二倍以上を提示されている。そうした厚遇に惹かれて、多くの日本の技術者が、韓国や中国企業に再就職した。

しかし、韓国の財閥企業にスカウトされた人はこう語っている。「最初はかなり自由度があり丁重に扱われたが、次第にノルマがかなり厳しくなった」と。韓国企業の最大の目的は、日本人の技術者を使って日本企業と同じ製品を、より安く、より速く作らせることにあり、「目的が達成されると、すぐにお払い箱になる」。

日本の電機メーカーは業績不振のため、大きな人員削減に踏み切ったが、それは、技術を習得した人材が企業の外に出て行くことを意味していた(18)。

はたして、技術を盗んだとして韓国の「ＳＫハイニックス」社を東芝が訴えた。二〇一四年三月一三日付の東芝の広報は、次のように発表した。

「韓国ＳＫハイニックス社に対する訴訟の提起について。当社は、一九八七年に他社に先駆けて開発し、現在も米国サンディスク社と共同開発・共同生産を行っているＮＡＮＤ型フラッシュメモリの技術に関する機密情報について、韓国ＳＫハイニックス社がこれを不正に取得・使用しているとして、本日、同社に対し、不正競争防止法に基づき損害賠償等を求める民事訴訟を東京地方裁判所に提起しました。韓国ＳＫハイニックス社の元従業員が、二〇〇八年当時、当社の四日市工場内でサンディスク社の従業員として共同開発に従事していた際に、当社の機密情報を不正に持ち出し、当該情報が韓国ＳＫハイニックス社で使用されていたとして、不正競争防止法違反の容疑で逮捕された事実を受けて、本訴訟は提起したものです。当社と韓国ＳＫハイニックス社は、現在、提携・取引関係にある一方で、ＮＡＮＤ型フラッシュメモリの分野では互いに競争関係にあります。当社は、コア技術であるＮＡＮＤ型フラッシュメモリに関わる当社の機密情報が漏洩した疑義が生じ、調査を進めておりましたが、その過程において看過できない不正の事実が発覚したことから、今回訴訟提起に至りました。当社は、事業競争力の源泉である技術の先進性を確保していくため、最善の情報漏洩防止体制の構築を図るとともに、不正競争行為に対して断固たる措置を講じてまいります」[19]。

とはいえ、韓国や中国などの企業に転職するケースが増えているのも当然であろう。外国の企業からハンティングされた彼らは、退職に追い込まれたことへの恨みを日本の企業に対して持っている。労働の尊厳がいとも簡単に破壊されている現状が人材を海外に流出させた。しかし、その後、外国企業からも、彼らは使い捨てられるようになっている。

4　下請け技術者の憤懣《ふんまん》

一見、華やかに見えるスマホ業界であるが、業界を支える労働者の世界は華やかなものではない。時代の最先端を切って走っているはずのＩＴ業界は、非常に残酷な「元請け‐下請け構造」によって支配されている。

官公庁や大手ユーザー企業のビッグプロジェクトでは、大手コンピュータ会社やＳＩ（システム・インテグレーション）社が元請けとして受注し、業務を細切れにして下請けに出すケースがほとんどである。

顧客の業務内容を分析し、問題に合わせた情報システムの企画、構築、運用などを一括して行うことをＳＩという。ＳＩ業者は、コンピュータを制御する手順、ソフトウェアの選定、完成したシステムの保守・管理までを総合的に行う(20)。

大きなプロジェクトでは、人員的にも多くのＩＴ技術者を動員しなければならず、膨大な作業を遅滞なくこなすために下請け企業が使われる。その下請け構造は、二次や三次に止まらず、四次、五次に及ぶこともある。下請けの下層になればなるほど、受注額は少なく、企業規模も小さくなる。一匹狼であるフリーランスのＩＴ技術者にまで仕事が回される。

受注総額が一〇億円にもなる大規模プロジェクトでも、五次下請けには、数万円単位の小さな金額しかいらない。それに、プロジェクトの一部を発注してくれた上位の企業には、紹介料として、中間マージンを下請け企業は差し出さなければならない。

リクルート社が立ち上げたウェブサイト「テク総研」によるＩＴ業界のＳＥの勤務内容・収入調査がある。その調査で確認されたことは、元請けのＳＥと下請けのＳＥの間に見られる、あまりにも大きな格差の存在であった。調査は、二二～四四歳のＩＴ系企業に勤務するソフト系エンジニア一〇〇〇人を対象として、二〇〇六年に実施された。旧い調査ではあるが、そこで浮き彫りにされた惨状は、今も変わっていない。

ＳＥの年収は、元請けから下位の下請けに下るほど少なくなっていた。第三次下請けで、平均額で元請けの八二パーセント程度であった。この数値は、年齢別に見たものでなく、平均値である。年齢別の数値を比べると、年齢が高くなるほど、格差は広がっていた。三〇歳代では、格差が二三パーセント台であった。

労働時間は、下位の下請けほど長時間になっていた。そして、年齢を問わず、下請け構造の中で下に行けば行くほど劣化する待遇・条件についての不満が募っていた。残業代が付かないのに、月一〇〇時間程度の残業があるし、休日出勤も多く、元請けのスケジュールに合わせることが多いため、休みが取り難いという訴えも多く出されていた。(21)

生きがいについても、ＳＥは深刻な壁に直面していた。

こちらも旧い調査であるが、『日経コンピュータ』特集（二〇〇五年一二月二六日号）によると、Ｓ

Ｅを含む「ＩＴプロ」（コンサルタント、プロジェクト・マネージャ、プログラマー、運用保守など）のうち、前年より「仕事のモチベーションが低下した」と答えた割合は四〇・五パーセントに達していた。戦力としてもっとも期待できる三〇歳代後半でも四七・一パーセントと同世代の約半数に迫っていた。そして、転職希望のＳＥは五五・八パーセントもいた(22)。

日本の情報サービス産業の市場規模は、二〇一二年時点で二〇兆円弱であった(23)。その中心にＳＩがある。ＮＴＴデータ、日立製作所、ＮＥＣ、富士通などが大手である(24)。

日本では、大手ＳＩ企業が技術者を抱えていて、プロジェクトごとにユーザー企業に技術者を貸し出すという建設業におけるゼネコンに匹敵する構造を持っている。日本のユーザー企業が保有するＳＥの数は非常に少ない。日本のユーザー企業が抱えるＳＥの数は、ＳＩ企業の三分の一にすぎない。

プロジェクトごとに大手ＳＩ企業が元請けになり、外部に下請け、孫請けにソフトウェア開発を委ねるという多重構造をＳＥは構成している。ユーザー自身が自前のＳＥを抱えて、ＳＩ企業の指令を受けずにソフトウェア開発するという形になっていない(25)。

ゼネコン型ＩＴ産業の構造は、建設業界と同じく、ユーザー企業から中間マージンを大手ＳＩ企業が取るという形になっている。そのために、日本ではユーザー側の利益率も低い。

それに、大手ＳＩ企業ですらＩＴ技術者、とくにプログラマー（以下、ＰＧと表記）を優遇していない。元請けでも、最終段階のプログラムに当てられるＰＧは、入社後三年以内の新人に委ねられている。つまり、地位が低いので、日本では、優秀なＰＧが育たない。プロジェクトを総括的に理解し、管理できるＰＧが日本では大量に育っていない。そうした欠陥が日本のＩＴ産業構造にはある。ＳＥが設計を担当し、その設計図に従ってＰＧが製造を行うという感覚しか、日本の業界の経営者は持っていないのではなかろうか。

ＳＥとＰＧの仕事は細分化されすぎている。ＳＥは、他の工程に取り組むＳＥの姿勢を理解できていない。ＰＧにしても、ＳＥが作った設計図に従って、最終製品を作るが、ＰＧがＳＥに意見を言うこともない。最終製品を使うユーザー企業に目が向けられることなく、依頼されたシステムを設計してユーザーに納入することだけが、ＳＩの営業担当者、ＳＥ、ＰＧの関心事であるという閉塞状態に日本のＩＴ業界はある。[26]

ここで、ＳＥとＰＧの違いについて触れておこう。

システムを作る工程には以下のものがある。①現状調査、②分析、③基本計画立案、④基本設計、⑤概要設計、⑥詳細設計、⑦製造（プログラミング）、⑧単体テスト、⑨結合テスト、⑩総合テスト、⑪本番移行。

①②③④⑤⑥⑨⑩⑪はＳＥが担当し、とくに①②③の過程を担うＳＥは「システム・アナリスト」とも呼ばれる。

⑦⑧を担うのが、ＰＧである。つまり、「プログラミング」は「システム」を作る上では工程のほんの一部にすぎない。近年、プログラムは人件費の安い海外に外注することが多くなっている。開発プロジェクト全体の進捗管理や調整をするＳＥは、「プロジェクト・マネージャ」（管理ＳＥ）

と呼ばれる。家の建築に喩えれば、大工がＰＧ、設計士がＳＥとなる。[27]

ＰＧに比べて、ＳＥの地位は高いと言われているが、「クラウド」の発達でＳＥそのものが不要になる可能性が高くなった。

クラウドとは雲の意味であるが、ＩＴ用語では雲を指すのではなく、「クラウド・コンピューティング」を略して表現したものである。昔からネットワーク図を表現するときに雲の形を使っていた。パソコンが繋がっている先は、イメージしづらいモヤモヤとしたものなので、雲の図で表現した。ちなみに、クラウドという言葉をコンピュータ・サービスと結び付けたのはグーグルのＣＥＯ、エリック・シュミット（一九五五年〜）であると言われている（二〇〇六年八月の発言）。

クラウド・サービスとは、データを自分のパソコンや携帯端末などではなく、インターネット上に保存するサービスのことである。

現在、業務上で展開されているクラウド・サービスには三種類がある。

一つは、「サーズ」（ソフトウェア・サービス）。ＰＣにアプリケーションがインストールされていなくても、サーバにアクセスすることで、そのアプリケーションを使うことができるというサービス。「Ｇメール」「ホットメール」がこれに属する。

二つは、「パーズ」（プラットフォーム・サービス）。インターネット経由のアプリケーションの開発・運用をする場の提供サービス。システム開発者・管理者に向けたもの。

三つは、「ハーズ」（ハードウェア・サービス）。インターネット経由でハードウェアや回線などのいわゆる「インフラ」の提供。ユーザーはハードウェア資産を所有することなく、ストレージ（外部記憶装置）を必要なときに必要なだけ利用することができる。

クラウド・サービスのメリットは、①サーバ・ソフト購入の不必要、②システム構築期間の短縮、③メンテナンス不要、④ＩＴ部門の負担軽減、などが考えられる。そのうちでも、重要なものは②である。従来は、システム構築に当たって、多くの工数・時間が必要とされてきた。ハードウェアの購入、設置準備や接続テストなど土台となるインフラの整備、実際のアプリケーション開発、等々、ハードウェアやデータベースなどの制約から、開発期間が長くなる傾向にあったが、クラウドはそのような開発期間や工数をかけることなく、業務アプリケーションを利用することができる。

ただし、システム構築にクラウドを利用するにはデメリットもある。提供サービスがある程度パッケージ化されているため、同業他社との差別化が難しいというのが、開発競争に当たっての大きなマイナスである[28]。

ＳＥの問題に戻ろう。

このクラウド・サービスの利用が普及すれば、ＳＥも人員人数削減される可能性が強い。一つのシステムを複数の企業などが利用するクラウド・サービスが普及すれば、ユーザーのために、システムを個別的に作り込むＳＥの仕事が減少するからである。

そうした環境変化に対応するために、ＳＥの仕事内容は大きく変わらざるを得ない。クラウドの普及によって、要件の定義から実現、運用までの期間が大幅に短縮することになれば、システム構築の工程における上流から下流まですべてを担当できるようなＩＴ技術者が改めて求められるようになる。上流担当のＳＥだからといって、プログラミング言語や基盤技術のことをまったく知らないといったことが許されない時代になってきた。

それは、米国的な意味での広義のプログラマーにＳＥもなってゆかざるを得ないことを意味する。米国では、プログラマーという用語には、デベロッパーのニュアンスが込められている。

将来、ＩＴ技術はますますコモディティ化してしまうだろう。そうした環境下ではＩＴ技術者は米国的プログラマーへの転身を余儀なくさせられる。米国のプログラマーは、顧客の要件を素早く実現する方法を提案して、そのまま構築し、場合によってはテスト自動化やデプロイメントまで担当する人のことを指す。当然、上流と下流の棲み分けはなくなる。上級職であっても、オブジェクト指向プログラミングができなくてよいということではなく、むしろ手本となるコードを書き、コードレビューができることが求められるようになる。ＳＥにしろ、ＰＧにしろ、ＩＴ社会では、技術者は、息つく間もなく新たな職種への転身に追い立てられる残酷な世界に直面することになるだろう。(29)

おわりに

最後にＩＴ技術者の深刻な人材不足について述べよう。ＩＴ技術者の待遇が低いというＩＴ産業の構造から来る当然の結果であるが、最近、ＩＴ技術者の人手不足が深刻になっている。日本のＩＴ技術者は数万人の規模である。二〇一四年五月、転職サービスの「DODA《デューダ》」が発表した資料によると、IT技術者に対する求人倍率は二・五倍近辺の水準であった。

システム開発には波があるために、固定費として企業内部にIT技術者を抱え込むよりも、外部の技術者を必要なときだけ利用する方が、変動費として柔軟に、波に対応できる。同じようなシステム開発に従事している外部の技術者の方が習熟度も高い。しかし、外注を繰り返すうちに、自社ではIT技術者が育たなくなる。

そのうちに、発注側企業の情報システム技術者の力が衰え、企業自身の技術開発力も次第にしぼむことになる。近年、次第にそうした悪弊は乗り越えられるようになったが、長年続けられてきた外注の後遺症で、社内で新しい時代に即応できる技術者の確保はますます難しくなっている。(30)

第4章　SNSと刹那《せつな》型社会の増幅

はじめに

いつでも、どこでも、老いも若きも、スマホに見入っている。歩きながら、ベビーカーを押しながら、レストランで友人と食事をしながら、お互いの目を覗見ることも、言葉を交わすこともなく、ただひたすら黙って画面を見つめている。いる。人々が塊になって集団を形成しても、声は聞こえてこない。沈黙の世界に個々人が浸っている。

モバイル機器の普及によって、人は、簡単にネットにつながる。というよりも、これらのモバイル機器は人間関係を維持する必須手段となっている。人々をネットで結びつけるサービスはSNS（ソーシャル・ネットワーキング・サービス）と呼ばれ、本書、第5、6章で見るように、サイバー・リバタリアンたちが、世界に「民主主義」を伸張させる強力な武器であると見なしているものだが、実際には、ヘイトスピーチや、集団いじめの道具に成り下がっている。

スマホ用アプリのなかでもっとも普及している一つが、ＬＩＮＥ（ライン）である。これを使えば、多数の仲間と同時につながることができ、メッセージの送受信操作をいちいち行う手間もいらない。共通の掲示板をみんなで同時に眺めているようなものである。

このＬＩＮＥは、見知らぬ人との出会いを増やすための道具ではなく、逆に、あらかじめモバイル端末の電話帳に登録されている知り合い同士の交流を密にする道具である。身近な相手たちと二四時間、オンラインで同時接続し続けることが可能である。

このＬＩＮＥには「既読」という表示機能がある。ＬＩＮＥでは、受信者がメッセージに目を通せば、それが即座に画面に表示され、つながっている全員に分かる仕組みになっている。

受信者が返事を出さなくても、メッセージが読まれたかどうか、リアルタイムで確認できるこの機能は、しかし、お互いの不安を煽る原因にもなっている。自分のメッセージを読んでいるはずなのに、相手からすぐに返事が来ないと、自分の発言が無視されたのではないかと不安になってしまう。

この不安は、メッセージの送信者だけでなく、それを受信する側も共有する。既読の表示があることで読んだことが分かるのだから、すぐに返事を出さなくてもよいだろうと思うのではなく、逆に、すぐに返事を出さないと相手に悪いと感じてしまう。

若者たちの間では、これを「ＫＳ」（既読スルー）と呼んで、許しがたいマナー違反であると受け取る傾向が強まっている。お互いの息遣いを確認しあえるはずの装置が、お互いの不安を煽りあうものへと転じ、さらにお互いを縛りあう装置になってしまっているのである[1]。

どんな小さな集団にも必ずボス的存在がいる。そのボスのひと言ひと言が周囲の気の小さい人たちを萎縮させ、ボスと同じように発言するという傾向が小集団に往々にして見られる。こうした例は最近生じたものではなく、昔から、井戸端会議に入れてもらえなかった孤独な主婦、一家全体が村八分にされてしまった悲劇等々、集団から無視されてきた事例は数多くある。しかし、重要なことは、ネットの普及が多様な意見の持ち主の交流の場を提供するといったサイバー・リバタリアン的ユートピアとは正反対の世界が大規模に生み出されようとしている新しい現実である。それは、狭い集団のボス支配とは比べものにならない惨状を世界にもたらしてしまうであろう。

1　仁義なき「プラットフォーム」戦争——オール・オア・ナッシング

近年、ますます世論の一極集中的な現象が顕著になった。それには、スマホが大きく影響している。非常に多くの人たちが、所かまわず、スマホの画面にじっと見入っているという現象には、圧倒的多数の人たちと同じ行動様式を取らなければ爪弾《つまはじ》きにされてしまうという現代人の強迫観念が現れている。

人間関係をスポイルするＳＮＳの分析に入る前に、情報の「巨大プラットフォーム」作りで、死闘を演じているＩＴ巨人たちの特許紛争に触れておこう。

スマホ業界では特許紛争が日常化している。とくに有名なのが、二〇一〇年三月二日、アップルがグーグルの関連企業を告訴した事件である。アップルは、自社の保有する二〇件の特許を侵害したとして、マルチタッチ機能を「Ａｎｄｒｏｉｄ」（グーグルが開発したスマホ用ＯＳ）に追加した「ネクサス・ワン」のメーカーであるＨＴＣ社を相手取って、デラウェア州連邦地方裁判所に訴訟を起こした。その直後、アップルの創業者、スティーブ・ジョブズが、彼の伝記を執筆中のウォルター・アイザックソン（一九五二年～）に語ったグーグル批判は、非常に激したものだった。

「我々の訴訟は、要するに『グーグルよ、よくもｉＰｈｏｎｅを食い物にしてくれたな。何でもかんでも我々から盗みやがったな』と言ってるんだ。すさまじくでかい盗みだ。この悪を糺《ただ》すためなら、アップルが銀行に持つ四〇〇億ドルを残らずつぎ込むつもりだし、必要なら僕が死ぬときの最後の一息だってそのために使ってやる。Ａｎｄｒｏｉｄは抹殺する。盗みでできた製品だからだ。水爆を使ってでもやる。連中は今ごろ震え上がっているはずだ。罪を犯したと知っているからね。検索以外のグーグル製品―Ａｎｄｒｏｉｄやグーグルドキュメント―はみんなゴミだ(2)」。

グーグルに対するジョブズのこの激しい怒りは、彼が、ＡｎｄｒｏｉｄをｉＰｈｏｎｅのコピーだと受け取っていたことだけからきたものではない。グーグルがアップルにとってのよきパートナーであると思い込んでいたジョブズは、グーグルに裏切られたことのショックと、ｉＰｈｏｎｅ王国があまりにも早期に瓦解してしまうことへの怖れが非常に大きかったからだと考えられる。

事実、ｉＰｈｏｎｅが発売された二〇〇七年以前には、アップルとグーグルは兄弟のような間柄だった。アップルとグーグルの取締役や社外顧問には両者に関係を持つ者も多かったのである。グーグルの当時のCEO（最高経営責任者）のエリック・シュミット（一九五五年～）は、アップルの社外取締役でもあった。両社は、マイクロソフトを共通の敵として連帯していた。[3]

グーグルの相談役のビル・キャンベル（一九五九年～）は、アップルの取締役を長く務めていた。元米副大統領のアル・ゴア（一九四八年～）はアップルの取締役とグーグルの顧問を兼任していた。ジェネンテック社の元CEO、アーサー・レビンソン（一九五〇年～）は、アップルとグーグルの両社の取締役であった。[4]

グーグルの創業者のラリー・ペイジ（一九七三年～）とセルゲイ・ブリン（一九七三年～）は、アップルのスティーブ・ジョブズを少年の頃から偶像視していて、ジョブズ、ペイジ、ブリンの三人は固い友情で結ばれていたと言われている。

グーグルは、マイクロソフトの幹部として名を馳せていたヴィック・ガンドトラ（一九六八年～）を、雇い入れていた。[5] そのガンドトラは、アップルのジョブズとも親しく、週に一度は会う仲であった。事実、ガンドトラは、アップルの製品が自分の人生の一部であったと自身のブログで語っている。[6]

しかし、二〇〇八年一〇月に発売されたグーグルの「T・モバイルG1」（HTC製）によって、両社の対立は決定的となった。

ガンドトラは、アップルと対立した二〇〇八年の模様を振り返って、フレッド・ボーゲルスタインを相手に次のように告白している。

「マイクロソフトは横柄だと思っていたけれど、アップルはそれ以上だった。本当に信じられないくらい辛い体験だった。……アップルとは話し合いが可能で、きっとうまくいくと思っていた。スティーブとの個人的なつながりもあったから、最終的にはすべて乗り越えられると。ところが、そうはならなかった」。

ジョブズは、グーグルで使われているマルチタッチ機能についてはアップルが特許を持っているので、今度発売される「G1」に、もしその機能が入っていたら訴訟を起こすと、喧嘩腰でグーグルを威嚇した。グーグル側は、ジョブズがマルチタッチを発明したのではなく、その商品化に成功しただけであると反論した。

グーグルは、シリンコンバレーに本物の「最初」の技術など特定できないというスタンスを取って、ジョブズからの批判を当初は突っぱねていた。確かに、すべてのイノベーションには、必ず先行者がいて、先行者を発見しようとしても、どこまでも遡ることになり、最初の発見者を特定できることはほぼ不可能である。トランジスタや集積回路がなければインテルやモトローラのマイクロプロセッサーは生まれなかったであろうし、そのマイクロプロセッサーがなければPCは現れなかったと言える。PCがなければ、マイクロソフトも、アップルも生まれなかった。多くのソフトウェア産業も生まれなかった。ソフトウェア産業がなければネットスケープのウェブブラウザも生まれなかった。つまり、マルチタッチ機能の発明者が誰であるかを特定することなど、そもそもが無理なことなのである。

そうした主張を裏付けるべく、グーグルは、タッチスクリーンを発明したのは自分であると豪語するジョブズに、ジェームズ・ゴスリン（一九五五年〜）が一九九二年に作成したビデオの映像を見せた。その映像には、ゴスリンが開発したタッチスクリーンを搭載した各種携帯端末が映されていた。無線通信機能、四インチのカラー液晶画面、任天堂ゲームボーイのスピーカーがついた携帯端末「スターセブン」等々。これらの画面は単なるタッチスクリーンでなく、指で強く弾くほど画面が早く動く慣性スクロールをすでに備えていた。ちなみに、ゴスリンは、かつてサン・マイクロシステムズに在職していた有名なエンジニアで、ＪＡＶＡプログラミング言語を開発した人である。

グーグルの技術陣は、これら先行者の作品を継承した結果、より便利なタッチスクリーンに辿り付いたという自負を持っていた。それゆえに、ジョブズがアップルでそれを発明したというのは間違っているとグーグル側はジョブズに反論したのである。しかし、ジョブズは頑としてそれを認めず、「自分が発明した」と言い続けた。

結局、グーグルは、Ｇ１の件では、ジョブズの強引さに屈してしまい、ジョブズの主張通り、Ｇ１から各種機能を外した[7]。アップルとの特許権裁判は、グーグルがいくら正しくても、Ａｎｄｒｏｉｄにとっては致命的なものになる怖れがあったからである。

法的な紛争点に消費者の耳目が集められている状況下で、Ａｎｄｒｏｉｄを世に出せば、係争中のグーグルのＡｎｄｒｏｉｄに部品メーカーやアプリケーション開発業者たちは誰も協力してくれなかったであろうし、すでに巨大になっていたグーグルに対して、規制当局もジャーナリストも、不安感を抱いていた。かつてのマイクロソフトがＰＣの基本ソフトをほぼ独占していたように、グーグルも、次世代の検索連動型広告をほぼ独占してしまうのではないかと危惧していたのである。

事実、二〇〇七年四月に、グーグルが、オンライン表示広告のダブルクリック社を買収しようとしたとき、司法省によって反トラスト法の審査の対象とされたこともある。これは、最終的には認可されたが、グーグルの市場支配力に、当時から司法省は警戒していたのである。

加えて、二〇〇八年春、ヤフーと提携関係に入ったときには、マイクロソフトのロビー活動によって、前年と同じく、司法省から反トラスト法違反になると脅かされた。そうした状況を見て、投資家たちは、もはやグーグルには新機軸を打ち出す力がなくなったと受け止めてグーグル株を売り浴びせ、グーグルの株価は下がる一方であった。こういう状況の下でのアップルとの係争は、グーグルには耐えられないものであった。アップルの特許を侵害していないとしても、いつまでも裁判で争うよりも、アップルのグーグル批判のすさまじさに、グーグルは音を上げたのである。

そしてＡｎｄｒｏｉｄが発売された。しかし、ジョブズの脅迫によって、多くの機能を外したために、それは、ｉＰｈｏｎｅよりも著しく機能面で劣るものだった。(8)

最終的には、Ａｎｄｒｏｉｄがアップルに逆転勝ちをしたのだが、ＡｎｄｒｏｉｄとｉＰｈｏｎｅとの闘いは、まさに、「プラットフォーム戦争」とでもいうべきものであった。プラットフォーム戦争では、勝者が総取りしてしまう。

プラットフォームとは、あるソフトウェアやハードウェアを動作させるために必要な、基盤となるハードウェアやＯＳ、あるいは、それらの組み合わせや設定、環境などの総体を指す。一般的にはソフトウェアやハードウェアは対応しているプラットフォームがあらかじめ決まっており、異なるプラットフォーム上で使うことはできない(9)。

かつてのマイクロソフト対アップルの闘いでは、マイクロソフトが勝利した。マイクロソフトが、ソフトウェアをより広く流通させ、それによって販売するアプリケーションの選択肢を増やし、その結果、より多くの顧客を摑んだのである。ユーザーが、一つのプラットフォームでしか動かないアプリケーションを買うために多額のお金を注ぎ込んでしまうと、別のプラットフォームに乗り換えることはかなり難しくなる。結局、多くの人がマイクロソフトのＤＯＳを使い始め、そのままウィンドウズへ移行したのであった。

あるテクノロジー・プラットフォームを使う人数を充分確保すれば、それが「渦」となって最終的にほとんどの人がそれを使わざるをえなくなる。

以来、大手テクノロジー企業は、自社ビジネスに同じような渦を作り出そうとしてきた。ジョブズがｉＰｏｄで音楽プレーヤー業界を支配した方法もこれであった。

この種の闘いの勝者になるには、七五パーセント以上のシェアを獲得しなければならない。敗者は、その分野で残ることすらできない。これはまさに血みどろの闘いである。どちらかが勝者にならざるを得ないのである。そのためには、収益性は無視されるシェア争いだけがすべてになる。

特許権紛争の泥沼について、もう少し付言しておこう。

二〇一二年に入って、アップルは、グーグルの提携会社であるサムスン、さらにはグーグルの子会社、モトローラを相手取って、世界各地で特許侵害の裁判を起こした。とくに、二〇一二年夏のサムスンを訴えた法廷闘争は、前例にないほど苛烈なものであった。

二〇一一年にグーグルがモトローラを買収したのは、自社名を冠したスマホの企画・製造・販売面での特許を手に入れたかったからである。モトローラは八〇年以上の歴史があり、豊富な特許を持っている。グーグルはこれに着目して、モトローラを買収し、特許紛争で利益を得ようとしたのである。買収額は一二五億ドルであった。これは、グーグルの過去の買収額としては最大のものであった。

しかし、モトローラを買収後、グーグルは、赤字基調が続くモトローラのスマホ事業を二〇一四年一月二九日、中国のレノボ・グループに約二九億一〇〇〇万ドルで売却すると発表した。

レノボは、ＩＢＭのパソコン事業を二〇〇五年に買収し、この分野の出荷台数において、二〇一三年時点で、世界一になっていた。しかし、パソコンはスマホなどに押されて市場の拡大が見込めないので、レノボは、二〇一四年一月二三日に、ＩＢＭから低価格サーバ事業を二三億ドルで買収することを決めたばかりであった。

グーグルは、モトローラのスマホ事業をレノボに売却はしたものの、モトローラの特許だけは手放さなかった。将来的にも激しくなる特許紛争に備えて、できるだけ、自社が保有する特許を豊富にしておく戦略を取ったのである。その点では、アップルも同じように、特許権を買い集めている。(10)

上記では、情報を収集・発信する媒体が、スマホに移り、その世界ものすごい勢いで上位二者による寡占化が進んでいることを描いた。以下では、そこに自らの情報を載せてもらうべく奇怪な行動をあえて取る人たちが激増していて、「沈黙のスパイラル」がいよいよ現実のものになっている様を説明したい。

2　大きな声の前に沈黙させられてしまうＳＮＳ

情報の収集と発信が、ますます特定のＩＴ企業に集中してしまう結果、本来、多様であるべき、世論が、声の大きい多数派に流れてしまう傾向が生まれる。昨今の日本における嫌中、嫌韓などにそうした気配が見られる。国会議員選挙を見ても、投票は、その時々の瞬間話題をさらった政党や候補者に集中してしまう。昔からそのような傾向はあった。しかし、サイバー空間が、世論の大きな流れを生み出すことに大きく寄与していることは確かである。

声の大きなボスに、力の弱い人々は反論せず、黙ってしまうことから世界が「全体主義的」社会に向かって漂うという危険性を訴えたのは、旧西ドイツの政治学者、エリザベート・ノエル＝ノイマン（一九一六〜二〇一〇年）であった。『沈黙のスパイラル』がそれである（邦訳書では、「螺旋」という難しい単語を使っている）。

ノエル＝ノイマンは、同書で、社会における少数派が、同調を求める多数派の圧力によって沈黙を余儀なくされていく過程を描こうとした。自らを社会の少数派であると思っている人は、多数派に属する人々が発する言葉の大合唱によって、脅迫されているような感覚に陥り、孤立を恐れて自分の意見を表明しなくなる傾向があるとノエル＝ノイマンは言った。その結果、少数の意見は内に籠《こ》もり、多数の意見のみが大手を振って社会の表通りを闊歩するようになる。そうした状況を、ノエル＝ノイマンは「沈黙のスパイラル」と名付けた。沈黙のスパイラルが、社会を全体主義体制の方向に押しやり、世論の一極集中を生み出してしまうと言うのである。

このような現象は、「長い物には巻かれよ」という旧い諺《ことわざ》が示すように、はるか昔から存在していた。しかし、マスコミが発達するにつれて、この現象はますます広がりを見せるようになった。そして、スマホが登場した。スマホに熱狂する人たちが巨大な層を形成するようになって、沈黙状態は、また一段と進展してしまった。スマホの怖さは、この一点にある。

ここで注意しておきたいのは、「沈黙」とは、すべての人が黙して語らないことを指す言葉ではないということである。威圧的な言葉に同調する多数者に反対する声が「沈黙」してしまうという傾向のことを指している。威圧者の声だけが、すべての人の声のように社会では響いてしまう。それに反対する者は、ネット上で血祭りに上げられる。彼らを救おうとして、多数者として反対の書き込みをしようものなら、その人二大しても批判が無数に押し寄せてきて、そのブログは瞬時に「炎上」してしまう。

ジャーナリストの森健は言う。「ある集団で意見が極端な方向へ傾くという集団分極化は、ウェブの世界、とりわけブロゴスフィアやＳＮＳのようなパーソナライゼーションが起きている場では、しばしば見られる現象だ。ブログやＳＮＳのコミュニティで、ある発言者に対して明確な反論を述べるような人は（一般的な著名人の場合は別として）、多くない。……その発言者と対立する考えをコメントすることは、論争を招く要因になる。副次的に感情的な面倒を抱えることになり、いろいろとやっかいな話にもなる。であるなら、コメントなど返さずに黙って流してしまった方が楽だから[11]だ」。

ここで、「ブロゴスフィア」とは、「ブログ圏」、つまり、ブログの発信者と受信者たちによって構成された意味空間（コミュニティ）のことである。ブロゴスフィアという語は、「地平」を意味するスフィアとブログを組み合わせた造語である[12]。

ブログという言葉も、別々の用語を組み合わせた造語である。ブログは、ＷＷＷという「ウェブ」に、覚え書きや論評などを加えて「ログ」（記録）したもので、「ウェブログ」と呼ばれていた。それがさらに略されて「ブログ」となったのである[13]。

ちなみに、ウェブとインターネットとは異なる。インターネットは、個々のコンピュータを結ぶ通信網を指し、ウェブとは、インターネットの中で相互に文書などを交換しあえるシステムのことである[14]。

ＳＮＳは、人と人との繋がりを促進・サポートするコミュニティ型のウェブサイトをいう。つまり、知人間のコミュニケーションを円滑にする手段や場を提供し、趣味や嗜好、居住地域、出身校、あるいは「友人の友人」といった繋がりを通じて新たな人間関係を構築する場を提供する会員制のサービスであるというのが建前としての謳い文句である[15]。

ノエル＝ノイマンが指摘した「沈黙のスパイラル」現象は、スマホの競争部面で確認される。情報を載せるプラットフォームの仁義なき闘いが展開されているのである。アップルも、グーグルも、そしてアマゾンも、今や新しい類の「コンテンツ配信エンジン」になろうと懸命になっている。その帰結は、世界中の膨大な視聴者にコンテンツを配信し、巨大な財務基盤を作り、コンテンツを見る人も作る人をも支配するようになる情況の出現である。[16]

3　疑似的仲間

スマホの世界では、異様な行動を取ったり、過激な言動をしたりしたユーザーは、検索機能などを通して瞬く間に発見される。その情報が拡散し、氏名や所属先などの個人情報すらすぐに特定されてしまう。常識的には、情報拡散の速さに萎縮して、そうした目立つ行為は影を潜めるはずだが、ネットの世界ではそうではない。馬鹿馬鹿しさに悪乗りして投稿する目立ちたがり屋のユーザーは跡を絶たず、ネット上では、その行為への反響が爆発的に増殖する。その反響が、ある特定の主張を繰り返す特定の人への反感として大きくなったとき、その人のブログは使えなくなる、つまり、「炎上」する。このようなことが今では、日常茶飯事となっている。過激で極端な行動と言動が、劇画を見るように面白く、自分たちも面白い劇画の参加者になってしまう。一方、その流れに、毅然として異を唱える人も、はしゃぎ回る目立ちたがり屋によって、身辺に危険を覚えるほどの激烈な、ネット上での攻撃の生け贄《にえ》にされてしまう。

ネットが普及すれば素晴らしい世の中になると、かつては言われていた。しかし、事実はそうではなく、過激な言葉と行動、さらには攻撃的強迫が闊歩するようになっただけのことである。

ネット上では、簡単に自分をアピールできることが、異常な行為をＳＮＳに氾濫させるようになった大きな理由の一つである。現実世界での欲求不満が、ネットのバーチャルな世界にぶつけられるのである。ソーシャル・ネットワーク全盛の時代になり、ユーザー数の加速度的な増加が、その流れに拍車をかけている。

スマホは、ネット依存症をも激増させている。いつでも、どこでも、容易にインターネットにアクセスできてしまうために、ネットが生活の中心になってしまっていることが、ネット依存症と呼ばれている。

総務省情報通信政策研究所が、二〇一三年六月に発表した調査結果によると、小学生から二五歳までのスマホ所有者の半分にネット依存傾向があるということであった[17]。

調査に用意されたアンケートの質問項目は、以下のようなものであった。
①気がつくと、思っていたより長い時間、ネットをしていることがあるか？
②ネットが原因で、仕事の能率や成果に悪影響が出ることがあるか？
③配偶者や友だちと過ごすよりも、ネットを利用したいと思うことがあるか？
④ネットのない生活は、退屈で、空しく、わびしいだろうと不安に思うことがあるか？

⑤ネットをしている最中に誰かに邪魔をされると、いらいらしたり、怒ったり、言い返したりすることがあるか？
⑥夜遅くまでネットをすることが原因で、睡眠時間が短くなっているか？
⑦誰かと外出するより、ネットを利用することを選ぶことがあるか？　等々であった。
⑦の質問に関しては、「いつもある」、「よくある」と答えた高校生が一八・四パーセントもいた。「自分がネット依存」だと思っている人の割合は、高校生で四〇・四パーセント、大学生で三九・五パーセントだった。成人した社会人でも三八・七パーセントもあった。全体では、二八・〇パーセントだった。

ネットの利用が原因で、自らの人間関係を壊してしまったり、時間のコントロールができなくなったり、ネットを取り上げられるとパニックになってしまうケース、つまり、治療を必要とする人たちも増加傾向にあるという。

本章の「はじめに」でも触れたが、爆発的に普及している無料通話・メールアプリ「ＬＩＮＥ」もこの傾向を助長している。「既読スルー」による人間関係の悪化は、若者たちだけでなく、今や、中高年層にも広がっている。(18)しかも、数秒以内に返事をしなければならなくなっているという。

「数年前は携帯メールの返信は三分以内が暗黙のルールだった。今の子供は『二秒』という」。兵庫県立大の竹内和雄・准教授は、ＬＩＮＥの素早い「トーク」に熱中する子供の実態を『日本経済新聞』に語っている。

子供が携帯やスマホを通じて犯罪に巻き込まれる事件も相次いでいるのに、有害サイトの閲覧をできなくする「フィルタリング」の利用率が二〇一三年度に初めて低下した。フィルタリングは子供の安全対策の柱として利用率が高まってきていたのに、二〇一三年度の小中高生の利用率は前年度比八・三ポイント減の五五・二パーセントと、内閣府が調査を始めた二〇〇九年度以来、初めて低下した。[19]その背景にあるのが、中学生の携帯端末としての使用割合が前年度比二二・一ポイント増の四七・四パーセントとなったスマホの急速な広がりである。ＬＩＮＥを使いたい子供にせがまれた親がフィルタリングを適用しないケースが増えている。[20]

ネットに自分で撮影した写真を頻繁にアップする人も増えてきた。そうした行為を「セルフブランディング」という。この傾向は、自分の都合のよい情報だけを検索し、ネットだけに真実があるかのように錯覚してしまう心理を生み出してしまう。自称、愛国者が「格好よい！」という心理に取り憑かれたネット右翼が増えているのも、その現れであろう。

ネット右翼とは、インターネットの掲示板やブログ上で、保守的、国粋主義的な意見を発表する人たちのことで、「ネトウヨ」とも呼ばれている。このように呼ばれる人々が日本で増えてきたのは、二〇〇二年のサッカー・ワールドカップ日韓大会の頃からとされている。[21]

ネット右翼は世界的にも増加している。「ウィーンの門」などが代表的な組織である。この奇妙な名は、一六八三年、ウィーンがイスラム勢力によって陥落し、ヨーロッパのキリスト教徒の世界が脅かされた史実から取られた言葉である。現在が、その当時の状況と似ているので、キリスト教徒たちはイスラム勢力と戦わねばならない、ウィーンの門を死守せよ、というのが「ウィーンの門」を掲げた組織名の意味である。彼らは、世界の人権擁護運動を攻撃している(22)。

ネット右翼の批判はさておき、ネット社会の到来は不可避であるが、ユートピアンたちの言うように、ネット社会は、人間の交際範囲を広げ、平等な市民社会を創り出すことができるのか？

4　福沢諭吉の楽観論とマーシャル・マクルーハンの悲観論

この点については、ネット社会で、福沢諭吉（一八三四〜一九〇一年）の『学問のすゝめ』の叙述に高い評価が出されている。福沢諭吉の天才を否定することはできない。しかし、ネット社会の将来を検討するとき、後述のように、「ソサイアティ」への訳語に深みがあるとして、福沢諭吉を無邪気に持ち上げるだけでは、現在のネット社会の暗闇に接近することができなくなってしまう。

周知のように、福沢は、一八七一年から『学問のすゝめ』初編を書き始め、一八七六年の第一七編で本書を閉じている。第一七編で、「ソサイアティ」に「社会」という翻訳を初めて当てたが、第一六編以前では「人間交際の仲間」（第九編、一八七四年）、「智見の交易」（第一二編、一八七四年）という使い方をしていた。

もっとも詳しく書かれている第九編を解説しておこう。

人間の心には二つの動きがある。一つは個人的なもの、二つは、人間交際の仲間としてのものである。個人的なものだけに心を使うことは空しい。十分な衣食住を得て満足するだけの人生では、ただ生まれてきて死ぬだけの人生で終わってしまう。個人の満足を得たことで安心してしまえば、この世の進歩などない。

人間にとって大事なことは、二つめの人間交際の仲間として世の役に立てるように、人々との交際を密にすることである。人は、多くの人と同じ所に住みたいという性情を持っている。人は、誰しも、他人から離れて孤独で生きたくはない。広く他人と交わり、その交わりをできるだけ広くすることによって、幸せ感を大きくするものである。

人間の交際には義務が付きまとう。過去から現在まで、人類は、多くの人の交わりの所産として文明を大きく発展させてきた。文明は先人たちから受け継いだ過去からの遺物である。人生は個人の満足に浸って小さくまとまっていてはいけない。とにかく文明をできるかぎり高く引き上げることが人間交際の義務である[23]。

人間の交際をできるかぎり広げることによって、無私の奉仕が形成され、文明の高まりがあるという福沢の考え方はいささかも間違っていない。しかし、現実にはそうならなかった。人々を広く交際させるという方向ではなく、ＳＮＳは、人間の交際を分断し、深刻な対立を煽ってしまった。

つまり、古代アテネ市民たちが集って議論を重ねる「アゴラ」という広場の提供ではなく、ＳＮＳは素顔をさらさなくても、見ず知らずの人たちが身辺のこまごましたことを言い合うだけの情況を生み出してしまった。

「キュレーション」という言葉が流行している。ＩＴ用語としては、インターネット上の情報を収集してまとめ、収集した情報を分類し、繋ぎ合わせて新しい価値を持たせて共有することをいう。語源は、博物館や図書館などの管理者や館長を意味するキュレーターからきている。キュレーターが館内の展示物を整理して見やすくするのと同様に、インターネット上のあらゆる情報を、キュレーター独自の価値判断で整理するのがキュレーションであり、キュレーションされたものは、プログラムなどで自動的に収集する従来の検索サービスの検索結果と比べて、「不要なものが少ない」、「センスがよい」などといった理由から人気が高まっている。

しかし、そのように楽観的に捉えてもよいものだろうか。そもそも、情報の管理が特定の巨大企業に握られているとき、公平で透明な情報が発信される保障は初発からない。それに問題関心事に人々が情報を共有できるといっても、それらは人々をただ、分断するだけのものではないのか。それは、佐々木俊尚の言う「ビオトープ」のような狭い「生息空間」の中の小さい集団に分裂させるだけではないのか[24]？

情報が世界化する中で、人々を支配する「ビッグブラザー」が情報操作のために、人々の心の中に入って来るのではないかとの警告を発したのが、マーシャル・マクルーハン（一九一一〜八〇年）である。

ビッグブラザーとは、ジョージ・オーウェル（一九〇三〜五〇年）の小説『一九八四年』に登場する架空の人物である。小説の中では、架空の全体主義国家「オセアニア」に、君臨する独裁者として描かれている。オセアニアでは、社会を支配するエリート（党内局員）が、国民（党外局員）に対して独裁権力を振るっていて、ビッグブラザーがその頂点にいる。オセアニアの住民はテレスクリーンをはじめとする手段により、当局の完全な監視下に置かれている。しかし、国民は、ビッグブラザーに反抗するどころか、どんどん洗脳されてビッグブラザーの権力機構を賛美するようになってしまうという恐ろしい内容である。『一九八四年』は、単純なソヴィエト連邦批判ではない。スペイン内戦にも参加したように、マルキストたちによる反フランコ闘争の姿には共感を寄せていたのである。[25]

マクルーハンに戻ろう。「グローバルビレッジ」という言葉がある。以前からあったが、広めたのはマクルーハンである。[26]彼の考え方はマクルーハンに通じるものがある。

マクルーハンによれば、電子的なマスメディアによって、それまで人々がコミュニケーションを行う上で障壁になっていた時間と空間の限界が取り払われ、地球規模で対話し、生活できるようになった。この意味で、電子的マスメディアによって地球全土が一つの村（グローバルビレッジ）に変貌した。グーテンベルクの印刷時代の活字文化に代わって、電子メディアを基礎とした「電子的な相互依存」の時代が始まると言う。

グローバルビレッジという表現は、近年、情報化社会の肯定面を指すものとして使われているが、マクルーハンの真意はその反対である。

私たちは書物で確認するのではなく、視覚と言葉で情報を得るようになった。私たちの頭脳は電気的なものに変質しつつある。私たちの感覚が自省的になって内に帰って来るよりも、外へ外へと向かってしまう。感覚が外に出て行くにつれて、ビッグブラザーが私たちの感覚の中に入って来る。この力学に気付くべきである。私たちは、部族の太鼓に煽られ、全体的相互依存へと連れて行かれる。そして、恐怖に取り巻かれてしまう。書物ではなく、口から口へと伝わる口承的な社会こそが恐怖を日常化してしまう。私たちは、断片的な口承の世界が押しつける強迫感情から脱却して、思想と感性の統一を回復すべく努力しなければならない。

つまり、マクルーハンは、情報化社会は、人々を相互監視の下に置き、同じような感情によって支配される危険性にさらされているのだとの強い警告を発していたのである。実際、テクノロジーが認知や社会に与える影響を意識化することなしには、グローバルビレッジは全体主義と恐怖政治が支配する場所になりかねないのである。

マクルーハンが警告した世界に、現在は、確実に近付いているのではないだろうか。

世界最大のSNSとして、日本でもすっかり定着したフェイスブックは、実名で現実の知り合いとインターネット上で繋がり、写真や動画などを交えた投稿の共有や個別のメッセージのやり取りなどで交流する、新しいコミュニケーションとしてこれまでは大人気であった。

しかし、今では、「フェイスブック疲れ」という言葉がウェブ上で散見されるようになった。知り合いからそのさらに知り合いへと、情報が拡散するにつれて、こまごまとしたプライバシーが暴かれ続けることへの不安感に多くの人が捕らえられるようになった。

投稿範囲を限定するといったやり方はあるものの、設定に戸惑って投稿がだんだん億劫になるユーザーも少なくない。これが、フェイスブック疲れである。

フェイスブックは、実名での登録を原則とすることから、人間関係を育むのに使いやすいＳＮＳだと持ち上げられていた。しかし、簡単に色々な人に「友達申請」をして繋がることができるので、仮想社会での人間関係だけのものになってしまう。そのことで、現実の人間関係を創ることがおろそかになる。

そもそも、フェイスブックにおけるプライバシーの確保には無理がある。自分をさらけ出して友人関係を創れれば、互いのプライバシーが尊重されて親密な人間関係が築かれるという考え方は甘すぎる。

おわりに

もともと人には、見せたくない自分を隠し、見せたい自分を見せる、という自己情報制御の発想がある。そのために、自分をさらけ出す行為に関して人は慎重になる。つまり、自己情報は意図的に制御される。

ところが、ＳＮＳを利用すると、自分に関する望ましくない情報が、集中砲火を浴びたように勝手に自分のまわりに降って来る。その火の粉を払うには大きなコストが掛かってしまう(27)。

それでは、匿名性の方がよいのかと言えば、この方が恐ろしい。

近年、メールアドレスがなくても、指定したメールアドレス宛にメッセージを送信できるウェブ・

サービスがある。メールアドレスを教えたくない場合、面倒な手続きをすることなくすぐにメッセージを送信したい場合など、メールアドレスを秘匿して、思いついたときにメールを送信できるアプリに人気がある。この種のメールが、それこそ、何千通という規模で、標的にされた特定の人物のメールやブログに殺到し、それらを炎上させる。

「沈黙のスパイラル」がいよいよ本格化するようになったのである。

第Ⅱ部

サイバー空間の神学

――新自由主義のイデオロギー

第5章　サイバー・リバタリアンの新自由主義

はじめに

いずれ、人工知能（ＡＩ）が人間の頭脳水準を超える。このような議論が現在横行している。超える時点が「シンギュラリティ」と呼ばれるものである。日本語では「技術的特異点」と訳されている。英語の「シンギュラー」には「並外れた」という意味がある。これまでの基準からすれば、説明のつかない別の次元の現象という意味である。この名詞形が「シンギュラリティ」である。

シンギュラリティに到達するまでは、人は、これまでの経験から将来をある程度、予測できるが、それを超えれば、過去の基準は適用できず、予測などまったくできない、想像を絶する世界が展開することになるというのである。その境界が「特異点」である。

例えば、宇宙のブラックホールがそうである。光よりも速い速度であらゆる物質を吸い込んでしまうと言われるブラックホールは、光で見る世界に生きるわれわれにはうかがい知れない「向こう」の世界である。

1　シンギュラリティ（技術的特異点）とは

「シンギュラリティ（技術的特異点）」に関する著作で知られる米国のレイ・カーツワイル（一九四八年〜）は言う。特異点とは、テクノロジーの急速な変化によって、人間の生活が後戻りできないほどに姿を変えられるという境界線のことであると[1]。

カーツワイルは、さらに、「収穫加速の法則」という言葉も創っている。人間は生物として革新を繰り返して進化してきた。そして、テクノロジー（技術）が生まれた。このテクノロジーの進化は指数関数的に加速度を強める。それが収穫加速の法則である。

収穫加速とは耳慣れない言葉である。これは「収穫逓減の法則」という経済学の考え方をひっくり返したものである。

特異点の考え方を理解する上でも重要なので、ここで、古典派経済学の考え方を簡単におさらいしておこう。

収穫逓減の法則とは、ヂーヴィッド・リカードウ（一七七二〜一八二三年）などの英国古典派の経済学者たちが、人口増と農産物需要増大との関係を理解するために生み出した命題である。

人口が増大すれば、農産物に対する需要が高まる。それに応えるべく、農業の生産量を増大させるには、農民は痩せた土地を耕作して耕作面積を広げるか、既存の土地に、より集中的な生産手法を適用する必要がある。どちらにしても、農業生産量の増大にかかるコストは増え続けるので、農業生産量は人口増大に追いつかなくなる。つまり、資材を二倍投入しても、生産量は二倍にはならず、その増加割合は、投入量が増えれば増えるほど減少する。これが、経済の世界では普通に見られる現象であった。

これに対して、「収穫逓増の法則」という考え方も経済学で生まれている。生産規模が二倍になると生産がさらに効率的になり、生産量は二倍以上になるという考え方である。一定の市場で最初に最大のシェアを奪った企業だけが最大の利益を得て、結果的には勝ち残るという考え方も、「収穫逓増」の一変種である。

さて、カーツワイルは、「逓増」（徐々に増える）という言葉を「加速」（一気に増える）と言い換えた。投入量の増加に対して、生産物が「指数関数的に増大」するという考え方を前面に出し、人間世界が物資の不足という「希少性」から脱することができるというのである。

指数関数的増大という点について、カーツワイルは、喩え話で説明している。

ある人が、自分の池に睡蓮を植えた。彼は、睡蓮の葉が水面全体を覆い尽くしてしまえば、太陽の光が水中に届かなくなるので、池の魚が全滅してしまうことを知っていた。にもかかわらず、留守中に、池の中の魚がすべて死んでしまうというミスを冒した。指数関数的増大の怖さについての彼の認識が甘かったのである。

　睡蓮の葉が一週間で二倍になるということを知っていたので、はじめのうち、彼は、葉の広がり方を観察していた。葉は、たしかに一週間ごとに倍増していた。しかし、広い池なので、四週間経っても、葉が占める面積は水面全体の二パーセントでしかなかった。七週間まで彼は観察した。葉は、二〇パーセントにも満たなかった。

　彼は、ここらで観察をしばらく休止しても大丈夫だろうと判断して、三週間の家族旅行をした。帰宅した彼は、びっくりした。水面全体が睡蓮の葉で覆われ、魚がすべて死んでしまっていたのである。(2)

　仮に、湖面の面積も指数関数的に増大をしておれば、水面全体に葉が覆い尽くす時点を遅くすることは可能である。しかし、水面の広がりの速さよりも、葉の広がりの速さの方がはるかに大きければ、水面が葉で覆い尽くされてしまう時点は必ず来る。

　水面の広がりを人類全体の頭脳総体の智恵の水準、葉の広がりをコンピュータに代表される人工知能の水準とすれば、上記の意味での「特異点」は必ず来る、しかも二〇四五年にはやって来るというのがカーツワイルの考えである。

　米国に実際にその名を冠した大学が二〇〇八年に設立された。米国航空宇宙局（ＮＡＳＡ）の「エイムズ研究センター」の敷地内に居を構える「シンギュラリティ・ユニバーシティ」（以下、ＳＵと略する）がそれである。

　ＳＵは、このカーツワイルと、難易度の高い目標に懸賞金をつけて競わせる「Ｘプライズ財団」を創設した実業家のピーター・ディアマンディス（一九六一年〜）によって設立されたものである。技術が加速度的に進歩し、コンピュータが人間の知性を超える時代が来ると予言したカーツワイルの著書に刺激を受けたディアマンディスが「指数関数的に進歩する技術の全体像を学べる場を作ろう」とカーツワイルに提案し、グーグルやジェネンテックなど、趣旨に賛同した企業がスポンサーとなった。

毎年夏に一〇週間にわたって開講する大学院レベルの「グラデュエート・スタディー・プログラム」（GSP）や、企業や政府機関の幹部クラスを対象とした一週間の「エグゼクティブ・プログラム」がある。GSPの定員は八〇人、毎年三〇〇〇から五〇〇〇人が応募しているという。設立後五年間で、八五か国、二〇〇人以上が卒業している。

GSPは前半の五週間で、最新の技術動向や世界が抱える難問についての理解を深め、後半の五週間はチームになって解決策を編み出す。寝る間も惜しんで課題に取り組む学生が多いため、SUをもじって「スリープレス・ユニバーシティ」（不眠大学）の異名も付けられている。

コンピュータが発明されたのは、第二次世界大戦直後のことであった。旧来の巨大コンピュータに替わるパソコン（PC＝パーソナル・コンピュータ）は一九八〇年代に開発され、インターネットは一九九〇年に生まれた。「iPhone」ができたのは二〇〇七年。短期間にデジタルの世界はこれほど大きく姿を変えた。

このまま収穫加速の法則が作用すれば、人類社会はどうなってしまうのだろう。これが、多くの人が等しく抱く不安である。しかし、好むと好まざるとにかかわらず、特異点は必ず来るというのが、特異点論者の共通の見解である。将来に対する不安感は払拭できないが、それを理由として、テクノロジーの進歩を阻止すべきでないと彼らは主張する。

先述のディアマンディスは、豪語した。

過去数百年の間に世の中が大きく改善したのは技術が進歩したからだ。技術は加速度的に進歩する。今後二〇～三〇年で、地球上のすべての人間は最低限の必要が満たされる。その意味において、自分たちに理解できないものはとりあえず規制するという政府の動きの方が、技術の進歩にはマイナスであると。(3)

2　テクノロジー進化論

カーツワイルのテクノロジー進化論は、今や伝説となった「ムーアの法則」を下敷きにしている。「ムーアの法則」は、インテル社の共同創業者であるゴードン・ムーア（一九二九年～）が一九六五年に自らの経験をもとに語ったものである。

集積回路の単位当たりコストを下げる速度は、毎年およそ二倍の割合で増大してきたし、将来もその傾向は続く、一九七五年までには、大規模な回路が一個のウェハー（集積回路用のチップを切り出す円盤状のシリコンの板）上に構築できるようになる、というのがその内容であった。(4)

カーツワイルは、このムーアの法則を新規技術の指数関数的進歩の命題として重視した。一定の面積の中にできるだけ多くのトランジスターを詰め込むという技術もいずれ壁に突き当たる。しかし、テクノロジーは、必ず別の方法を見つけ出す。そして、新しいテクノロジーは、指数関数的に進歩する。壁にぶつかり、再び新しいテクノロジーが生まれ、また指数関数的に進歩する。次々に継起的に現れる進歩の型をカーツワイルは「S字型カーブの連続」という表現をした[(5)]。

真空管でコンピュータを作っていた時代では、コンピュータの進化とは、真空管を小型化することであった。そして、真空管の小型化には限界がきて、技術開発は停滞した。しかし、トランジスターの登場によってこの限界は破られた。その技術も今や壁にぶつかっている。それでも、いずれ、量子コンピュータなどの発明によって、この限界も乗り越えられるであろう。カーツワイルたち「特異点」論者の多くは、テクノロジーの壁に対しては意に介していないのである[(6)]。

今後、爆発的に増えると予想されているビッグデータ解析への需要には、従来のコンピュータの能力では対応できない。解析に膨大な時間がかかるからである。量子コンピュータを使えば、たちどころに解が示されることになると、彼らは解説する[(7)]。

カーツワイルは、コンピュータに質的な大変化が生じると言う。処理速度という量的な面でコンピュータが人間の頭脳をはるかに超えたある時点で、コンピュータが意識を持つようになる。コンピュータが、人間から離れて独立に意識を持ち、暴走するようになる危険性がコンピュータの進歩にはある。

そうなる前に、人間は、自らの頭脳の「リバースエンジニアリング」に習熟する必要がある。リバースエンジニアリングとは、機械を分解して、その構造と設計思想を理解することである。

すでに人間は、脳を、ニューロンやかなり広い神経領域に至るまで、モデル化することに成功している。その作業をもっと発展させることで、人間は、高い人工知能を持つコンピュータと共生できる[8]。人間が達成した頭脳水準を超えた人工知能と対立するのではなく、人間は人工知能と融合して、生物としての自らの限界を超えねばならない、人工知能の助けを受けることによって、人間は、「人間的なもの」のいっそうの開花を実現する必要があると、カーツワイルは主張する[9]。

二一世紀前半に三つの革命が起こると、カーツワイルは言う。「遺伝子工学」（Gと表記する）、「ナノテクノロジー」（N）、「ロボット工学」（R）がそれである。

「G」は、生命の基盤となっている情報プロセスを作り直して、人間の可能性を飛躍的に広げる。「G」の成果によって、あらゆる病気を治癒させて、寿命を劇的に伸ばすこともできる。ただし、まだこの分野の研究は浅い。生物の活動の原則を完全に理解したわけではないからである。いずれ、完全に理解したときに、人間よりも優秀な知能を人間は開発するであろう。

さらに、「N」が登場する。このテクノロジーによって、あらゆる世界の分子構造を分析し、その構造を作り替えることができるようになる。この再設計で人間は生物学的限界を超えて生きられるようになる。

例えば、自己増殖機能を持つ、赤血球サイズのロボットが開発され、人体にそれを注入すると、ガンなどの細胞を内部から破壊してくれる。「G」以上に「N」は威力を発揮してくれる[10]。

もっとも強力な革命は「R」である。ロボット工学の進化は、人間の知能をモデルとしながらも、それよりはるかに優れた知能を持つロボットを開発するであろう。知能は、発達し続けると、いずれは前途に立ちはだかるどんな障害も予知し乗り越えられるほどに賢くなると彼は予言する。[11]

こうして、カーツワイルは「特異点」への到達をバラ色に描く。

人類の歴史につきまとった貧困、病気、重労働などの不幸は遠のく。テクノロジーが、並外れた富を創造し、安価な原材料や情報をどんな製品にでも変換できるので、物質的な欲求はすべて満たされるようになる。それだけではない。科学から芸術まであらゆる形の知識を創造し鑑賞する人間の能力が大幅に強化され、他者と関わり合う能力はますます進展していく。[12]

以上が、「特異点」に不可避的に向かうテクノロジーを、人間の知能と融合することによって、世界がいかにバラ色になるかという、カーツワイルの夢である。

もちろん彼も、特異点の持つ危険性について、わずかではあるが触れている。それぞれの革命は、同時に新たな危険も招く。

G革命は、生命工学的に操作された新型ウィルスの脅威を招きかねない。

N革命は、その産物を自己複製する危険性があり、どんな生物的脅威よりもはるかに強力なものとなる。

R革命が作り出す、われわれより病理学に通じた知能に、どうすれば対抗できるだろうか、等々。[13]

テクノロジーの進化がもたらす「特異点」の危険性については、多くの専門家によって、つとに指摘されてきた。

例えば、スティーブン・ホーキング（一九四二年～）。「人工知能の成功は、人類の歴史において最高の出来事になり得る。しかし、危機回避の方法を見出さなければ、残念だが、それは人類史の最後の出来事になってしまうだろう」[14]。

堀浩一・東京大学教授も、人工知能を用いるさいに生じ得る副作用について、「対処の方法がみつからず、多くの人々が許容しがたいと思う副作用が生じる可能性があるならば、対処方法が見つかるまで、そもそもの開発を中断させたい」と発言した[15]。

だが、こうした危惧に対しても、カーツワイルは、テクノロジーの進化がもたらす社会への負の効果を軽視する。彼は、危険を未然に防ぐためには、自由主義的イデオロギーの定着が基本になると強調している。

彼は言う。テクノロジーの進展に恐怖を抱いているのは全体主義者たちである。テクノロジーの進展を阻止するものこそ、「世界的な全体主義システム」である。しかし、全体主義の勝利はあり得ないであろう。ますます進展している知識の分散化が、本質的に民主化を進めるからである。

一九九一年、ミハイル・ゴルバチョフ（一九三一年～）の政権を崩壊させたのは、戦車の上に立つボリス・エリツィン（一九三一～二〇〇七年）ではなく、むしろ数十年来の情報統制を崩壊させたファックス、複写機、ビデオレコーダ、パソコンなどを用いた秘密ネットワークだったと、カーツワイルは強調した[16]。

テクノロジーは諸刃の剣である。それは、すべての人類の目的をかなえるほどに巨大な力であると同時に、破壊的なイデオロギーにも力を与える。後者を台頭させないためにも、加速するテクノロジーを適用して人間の精神を高めるしかない。テクノロジーの自由な開発こそがそれをもたらすというのが、彼の信念（イデオロギー）であった。[17]

3　サイバー・リバタリアンの群像

カーツワイルが前記ＳＵの設立を企画した際に多くの起業家から資金やソフトの支援を得たことからも分かるように、彼の周囲には多数の技術開発者や未来学者が集まり、コンピュータが幸せな未来を拓くという特定のイデオロギー・グループを形成している。それが「サイバー・リバタリアン」である。

リバタリアンという言葉の定義を正しく述べることは難しい。ここでは、個人的な自由と経済的な自由の双方を重視する人たちを指すことにしよう。リバタリアンは、他者の権利を侵害しないかぎり個人の自由は、最大限尊重されるべきで、その自由に対して政府は干渉すべきでないと主張する。日本語においてはそのまま「リバタリアニズム」と表現される場合が多いが、単に「自由主義」と訳されることはあまりなく、完全自由主義、自由至上主義、自由意志主義など多数の訳語が存在する。

サイバー・リバタリアンのあるグループは、自分たちのイデオロギーを実現させるための強力な組織をすでに創設していた。

米共和党下院・院幹事時代のニュート・ギングリッチ（一九四三年〜）の仲介によって、一九九三年、AT&T、CBC、インテル、グーグル、マイクロソフト、ソニー、ニューズ・コープ、等々、世界的なメディア企業とIT開発企業二〇数社の出資で、「進歩・自由の基金」がワシントンDCに設立された。

それは、市場を重視する米国的シンクタンクであった。デジタル革命と、それが公共政策にどのような影響を及ぼすかを研究課題とし、技術革新が持つ意味を、小さな政府、自由市場、個人の尊厳に基礎を置く哲学に基づいて、政治家、教育家、オピニオン・リーダーたちを育てるのが、この研究機関の目標であった（しかし、この研究機関は、二〇一〇年九月には解散している（研究所が暴力ゲームの動画を未成年にも配った嫌疑で、カリフォルニア高裁と争ったことから、研究員が意欲を喪失してしまったからだと言われている）[18]）。

一九九四年夏、この研究所が「マグナ・カルタ」という名の宣言を発した。原題は、「サイバー・スペースとアメリカン・ドリーム――知識時代のマグナ・カルタ」である。

署名者は錚々たる人たちであった。ジョージ・ギルダー（本書第６章で扱う。一九三九年〜）、エスター・ダイソン（『ウォール・ストリート・ジャーナル』紙のIT関係女性記者、一九五一年〜）、ジョージ・キーワース（元ヒューレット・パッカード相談役、一九三九年〜）、アーウィン・トフラー（未来学者、一九二八年〜）である。

今や、物質的な富はますます重要性を失い、形のない精神的なモノ（＝知識）がより重要なものになる、知識の時代が人類文明の最後の段階（第三の波）と理解するトフラーの見解が、ここには色濃く反映されている。

この「マグナ・カルタ」の大きな特徴は、第二の波の大工業時代に大きな政府に頼り切っていたシステムを「知」の世界に切り換えるために、アメリカン・ドリームを回復させることを謳ったことである。「メイフラワー号の契約」が米国の憲法に反映されたように、トーマス・ジェファーソン（一七四三～一八二六年）の思想を具現化する「オープンなソフトウェア開発」（＝オープン・プラットフォーム）環境が整備されるべきだというのが、この「マグナ・カルタ」の核心的主張である。

非常に微細なサイバー空間に莫大な知識が詰め込まれている。それゆえに、完璧な個人の自由が確保されつつ、知識は「公共財」として万人に公開されなければならない。そのためにも、FCC（米連邦通信委員会）による過剰な介入は強く拒否されるべきである。

サイバー空間こそ、近年においては米国最後の「フロンティア」であると主張するのが、第三の波の論者たちである。(19) 人々は技術革新の波を拒否することはできない、技術革新は不可避で「抵抗不可能」な流れであるというのが彼らの姿勢である。

①サイバー・リバタリアンの第一のイデオロギー

テクノロジーの開発・進化は、宇宙の根源的な力である。これがサイバー・リバタリアンの第一のイデオロギーである。

自著の日本語訳出版記念会でケビン・ケリー（一九五二年〜）は次のように語った。[20]

モーツァルトが、ピアノが発明される前に生まれていたら、われわれには大変な損失であっただろう。ゴッホも油絵具が発明される前に生まれていたら、同じような損失であった。映画が発明される前にヒッチコックが生まれていても同じこと。テクノロジーの進化が天才を生む。人間には、未来の天才たちのために、多様なテクノロジーを開発しておかねばならない義務がある。

テクノロジーは、宇宙的な力である。テクノロジーを複雑化し、多様化し、特殊化する力は、宇宙が誕生したときから始まっている。つまり生命の誕生以前から、このような力があった。エネルギーによって、星ができ、それが、銀河になり惑星になり、生物が生まれ、生物が建物やジェットエンジンのようなテクノロジーを生んだ。テクノロジーは、一貫して進化を続けてきた。テクノロジーに関わるということは、宇宙が始まった頃から存在する大きな力に参加することである。その力は、単純にハシゴを上るような一方向の変化ではなく、外の方向にひたすら向かう。それは、より可能性を増やす方向に広がっていく力である。[21]

つまり、急速な技術革新は、生物学的にも説明可能な進化そのものにほかならない。これがサイバー・リバタリアンの第一のイデオロギーである。

②サイバー・リバタリアンの第二のイデオロギー

彼らの第二のイデオロギーは、徹底した個人主義信仰である。これまでの社会・政治・経済の構造がもたらす市場介入が、個人の自発的な想像力を損なってきた。サイバー空間の革命時期に生きる人たちは、旧来の負荷から自己を解放すべきであるというのが「マグナ・カルタ」の強調点であった。そこで、取り上げられたのは、アイン・ランド（一九〇五～一九八二年）の考え方であった。

アイン・ランドは、ロシアで生まれ、一九二六年に米国に逃れた女流作家、映画脚本家である。二つのベストセラー小説『水源』（一九四三年）、『肩をすくめるアトラス』（一九五七年）で知られる[22]。ランドは、知識を得る唯一の手段としての理性を擁護し、信仰や宗教を拒絶した。合理的かつ倫理的なエゴイズムを支持し、倫理を装う利他主義を拒絶した。政治においては、「他人に強制する行為」を非難し、集産主義および国家主義に反対した。自由放任的資本主義を、個人の権利を守る唯一の社会システムと信じた。一部のアリストテレス派哲学者や古典的自由主義者をのぞき、ほとんどの思想家を辛辣に批判した[23]。

「マグナ・カルタ」に盛られたランドの考え方は、個人が興味を持つあらゆる領域で個人が自己の権利を保障されるようにすること、その成果の如何を問わず、生み出されたものは廃棄されてはならない。何かを生み出すかも知れない個人の諸活動の権利が奪われないように、米国政府はきちんと個人の権利が保障される環境を作り出すべきだと言うのである[24]。

③サイバー・リバタリアンの第三のイデオロギー

サイバー・リバタリアンの第三のイデオロギーは、ミルトン・フリードマン（一九一二～二〇〇六年）やシカゴ学派の供給サイドの経済学を高く評価するジョージ・ギルダーがその代表である。ギルダーは、自由主義経済とデジタル・テクノロジーとを結合させるべきだとする。シカゴ大学とニクソン大統領を利用した彼は、テクノロジーの発展によって、脱中心化と多様性が実現されるという考え方を持っている。徹底した個人主義の擁護はそのイデオロギーを踏まえたものである。

しかし、彼らは、自由を追求する個人の活動を云々する裏で、「企業の所有」を巧妙に「個人の所有」と同義語として扱っている。政府による電気通信関連の統制を阻止するという彼らの主張には、巨大多国籍企業によるプラットフォームの集中化という、過去に生じてきた出来事に対する批判はいっさい出されていない。徹底的な個人主義、自由市場経済への熱狂という反面で、企業の寡占化に反対せず、巨大化を防ぐために行使される政府の介入を嫌悪した。結局、彼らは、巨大企業の利益を「自由」の名において擁護するという政治的スタンスを取っているのである。

先述の「マグナ・カルタ」では、実際の地理ではなく、サイバー空間の中で、「共通の興味」を持つ多様な人々が作り出す「共同体」＝「電子地域」の創出を歴史の進歩と見ている。社会生活における多様性の実現が期待されているのである。しかし、本当にこのような考え方でよいものだろうか？ラングドン・ウィナー（一九四四年〜）はサイバー・リバタリアンの言う「電子地域」的共同体理解に対して厳しく批判を加えている。

（電子地域の多様性の内実は）「技術革新によって、あるサイバー空間の出来事が別のサイバー空間に影響を及ぼすことがないようにするためのバリアーの設置が可能になるということなのであって、そこで実現される多様性というのは隔離という手段で確保されるものにすぎない。それに対して従来の共同体とは、職業や民族的背景や収入や社会的関心の異なる人々の間で共生を模索する、いわば多様性の実験室だったのであり、技術革新によって人々がこのような共生の模索から解放されるという主張は疑わしい(25)」。

結局、彼らは、反政府、反福祉、反労働者、反環境擁護、反公教育という「新自由主義」の唱道者の重要な一角を担っていると言わざるを得ないのである。

4　「新自由主義」とは何か

ここで、「新自由主義」というイデオロギーについて説明しておこう。

第二次世界大戦後は、周知のように、冷戦体制で彩られていた。資本主義社会の指導者たちは、懸命になって、共産主義社会が人権を抑圧する非自由主義だと非難してきた。中でも、「モン・ペルラン協会」は、影響力のあるイデオロギー的指導者たちを結集していた。

一九四七年四月一〇日、フリードリッヒ・ハイエク（一八九九〜一九九二年）がスイスのモン・ペルランに世界から三九人を招待した。招待された人のほとんどは経済学者であったが、歴史学者、哲学者もいた。国家の現状、古典的自由主義の運命を憂う彼らにとって、世界を覆うマルキストやケインジアンたちとの闘争が会議の主要なテーマであった。

招待された人たちは、ミルトン・フリードマン（後に協会の会長になった。一九一二〜二〇〇六年）、フェビアン社会主義者であったウォルター・リップマン（一八八九〜一九七四年）、カール・ポパー

（一九〇二～一九九四年）、オーストリー学派の経済学者ルードヴィヒ・フォン・ミーゼス（一八八一～一九七三年）、オーストリー・ハンガリー帝国皇帝の末裔オットー・フォン・ハプスブルク（一九一二～二〇一一年）、等々、錚々《そうそう》たる顔ぶれであった。

会員は、中世の貴族、現在の上流階層、そしてオーストリー学派（労働価値説を否定し、人間の主観が価値を作るという限界効用説のパイオニアの一人、カール・メンガーを始祖とする経済学派。ウィーン大学を拠点とする。人間の自由を希求した）、つまり、上流階級にとっての良き時代の良き伝統を継承する面々だったのである。

古典的自由主義とは、現代的な民主主義や共和主義を指すのではなく、ナポレオン・ボナパルト（一七六九～一八二一年）以前の貴族たちが持っていた高尚な心の自由を意味する概念である。

フリードマンの義兄にアーロン・ディレクター（一九〇一～二〇〇四年）がいた。フリードマンは、アーロンの妹、ローズ（一九一〇～二〇〇九年）と一九三八年に結婚している。ディレクターは、経済学におけるシカゴ学派を隆盛させた功労者であると言われている。

ディレクターは、ウクライナのスターリ・チョリトリスクに生まれ、一九一三年に家族全員で、米国に移住した後、第二次大戦中は、戦争省と商務省に勤務、一九四六年シカゴ大学ロー・スクールに採用された。ディレクターは、法と経済学の接合を目指していた。

このディレクターが、米国の出版社のことごとくから断わられていたハイエクの『隷属への道』（一九四四年）[26]をシカゴ大学から出版させたのである。

ディレクターは、ロンドン・スクール・オブ・エコノミクスに留学していたときにハイエクの面識を得た。ディレクターは、同時にモン・ペルラン協会に協力することになる。とくにシカゴ大学のメンバーをこの会の会員に勧誘することに成功した。シカゴ大学関係では、フランク・ナイト（一八八五～一九七二年）とジョージ・スティグラー（一九一一～九一年）がいた。もちろん、ディレクターも会員であり、その強い勧誘でフリードマンも会員になった。そして、フリードマンは、第一回の会議に招待されたのである。(27)

ハイエクのイデオロギーは、シカゴ学派にしっかりと受け継がれた。シカゴ学派こそ、チリのサルバドール・アジェンデ（一九〇八～七三年）政権を崩壊させ、反米の拠点であったラテンアメリカに「新自由主義」の強烈なイデオロギーとフリードマン好みの経済政策を導入する主役であった。

アジェンデ政権の成立崩壊は、その後の世界を見るうえで、きわめて重要な事件なので、ここで少し説明しておく。

二〇〇一年九月一一日に発生した「米国同時多発テロ事件」が、現在の中東地域の惨状を生み出したことは記憶に新しい。しかし、一九七三年の九月一一日チリで忌まわしい軍事クーデターによって追い込まれたアジェンデが自決したことを知る人は少なくなってしまった。

一九六五年、米国は北ベトナム爆撃を開始、地上軍二〇万人を南ベトナムに投入し、六九年には投入兵は五四万人にふくれあがったが、一九七五年、いわゆるベトコン（ベトナム解放戦線）によって、南ベトナムのサイゴンが陥落した。

ベトナム戦争の悲惨さによって、世界の多くの人々が、反戦運動に身を投じ、旧い国際経済秩序に代わる「新国際経済秩序」（NIEO）の構築に取り組みはじめた。

このような雰囲気の中で、自由選挙によるチリ史上初の社会主義的政権が成立した。アジェンデ政権である。アジェンデは、企業や鉱山の国営化を進め、キューバやソ連などの共産主義国との友好を促進した。同時期に隣国ペルーで「ペルー革命」を推進していたファン・ベラスコ・アルバラード（一九一〇〜一九七七年）政権（一九六八〜七五年）との緊密な関係も確立した。

アジェンデによる銅山の国有化の衝撃は大きかった。遠くアラブの油田にも飛び火したからである。当時、メジャーと呼ばれていた先進国の石油巨大資本が、現地の政府による国有化の嵐にさらされたのである。

石油メジャーのうち、第二次世界大戦後から一九七〇年代まで、石油の生産をほぼ独占状態に置いた七社は セブン・シスターズと呼ばれていた。この七社にフランス石油（現TOTAL）を加えて、エイト・メジャーズと言われることもあった。資源ナショナリズムにより「石油輸出国機構」（OPEC）が主導権を握るまで、メジャーズは、世界の石油のほぼすべてを支配していた。

セブン・シスターズのうち、五社が米国資本で、残りの二社が、英国資本系のBP（ブリティッシュ・ペトロリアム）と、英蘭共同資本系のロイヤル・ダッチ・シェルであった。

米系のエクソン、モービル、シェブロンは、ロックフェラーが創業し、一九一一年に三四社に分割されたスタンダード・オイルが母体である。

一九七〇年には、前年に政権を握ったリビアのカダフィ大佐（正式名はムアンマル・アル＝カッザーフィー、一九四二〜二〇一一年）がメジャーから油田を奪って国有化する路線の突破口を開いた。ＢＰとシェル石油が国有の対象になった。一九七二年には、アルジェリアの油田がフランス資本から国有化された。一九七六年、サウジアラビアでの原油採掘を独占してきたアラムコの大株主であった、エクソン、モービル、テキサコ、シェブロンの四社もサウジアラビア政府に株式を譲渡した。ここに、セブン・シスターズによる石油支配は終わりを告げた（しかし、資源国有化の運動を指導していたカダフィ大佐は、二〇一〇年から始まった「アラブの春」という西側メディアに煽られた「民主化運動」によって、翌年の一〇月二〇日に虐殺された。それ以降、周知のように、アラブ世界は血で血を洗う地獄にのたうっている）。

一九七四年、「非同盟諸国会議」議長国のアルジェリアの提案で、資源問題を議論するために開かれた国連特別総会で、途上国は、外国人資産を国内法により国有化する権利や一次産品輸出国機構を設立する権利の承認、および、途上国の輸出品価格と輸入品価格を連動させる価格インデクゼーション（賃金、金利、年金などを物価水準に連動させること。ここでは、途上国の輸入品価格に、途上国の輸出品価格を連動させること）の確立などを、先進国に要求した。総会はコンセンサスにより、途上国の要求をほぼ受け入れた「新国際経済秩序樹立に関する宣言」とその行動計画を採択した。

つまり、アジェンデが打ち出した国有化政策は巨大なインパクトを世界にもたらしたのである。

当然にも、米国の権力者たちは、アジェンデの社会主義政権に大きな脅威を抱き、ＣＩＡにアジェンデ打倒の指示を出していた。しかし、アジェンデは、農地改革や国営化政策により、一九七三年の総選挙で、さらに得票率を伸ばした。

一九六四年に設立されていた「国連貿易開発会議」（UNCTAD）はアジェンデ政権を支持すべく、一九七二年にチリのサンチャゴで第三回総会を開催した。そこでは、先進国政府はGNP（国民総生産）の〇・七パーセントをODA（政府開発援助）として拠出すること、UNCTADに「共通基金」を設けて一次産品の国際市場価格の下落を防止することなどが可決された[28]。

一九七三年九月一一日、ついに、アウグスト・ピノチェト（正しくはピノチェと発音、一九一五〜二〇〇六年）将軍が、陸海空軍と警察軍を率いてアジェンデ大統領官邸を襲撃した。アジェンデ大統領はクーデター軍と大統領警備隊の間で砲弾が飛び交う中、最後のラジオ演説を行なった後、自決した。これがチリ・クーデターである。その結果、クーデターの首謀者であったピノチェト将軍が大統領に就任し、チリはピノチェト大統領による軍事独裁下に置かれることになった。その後一六年の長きにわたる軍事政権下で、数多くの反体制派の市民が誘拐、消息不明、投獄・処刑された。

この政権下で、米国のシカゴ学派は史上初めて、持論の「新自由主義」的経済政策をチリに導入した。しかし、この制作は実験であった。所得格差と失業を生み出しただけであった。

米国大統領府は、社会主義の脅威から南米を守る砦としてピノチェト将軍を支持していたが、一九八九年のベルリンの壁の崩壊で冷戦が終わった時点で、反人権的独裁国家を支持する理由がもうないと判断し、最終的に一九九〇年にピノチェトの軍政を切り捨てる方向に移った。

それまで、米国大統領府は、一貫してCIAのチリ・クーデターへの介入を否定してきたが、ビル・クリントン（一九四六年〜）政権が隠されていた秘密公文書を調査し、一九九九年に初めてＣＩＡがチリのクーデターに参与していたことを認め、証拠文書を公開した。(29)

おわりに

テクノロジーの爆発的進展を根拠に、シンギュラリティの脅威を煽り、シカゴ学派の自由主義経済学をサイバー空間に結びつけ、労働組合を含むあらゆる集団行動を非難するサイバー・リバタリアンのキャンペーン効果は非常に大きいものであった。一九七〇年代は、多様な共生社会建設の理論構築に際し、新自由主義の批判が行われた時代であった。世界の左翼思想の持ち主がこれを拠り所に、「多様性」を謳い行動した。

しかし、そうした世界的潮流に対し、新自由主義者は、共産主義の亡霊を担ぎ出し、その恐怖を言い立てて、シカゴ学派の言う「スタンダード」を世界に押し付けることを執拗に繰り返した。彼らを支えた物的基盤こそ、サイバー空間の繁栄であった。

今や左翼陣営は大衆を動員する力を失い、新自由主義の一方的勝利に終わっている。サイバー・リバタリアンが、新しいフロンティアの出現を口実に嵩にかかって、新自由主義の強化を図っているのが今日の情況である。それは、米国社会を最善のものとして世界に採用させ、それが「グローバリゼーション」の利益だと認められる時代である。

第6章　ジョージ・ギルダーの新自由主義神学

はじめに

手の中に入るスマホやタブレットが、生活のあらゆる分野の情報を瞬時にして表示してくれる。この便利さは、誰しも経験していることである。だが、電車の中であれ、歩行中であれ、レストランであれ、生活空間のあらゆる場所で、守り袋のように老若男女が肌身離さずにその器具を持っている様《さま》はまさに異様である。その異様さを心の中では感じていても、あまりの便利さゆえに、ほとんどの人がスマホの世界に唯々《いい》諾々《だくだく》と入り込んでしまっている。

世間が、携帯電話の出現に驚いたのは、ほんの一〇数年前のことであった。その驚きを驚愕にまで突き進めたのはスマホであった。こうした技術革新に、自分たちの生活は将来どうなってしまうのだろうと、それこそ、スマホを使ったことがある人ほど不安に感じているのではないか？　そして、この信じがたいほどの技術爆発は、人々の人生観に暗い影を落とすようになった。その影は日々濃くなっている。

しかし、そうした市民の不安感とは逆に、サイバー空間にユートピアを見る情報分野の「新自由主義」者たちが、大きな影響力を持って台頭してきている。

1　ジョージ・ギルダーの「ノマド」批判

情報化を歴史上の大進化として、ユートピア的イデオロギーを振りまく一群の人たちがいる。彼らは、本格的な個人主義の時代が到来するという強力なキャンペーンを張っている。

その一人に、ジョージ・ギルダー（一九三九年～）がいる。彼は、情報産業の世界で著名人である。彼は、保守的なシンクタンク、「ディスカバリー研究所」の共同設立者であることからも分かるように、強烈な保守主義イデオロギーの持ち主である。

ハーバード大学（彼の母校）のケネディ政治研究所研究員、ネルソン・ロックフェラー（一九〇八～七九年）やリチャード・ニクソン（一九一三～九四年）のスピーチ・ライター、ロナルド・レーガン（一九一一～二〇〇四年）大統領から授与された「ホワイトハウス優秀起業家賞」の受賞者、『フォーブス』『エコノミスト』『アメリカン・スペクテーター』『ハーバード・ビジネス・レビュー』『ウォール・ストリート・ジャーナル』の常連寄稿者、等々、ギルダーのキャリアは多彩である。彼は、次々にベストセラー本を出した強烈な反共産主義者である。

彼は、米国でフェミニズムが流行した一九七〇年代に、反フェミニズムの著作を二冊著している。『性の自殺』（一九七三年）[1]で、彼は、次のように主張した。性の自由化は、男女を問わず、結婚の意思を薄くさせてしまう。女性が性的に解放されることによって男性と対等の力を身に付けるとフェミニストたちは主張するが、それは間違っている。性を解放してしまうと、女性に対する男性側の義務感が希薄になって、シングル・マザーを結果的に増やしてしまう。男性の支えを失ったシングル・マザーと父のない子の生活状態は多くの場合、悪化せざるを得ないと、ギルダーはフェミニズムを切り捨てた。

一九八六年、ギルダーは、『性の自殺』の改訂版を出版した。『男性と結婚』がそれである[2]。その本で、ギルダーは主張した。男と女は、お互いを支えるために造られたものであり、独り暮らしでは人間は弱くなる。ただし、独り暮らしという面では、男性より女性の方に耐性がある。それに対して、独り暮らしをする若い男性は、女性に比べて弱く、社会に適合できない。未婚男性は、未婚女性よりもはるかにアルコール依存症、薬物中毒、犯罪者、脱落者になる確率が高い。家を借りることが困難であり、生命保険に入ることを拒否され、ローンも組み難い、衝動的な性格の持ち主も多い、転職率も高い、等々、とにかく男性は独りでは弱い。

しかし、結婚して子供を得ると、こういう男性の弱点は消える。責任を果たし、勤勉に働き、将来にも備える。官能的欲望に負けないで自制し、家族を支えるべくあらゆる努力を払うようになる。

社会の脅威になりかねない夫の性的エネルギーに歯止めを掛けて、家庭を守るという方向に夫を向けさせせる力が妻にはある。このことが、社会の文化を繁栄させるためにも、決定的に重要である。家庭が崩壊したら社会は成り立たなくなると、彼は強調する。

一九七四年にも同じ出版社から、ギルダーは『裸のノマド』を出した(3)。プレイボーイ的生活は独身男性の夢であろう。しかし、長年にわたって勝手気ままな独身生活をおくることは、刑務所か病院に収容される運命を招き、独身男性の死期を早めてしまう。きちんと結婚して、落ち着いた家庭生活を持つべきだという、若い人から失笑を買うようなしごく古典的な倫理観を、あえて、フェミニズムの勃興時代にぶつけ、生活における精神的安定の重要性を説いたことには、彼なりの意図があった。ＩＴ社会の将来に対する不安感が彼の主張には込められていたのである。

ＩＴ機器を駆使してオフィスだけでなく、さまざまな場所で仕事をする新しいワーク・スタイルの人々が登場しはじめた。「ノマド」と呼ばれる人々である。ノマドは、遊牧民を指す言葉である。ノマド誕生の背景には、情報化社会とそれを支える技術の進歩がある。ブロード・バンドが普及し、無線ＬＡＮ（ローカルエリア・ネットワーク）を使える場所が増え、外出先でインターネットを利用できる環境が急速に整ってきたという産業構造の変化により、さまざまなスキルを持つ人たちを、それぞれが所属する組織の枠を超えて結び付けるプロジェクトが増えてきた。

このような時代の変化の中で、会社に属さずとも、ＩＴ機器と人的ネットワークを活用して、その時々の仕事に適した場所を移動しながら、従来よりもスピード感をもって仕事をしている人が、ノマドの実践者として賞賛されるようになった[4]。しかし、ITに米国の強力なフロンティアを見出していたギルダーは、ノマドが家庭生活を破壊して、技術進歩を停滞させるのではないかと危惧する。

そうした危惧を表明しながらも、ギルダーは、こうした技術発展を必然的な流れであると肯定的に確信している。その確信を持つに至った彼のイデオロギーに分け入ろう。

2　ギルダーの「セントラル・ドグマ」信仰

ギルダーは、「インテリジェント・デザイン」運動の支持者である。インテリジェント・デザイン論とは、「知性ある何か」によって、生命や宇宙の精妙なシステムが設計されたとする考え方である。全ての考え方が、そうであるように、インテリジェント・デザイン論も多様である。しかし、一九九〇年代の米国における理論は、頭から進化論を否定するものである。それによれば、自然界に起こっていることを、すべて機械的・非人称的な要因だけで説明し尽くすことはできない。そこには「デザイン」、すなわち構想、意図、意志、目的といったものが働いている。このことを科学者は認めるべきだという主張を米国の反進化論団体などが提唱し始めた。

彼らは、旧約聖書を基盤にしながらも、主張点にはなるべく宗教的な表現を避けて、一般社会や学校教育などにも広く受け入れられる理論構築に努めている。宇宙や生命を設計し、創造した存在を、彼らは、「偉大なる知性」と呼ぶ。それは「神」的なものではあっても、「神」そのものではない。神を定義しないことが彼らの基本的な掟である。そうすることによって、彼らは、ユダヤ教徒やヒンドゥー教徒、イスラム教徒などの非キリスト教徒の支持を得ようとしている。

インテリジェント・デザイン論は、道徳的な問題を重要な柱としている。その一つとして、仏教における輪廻転生理解、瞑想、禅などへの高い評価がある。仏教思想が、倫理や道徳の基礎を据えていると理解するのである。スティーブ・ジョブズ（一九五五〜二〇一一年）をはじめ、多くのＩＴの天才たちが、禅と瞑想に夢中になったことからもこの運動の広がりと深さを読み取ることができる。

もちろん、こうした動きに対しては、強い批判もある。リチャード・ドーキンスなどがその代表である。[(5)]が、ここでは、立ち入らない。

ギルダーは、上記の視点を『エルサレム・ポスト』のインタビューで説明している。[(6)]

彼は、まず、進化論を批判することによって、神的な存在の重要性を訴えている。

ダーウィニストは、人間の頭脳を宇宙におけるすべての知性だと考えているが、そんなことはあり得ない。進化論は、世界と宇宙についてほとんど説明していないと、ギルダーは進化論を切って棄てた。

彼は、自分を経済学者だと言い切った後、経済学をはじめ、多くの科学的分野で無視されてきた領域があるという。イノベーションとか新規のアイディアという領域がそれである。例えば、これまでの経済学は、企業家を物質的世界を再構築する「機会発掘者」としか見ず、それ以上の創造的な存在として捉えてこなかった。創造性やアイディア、そして精神に対して、過去の経済学は、たいして注意を払ってこなかった。これは、この世を物質のみで解釈してきたマルクス的唯物論者の悪しき残滓であると。

ギルダーは、既存の経済学を批判したが、ポール・ローマー（一九五五年〜）だけは別格の経済学者であると賞賛している。ローマーだけが、経済学者の中で、イノベーションを正しく理論に組み込んだ人だと言うのである。

ローマーは、シカゴ学派に属する経済学者で、アイディアがイノベーションを起こし、持続的な成長を生み出すメカニズムをモデル化しようと試みた(7)。アイディアが生産方法を改善するだけでなく、新しい製品需要を引き起こすというのである。アイディアは規模に対して収穫逓増である。アイディアの投入を二倍にすれば産出量は二倍以上になる。

しかし、財としてのアイディアは、自由市場に向かない。アイディアは、生み出す際にコストがかかるが、一度生み出されたアイディアをコピーしてもう一単位を作るにはコストはほとんどかからないからである。もし、アイディアが市場に拡散してしまえば、アイディアの価格は限りなくゼロに近付き、アイディアは市場から撤退してしまう。そうなってしまうと、イノベーションは頓挫する。そうならないようにするには、アイディアの持ち主に、特許などの独占的な権利を与えて、次の新しいアイディアを生み出す意欲を鼓舞する必要がある。優れた開発者は次々と新しいアイディアを生み出す。しかも、その産出は「収穫逓増」どころか、加速度的に増える。

この経済学でいう収穫逓増という考え方がギルダーの琴線に触れたのであろう。前章でも見たように、「サイバー・リバタリアン」の多くは、これに大きな魅力を感じている。

このように、ローマーを他の経済学者よりも抜きん出ていると評価するギルダーだが、ローマーにしても、アイディアや知をもたらす、より高次の存在にまで認識が届いていないと、ギルダーは不満を漏らしている。

物事を創造する力は、デザインである。デザインに基づいて物質が配列される。ここで、重要なことは、デザインが物質の配列を支配するが、配列された物質がデザインに影響を与えることはできないという理解を持つことである。

コンピュータを含めたあらゆる科学の分野で重視されるべきは、物事の配列には階層があるということである。階層は、ピラミッド型に編成されている。階層を決定するのがデザイン（神的なもの）である。

このようなデザインを説明できるものとしてギルダーは、フランシス・クリック（一九一六～二〇〇四年）が唱える「セントラル・ドグマ」の考え方を持ち出している。セントラル・ドグマとは「中心教義」のことである。教義には宗教的な神のようなものがイメージされている。

例えば、DNAの動きにそうしたドグマが見られる。DNAは、核酸の一種で、地球上の多くの生物において遺伝子情報の継承と発現を担う高分子生体物質である。このDNAの塩基配列された遺伝子が、「メッセンジャーＲＮＡ」を合成する。それを転写という。そして、メッセンジャーＲＮＡが、ＤＮＡから写し取られた遺伝子情報に従って、タンパク質を合成する。この合成が「翻訳」と呼ばれる。タンパク質を合成した後に、メッセンジャーＲＮＡは消滅する。この合成されたタンパク質が生命を形成する。その逆はない。この不可逆的なプロセスを表すものこそがセントラル・ドグマである。それは、まさに神のデザインである。

セントラル・ドグマについて、ギルダーは、先述の『エルサレム・ポスト』のインタビューで以下のように語った。

ＤＮＡプログラムが、アミノ酸を通じてタンパク質に影響を与える。しかし、タンパク質はＤＮＡに影響を与えることができない。このことがセントラル・ドグマの要諦である。喩えて言うなら、拳《こぶし》が粘土に影響を与えるが、粘土は拳を規定しないということである。

人の脳を解剖すれば、その仕組みについての理解は得られる。しかし、解剖しても、その人の個性を知ることはできない。

情報理論では、化学物質を多数混合させても、情報を伝達することはできないということが認識されている。つまり、セントラル・ドグマの指令がなければ何ごとも機能しないのである。

ダーウィニズムは遺伝子情報伝達のセントラル・ドグマを理解していない。環境に適応するために、変異を繰り返すというだけのダーウィニズムの「適者生存」論は何も説明していないに等しい。確かに、ウィルスは次々と姿を変える。しかし、姿を変えても、より複雑な多細胞生物にまで変遷することはできない。環境に適応できるために姿を変えても、高度の生物への昇華などはできないのである。

ギルダーはさらに言う。

すべての科学は、心をデータから独立している存在であると認識すべきである。そうでなく、心を、各種物質の混合物の所産であると理解してしまえば、すべての科学は矛盾を来《きた》して崩壊する。

物理学者から生物学者に転向したマックス・デルブリュック（一九〇六〜八一年）は言った。「物質のみで脳を造ろうとする神経科学者たちの試みは、自分の髪を引っ張って沼から脱出しようとしたほら吹き男爵、ミュンヒハウゼンである」と。

ギルダーは、真の科学者が神学者になるとまで言い切る。

アルバート・アインシュタイン（一八七九〜一九五五年）もそうであったが、多くの科学者が、自分を単なるエンジニアに留めるのではなく、神学者になろうとしている。今や、意識を純粋に物質的な現象に還元しようとする考え方は破綻している。それでも、その考え方が消滅したわけではない。唯物論者たちがまだその考え方にしがみついている。私たちを人間として向上させる科学を作る上で、もっとも肝要なものを、唯物論者は否定している。

ギルダーは、意識を持つ人工知能の出現の可能性については否定する。

どんなに多くのトランジスターをコンピュータに埋め込んでも、それが意識を持つことはない。コンピュータは、一人のプログラマーまたは所有者に操作される機械のままである。

「私は宇宙にヒエラルキーがあり、そのトップに創造があると信じています。それは創造主が存在し、私たちは最高の状態においては、彼の似姿として行動しているのです。創造を指令するヒエラルキー理解、トップダウン・モデルこそ、私のすべての仕事に共通するものなのです。性について私は考察しました。フェミニズムの基本的欠陥と失敗は、それが子孫を造るという目的を持たないままに、単純な動物的な情念に傾斜した点にあります。経済学では、供給が需要を生み出すのに、需要が供給を促すと過去の経済学は逆に考えていたのです。これは誤りでした。その後、私は、コンピュータと電気通信分野に進み、同じことを考察しました。そして生物学に移りました。ここでも同じことを考察しました。私が過去に考えたすべて——性、経済学、情報理論、コンピュータ・サイエンス、ネットワーク理論——の分野において、私は創造を生み出す同じ型を認識したのです。そうしたことを私は確かめたので、インテリジェント・デザイン運動に参加するようになったのです」。

「人生は意味に満ちたものです。意味に満たされるという状態は、生物学などで物質だけを追っても生まれてきません。満たされた状態は、創造力、向上心、崇拝から来るものです。それらを信じることは、私が生物学の神髄を理解する上で、決定的に重要なことでした」。

物質のみにこだわる唯物論を、創造的知の存在（インテリジェント・デザイン）によって否定するギルダーには、米国的新自由主義を情報科学の発展によって世界中に普及しようとする意図がある。米国の、最後になるかもしれないフロンティアとしての情報産業の全面的開花を、他の国家によって阻止されたくないとの政治的思惑もギルダーは持っている。

3　ギルダーの「テクノ・ユートピア」論

コンピュータの世界で、ソフト開発に従事するIT専門家とのコミュニケーションを密にする人たちを、公文俊平（一九三五年〜）は、「智民」と表現した[8]。これは、ネット社会を構成する人たち＝「ネットユーザーとしての市民」という意味の「ネティズン」（網民＝ネットワークとシチズンの合成語）という言葉をさらにもじった新語である。智民とは、「ネットを巧みに使いこなしてコミュニケーションやコラボレーションを行う人々である」と公文は言う。

「ネティズン」の元々の意味は、コンピュータ・ネットワーク内に形成されるコミュニティに対して帰属意識を持ち、主体的に関わっていこうとする人々のことである。これは、コンピュータ・ネットワークを「もう一つの社会」として捉える文脈で用いられる言葉であり、国境や立場を超えたネットワーク上での人の繋がりが強く意識される。同種の造語としては、ネットワーク上で守るべきマナーを意味する「ネチケット」などがある[9]。

公文は言う。情報化社会では、「ブルジョワジー」と「プロレタリアート」に分裂した産業社会と異なり、「知識や情報を自ら創造し所有できる人々」と、「借り物の知識や情報に頼って暮らすしかない人々」との分裂が生じる。前者を「智民」、後者を「痴民」と彼は名付ける。

マルクスの予見と異なり、現実の資本主義的産業社会は、階級分裂をうまく避けて、多くの「中間層」を生み出した。しかし、情報化社会では、「智民」から「痴民」に転落する人々が多く、その意味において、智民の分裂は、資本主義的産業社会時代よりもはるかに苛烈に進むだろうと公文は予言する。智民も、けっして安泰ではなく、激しい競争によって、容易に痴民に転落する恐怖に現代社会はさらされると(10)。

情報化社会に階層分裂の恐ろしさを見ようとする公文とは対照的に、情報化技術の進展が社会を平等化させ、人々に至福（ユートピア）をもたらすとの夢を描くのが、ギルダーである。このような夢を語る人々は、「テクノ・ユートピアン」と呼ばれている。

上記で触れたように、ギルダーは、新自由主義的＝シカゴ学派的経済学の概念を多用する。彼によれば、人類は、希少性を克服するために苦心してきた。希少性の克服こそが、経済学の基本的な課題であったと言ってよい。希少なものを、技術の力によって増やし、なるべく多くの人の手に行き渡らせるというのが、政治の目標でもあった。

それに対して、サイバー空間の技術進歩は、人類がこれまで苦しんできた希少性をなくし、すべてを豊富に手に入れることができる社会を生み出す。それとともに、全体主義は消滅する。技術の進歩によって平等な民主主義社会の足腰が強くなる。それが「テクノ・ユートピアン」たちによって等しく描かれた夢である。

ギルダーを師と仰ぐ、ドナルド・レーガン（一九一一～二〇〇四年）も語った。「マイクロチップというダビデが、全体主義であるゴリアーテを打ち砕くであろう」と(11)。

テクノ・ユートピアンは、技術を崇拝するだけでなく、社会生活に関して強烈な保守主義的イデオロギーを発信する。彼らは、経済の自由主義を支持し、統制に強く反対する。その考え方は、ＩＴ産業のメッカ、シリコンバレーを抱えるカリフォルニアにちなんで、「カリフォルニアン・イデオロギー」とも呼ばれている。インターネットが、自己啓発する知識労働者を増やす。その結果、知識労働者に鼓舞された個人は、巨大な官僚制に支えられている大きな政府の圧迫から自己を解放する、というのが彼らの主張である。

多くの新自由主義者たちと同じく、ギルダーは、福祉国家という大きな政府が人間の生きる気力を削ぎ、社会を沈滞させると主張した。『ビジブル・マン』（一九七八年）は、高福祉政策によってスポイルされてしまった有能な黒人青年を描いた小説である。[12]これを経済書に発展させたのが、『富と貧困』（一九八一年）である。[13]これは一〇〇万部も売れた。『ニューヨーク・タイムズ』（一九八一年二月一日付）の書評では、「資本主義へのガイドブック」とまで絶賛された。この本は、サプライ（供給）サイドの経済学としてレーガノミクスのバイブルとまで持ち上げられた書である。

男性は仕事と結婚を通じて女性に奉仕すべきであり、きちんとした家庭を作り、高いモラルを持つ人々が社会の繁栄をもたらす。福祉で人々を堕落させてしまった「需要サイド」のケインズ流の政策は、社会を貧困に導く。それよりも、供給サイドに立ち、収穫逓増を実現する方向を経済政策は目指すべきであるというのがこの書の主たる内容である。ここには強烈な反フェミニズム、反ケインズというイデオロギーが盛り込まれ、有能なＩＴ技術者が社会を豊かにするというテクノ・ユートピアの考え方が打ち出されている。

ギルダーは、一九九〇年には『テレビの消える日』を出版した[14]。光ファイバーの進展が従来のテレビを駆逐するであろうとの予測を打ち出したこの本も世界の注目を浴びた。五ページごとに米国の大手配送会社のフェデラル・エクスプレスの宣伝が掲げられたという点で顰蹙を買ったが、IT研究者に大きな影響を与えた。

彼は、一九九二年には、「デジラティ」（デジタル知識人）という言葉を流行らせた。これは、「デジタル」と「リテラシィ」の合成語である。

有能なIT技術者が世界中から米国に移住してきたことによって、米国経済の繁栄が持続しているという認識を彼は持っている。そして、その場を提供してきたのがシリコンバレーであった。

彼は、世界の優秀な移民の流入が米国の繁栄を持続させている、どこの国にも最底辺の所得層はいる、しかし、最底辺の層が貧困に喘いでいると見てしまうと誤る。そうした主張を、ギルダーは『宗教と自由』という雑誌で展開した。彼は以下のように主張した。

米国には貧困はない。世上で言われている米国の貧乏人は、本当の貧乏人ではない。彼らは富の恩恵を受ける（トリクル・ダウン）最後の層であるに違いはないが、米国の繁栄によって逆にスポイルされてしまった人たちである。彼らの収入は、一九五五年時点の米国の中産階級、一九九〇年代の日本の中産階級よりも多い。彼らを苦しめているのは貧困ではなく、放縦な生活態度なのである。下層階級の人たちを救うのは福祉ではない、キリスト教の教えを教会できちんと伝えることによってである[15]。

米国社会を不安定にするのはモラルと家庭の崩壊である。福祉社会がその崩壊を推し進めたのであるとの持論がここでも展開された。

ギルダーは、シカゴ学派の忠実な経済学者として、世界の新自由主義政策を遂行する政治的指導者を賞賛する。とくに、二〇〇五年一二月にイスラエルの右派政党リクードの党首となったベンヤミン・ネタニヤフ（一九四九年〜）を絶賛している。

ネタニヤフは、イスラエル建国後に生まれた最初の首相経験者である。尊敬する政治家が、英国のマーガレット・サッチャー（一九二五〜二〇一三年）元首相であるように、急進的な新自由主義者である。

実は、ベンヤミン・ネタニヤフは、米国と深いつながりを持つ。彼は、ヘブライ史研究者として著名であった父とともに、一九五六〜五八年、一九六三〜六七年に米国ペンシルベニア州フィラデルフィアの郊外で過ごした。一度、イスラエルに帰り、国防軍に入隊していたが、一九七三年に除隊、再度米国に渡り、マサチューセッツ工科大学（ＭＩＴ）の理工学位とＭＩＴスローン経営大学院のＭＢＡを取得した。

一九七八年にイスラエル帰国後、政治家として紆余曲折を経験した後、二〇〇三〜〇五年、財務大臣として自由主義的な経済政策を次々と打ち出した。二〇〇五年一二月、彼は、リクード党首の座に就き、二〇〇九年にイスラエル首相になった[16]。

ギルダーは、『イスラエル・テスト』（二〇〇九年[17]）で、イスラエルを絶賛している。イスラエルは文明社会、技術進歩、科学的発展のリーダーである。小国のイスラエルが米国の背後に位置して、米国のハイテク経済に貢献している。イスラエルは自由の恵みを育むもっとも重要な事例であると。

さらに、同年の雑誌[18]で、彼は言った。

現在の西側の文明の進展は、ある部分でイスラエルに起源を持っている。イスラエルは、技術革新、軍事情報、起業的創造の重要な源泉であり、今でも西側を救っている。ベンヤミン・ネタニヤフは、ジハードに全面的に対峙していて、ウィンストン・チャーチル（一八七四～一九六五年）を想起させる指導者であると。

しかし、ギルダーのような馬鹿馬鹿しい歴史認識が堂々とまかり通るところに、米国発の新自由主義の単純さが如実に示されているのである。

ここで、シオニズム運動の指導者、ハイム・ワイツマン（一八七四～一九五二年）とチャーチルとの関係を説明しておこう。

イスラエルの初代大統領のワイツマンは、ロシア生まれの化学者でシオニズム運動の指導者であった。彼は、第一次世界大戦中、人命殺傷に劇的効果を発揮する毒ガスを発明した。彼は、この毒ガスを、英国との交渉の武器にした。パレスチナの地を入手するためのシオニズム運動を英国が支持すれば、英国にも毒ガスを使わせるという取引をして、いわゆる「バルフォア宣言」を出させたのではないかと言われている。一九一七年一一月二日、英国の外務大臣であったアーサー・バルフォア（一八四八～一九三〇年）が、英国のユダヤ系貴族院議員であったライオネル・ウォルター・ロスチャイルド（一八六八～一九三七年）に宛てた書簡がある。以下にその書簡を記そう。

「親愛なるロスチャイルド卿へ
私は、英国政府に代わり、以下のユダヤ人のシオニスト運動に共感する宣言が内閣に提案され、そして承認されたことを、喜びをもって貴殿に伝えます。

『英国政府は、ユダヤ人がパレスチナの地に国民的郷土を樹立することにつき好意をもって見ることとし、その目的の達成のために最大限の努力を払うものとする。ただし、これは、パレスチナに在住する非ユダヤ人の市民権、宗教的権利、及び他の諸国に住むユダヤ人が享受している諸権利と政治的地位を、害するものではないことが明白に了解されるものとする』。

貴殿によって、この宣言をシオニスト連盟にお伝えいただければ、有り難く思います。

敬具　アーサー・ジェームズ・バルフォア」[19]。

敬虔なユダヤ教徒で、歴史学者のモントリオール大学教授ヤコヴ・ラブキン（一九四五年〜）が、二〇一三年一月一七日に京都大学で「イスラエルは、なぜ右翼勢力のお気に入りになったのか」というテーマで講演した[20]。

その中で、ラブキンは、ワイツマンのことに言及している。

「例えば、ハイム・ワイツマンは、ユダヤ人を共産主義から切り離すためにシオニズムを援助せよとチャーチルに迫った。ドイツ・シオニズム運動は、ドイツに幻滅し移民を選ぶユダヤ人が増えるだろうと考え、ヒトラー政権の誕生に祝福を送った」。

「入植当初から、シオニストらは防衛のために排他的な集団と化し、キブツには監視塔と防壁が真っ先に築かれ、またユダヤ労働総同盟によってアラブ人労働力が排除された。シオニズム運動とナチ政権の取引の結果、ドイツ・ユダヤ人の財産はドイツ製品と引き換えるなら持ち出す事が可能になったため、三〇年代のパレスチナにはドイツ製品があふれていた。ナチス自身もシオニズム運動の入植の経験に興味があり、関係性が深まる中でナチス高官はキブツに招待され、またナチス政権による移民前農業研修まで実施されていた」。

おわりに

ラブキンは、ギルダーを強く非難している。

「米国は、国益ではなくイデオロギーに基づいて、イスラエルを強固に支持している。カナダもそうである。米国人で極右的なシンクタンクの設立者、ジョージ・ギルダーは、資本主義と技術開発はユダヤ思想に一部由来するとして、創造的な資本主義国である米国が生き残るには、イスラエルを防衛することが必須だと書いている。それは、二〇年前なら出版することなどできないような、クリスチャン・シオニストと同類の非理性的な論調である」。

ラブキンは言う。ヨーロッパの反ユダヤ主義がイスラエルを造った。しかし、現在のEUでは、今や反イスラムが生まれている。反イスラムに舵を切った反ユダヤ主義者たちが、いつの間にかイスラエルの友となっていると。

「現在、ネタニヤフは、クリスチャン・シオニズムとネオコン側に立っており、新自由主義経済への転換を目指して、インフラの民営化を進めている。ＯＥＣＤ諸国中、ジニ係数（貧困の度合いを示す数値）の一番ひどいのがイスラエルで、低所得社会層から安価な労働力を確保できるため良好な投資先だ、とされている。イスラエル中心部にある有名なキブツが、ショッピング・モールに転換されたことは、新自由主義経済路線を謳歌する今のイスラエルを象徴している」。

「ソ連邦崩壊後、北欧型も含め、レッセフェール（自由放任）・新自由主義経済に代わるオルタナティブな経済モデルの権威は失墜した」。

今や、労働者の連帯は影を潜め、資本家たちの連帯が強化されているとして、ラブキンは南アフリカ共和国の鉱山労働者のストライキが破壊されたことを例に引いた。

「格差が悪化した現在の南アフリカ共和国の警官数は、アパルトヘイト時代の四倍に達している。二〇一二年、南アのプラチナ鉱山で警官隊による発砲でストライキ中の鉱夫から多数の死者が出たことを思い出せば、民衆の連帯より資本家間の連帯が強いことが分かる。現在は、（マルクス主義が普及していなかった）一八三〇年代のような、抗議に明確なイデオロギーを欠く時代である」と。[21]

南アのストライキ中の労働者への警官隊による発砲・死亡事件とは次のことである。

ラブキンが主張したように、未来を展望できるはずの共産主義イデオロギーが崩壊した後、経済のフロンティアを形成している情報産業部門から執拗に発せられるシカゴ派経済学がますます世界を支配するようになったのである。

第7章　ハーバート・サイモンと人工知能開発

はじめに

情報を収集できる端末機が爆発的に普及したことによって、あらゆる個人情報が、特定のＩＴ企業に集積されるようになった。この情報は日々巨大化しつつある。これが「ビッグデータ」と呼ばれるものである。ビッグデータが正確に分析されるようになれば、企業が市場を支配する上での強力な武器になる。

しかし、データが巨大化すればするほど、これまでの手法では分析することは困難である。したがって、ビッグデータの分析を引き受ける専門家が生まれる。彼らが、「データ・サイエンティスト」と呼ばれる専門家である。

今後、ビッグデータ論は論壇の大きなテーマになるだろう。ただ、ビッグデータ時代が到来したとして大はしゃぎでバラ色の夢を吹聴する専門家たちを見ていると、騒がれているビッグデータ論と、戦後の経済学の分野で、米国からの強烈なプロパガンダによって日本に導入された「近代化論」とが私には重なってしまう。

私が経済学部に入学する前から（一九六一年）、ドイツ的枠組みに立つ経済学者に対する露骨な差別が米国政府の政策として展開されていた。時は米ソ対立がピークを迎え、ベトナム戦争に米国が本格的に突入する前夜であった。

ドイツ的なものに対する経済学者と、当時流行しだした近代化論との間に横たわる厳然たる差別に青年の私は慄然としていた。それが私の経済学研究の出発点であった。教条的マルクス主義者たちの尖ったイデオロギーに辟易していた私でさえ、それを上回る近代主義者の妄信的イデオロギーの強烈さに息を飲んだ。

台頭するビッグデータ論によって、この恐怖が、今私の脳裏に再現しつつある。「真の科学が到来した」「人工知能は信じられない速さで進んでいる」「世界にはユートピアが来る」等々と豪語するＩＴ技術者のプロパガンダーたちが振りまくイデオロギーに世界中の人々が圧倒されるようになった。

本章は、近代化論から人工知能論に至るビッグデータ論の系譜を経済学の視点から素描したものである。

1　米国流近代化論と数量経済学

第二次世界大戦直後から、米国政府は、民間財団の資金力を動員して、米国陣営に属する各国の社会科学、とくに経済学の研究を、一定の方向に誘導してきた。米国政府の政策に呼応した民間財団は、「フィランソロピー」と呼ばれる慈善事業団であった。

その中で、ロックフェラー財団は抜きん出た存在であった。ロックフェラー財団のスローガンは、「世界中の人々の福祉の向上を目指して」というもので、慈善事業を装いながら、実際には、米国の文化工作のために設立された団体であった(1)。

その活動の主旨は、知識人への強烈な文化攻勢であった。そして、それに呑み込まれた日本の近代化論者たちは、半永久的に米国の文化的へゲモニーに依存するようになってしまった(2)。

同財団は、一九二八年に社会科学部門を併設し、その研究成果を世界各国に普及することに邁進していた。経済学がその過程で重点分野となっていった(3)。

同財団は、米国政府、とくに国務省との人的結び付きが強かった。ジョン・フォスター・ダレス（一八八八～一九五九年）や、ディーン・ラスク（一九〇九～九四年）がその代表である。彼らは、国務省と同財団の理事の間を往復していた(4)。

ロックフェラー財団は、対日文化政策の担い手として、戦前、京都大学経済学部に留学経験のあるチャールズ・ファーズ（一九〇八～八〇年）を一九四六年に招聘し、一九六二～六七年、駐日米国大使館の文化担当公使として送り込んだし[5]、国務省もまた、日本語に堪能なレオン・ピーコン（一九二七～一九九四年）を日本に派遣した。彼は、米国政府の刊行物の数々を日本語に翻訳しただけでなく、川端康成の『伊豆の踊子』の翻訳者としても有名である[6]。

一九五〇年代の同財団の経済学部門を主導したのは、ノーマン・ブキャナン（一九一五～二〇〇八年）であった。一九五七年に訪日したブキャナンは、日本の経済学に関する報告書を同財団に提出している。報告書では、日本の経済学は、一八九〇年代以降のドイツ歴史学派の強い影響下に置かれ、分析手段として数学的経済学を用いない文献学に終始してしまっている、その伝統上にマルクス主義が広がっている、等々の指摘がなされていた。そして、アングロサクソン的経済学を普及させることが肝要であるという点が強調されていた[7]。

同財団は、アングロサクソン的経済学の立場を取る日本の経済学者、とくに国際経済学、世界経済論の研究者たちに多額の奨学金を与えて、米国の大学に積極的に留学させていた。一九五〇年代の日本は、外貨不足のために、外貨の海外持ち出し制限がきつく、大学の研究者の留学は難しかった。それだけに、近代経済学者が同財団によって、留学面で優遇されたことの政治的意味合いは大きかった。とくに、ある特定の大学の研究者への優遇ぶりが際だっていた。

同財団の人文学部長になっていた上記のチャールズ・ファーズが報告書を作成している。そこには、日本の高等教育は、ドイツと同じく、人々の日常生活からかけ離れている、したがって、単に学術を支援するだけでなく、「民主的生活」を支援することが同財団の使命であるということが記述されていた。

しかし、米国のいう民主的生活とは、言うまでもなく、米国的市場経済体制のことを指している。米国流以外の体制は、「非民主的」なものである。すべての社会体制は米国流でなければならないという狭いイデオロギーが、同財団が進めていた近代化論であった(8)。

ロックフェラー財団の近代化論は、理論だけでなく歴史分析も数量化する点に特徴があった。そのような数量史的観点を重視した経済学の当時の旗手は、サイモン・クズネッツ（一九〇一〜八五年）であった。

クズネッツは、ロシア帝国領であったウクライナに生まれた。ボリシェヴィキ支配下の「ウクライナ社会主義ソヴィエト共和国」において統計局の局長を務めたが、一九二二年、兄とともに、米国に移住した。第二次世界大戦中、米国の「戦時生産庁」で統計局の副局長を務めた。一九四九年に米統計学会会長、一九五四年に米経済学会会長、一九七一年「ノーベルを記念するスウェーデン銀行賞」（通称、ノーベル経済学賞）を受賞した。見られるように、クズネッツは経済学の大御所であった。

クズネッツは、一九四一年と七一年の著書において、米国では経済成長によって所得格差が縮小するという統計数値（逆U字仮説）を挙げて、市場経済が所得格差を拡大するとして資本主義を批判したマルクス主義者の主張に対抗した。

クズネッツはまた、経済成長に、二〇年の周期的変動があることを示した（クズネッツ循環）。クズネッツはこの他にも、世界各国の国民総生産やその構成要素の統計学的分析を通じて、長期波動や産業構造の変化法則、平均貯蓄性向の長期的安定性、等々を見出そうとした。つまり、統計データを収集して、経済要素を測定するという手法、今日の言葉で言うビッグデータ論の原型をクズネッツは提供したのである。

クズネッツは、ハーバード大学にいた弟子のヘンリー・ロソフスキー（一九二七年〜）[9]をロックフェラー財団が支援する上記の特定の大学へ派遣した。

同財団は、「日本のクズネッツ」と呼ばれた教授が主催する研究会に巨額の支援をしたと言われている。同教授は、同財団からの研究助成金の申請書に、自分の研究が、中国の共産化によって、地政学的に重要になった東南アジア経済にとって有益であることをアピールしていた[10]。

米国の著名な近代化論者で、開発経済学のエバレット・ヘーゲン（一九〇六〜九二年）も、一九五六年に同大学を訪問し、同大学への支援を表明した[11]。

総じて、米国の近代化論者たちは、各国の国民経済形成よりも、経済発展に主眼を置いていた。そして、彼らは、ケネディ政権から巨額の研究資金を得て、世界を共産化させないための近代化を達成する方策を模索していた。

ジョンソン（一九〇八〜七三年）大統領は語った。ベトナム戦争は、共産主義者たちを打ち倒すだけでなく、米国が享受している高い生活水準を東南アジアにもたらすための選択であると。アイゼンハワー（一八九〇〜一九六九年）大統領のスピーチ・ライターから安全保障担当の高官として、ケネディ、ジョンソン政権に参画したＷ・Ｗ・ロストウ（一九一六〜二〇〇三年）が、その理論的基礎を提供していた[12]。

ロストウは、「ベスト・アンド・ブライテスト[13]」の代表者であった。ロストウの「経済発展段階説」の用語である「テイクオフ」（離陸）が有名になった。貯蓄率の上昇によって、経済停滞段階から経済成長段階に移行する境目を、彼は離陸と表現した。

ロストウは、あらゆる社会が五つの段階を経ることになるとした。「伝統社会」→「テイクオフへの準備段階」→「テイクオフ」（離陸段階）→「成熟への前段」→米国式「大量消費の時代」がそれである。彼の歴史理論は、「経済成長史学」と呼ばれている。

ロストウは言い切った。共産主義社会は、歴史的に必然なものでなく、政治選択の誤りの帰結にすぎないと[14]。

ロストウは、自らの主張するテイクオフ理論を実証すべく、南ベトナムの国家建設に夢をかけた。そして、ベトナム戦争を強硬に推進する大統領の政策ブレーンであることを誇りにしていた。また、沖縄返還については、佐藤栄作（一九〇一〜七五年）首相の密使であった若泉敬（一九三〇〜九六年）のカウンターパートとして、その折衝に当たった。

しかし、ロストウは、一九六九年のベトナム戦争の悲惨な結末の責を負って、政府の任務から退いた。代表作は、『経済成長の過程』（一九五二年）と『経済成長の諸段階』（一九六〇年）である。

近代化論者にとって、日本は格好の事例であった。上述の繰り返しになるが、文化の差違は、経済成長によってなくなり、米国社会に収斂するというのが、彼らの歴史認識であった[15]。

一九七〇年代になると、ロックフェラー財団による数量史的近代化論は、一時の勢いを失ってしまった。ベトナム戦争の悲惨な結末が、近代化論の影響力を削いだ最大の要因であった。その後に続く、シカゴ学派の新自由主義も、チリや、インドネシアにおける暗部が明らかになるにつれて、米国から離反する人々を世界中に創り出してしまった。

しかし、これに代わる新自由主義的なビッグデータ論が、近年、急速に台頭してきた。

2　「ダートマス会議」と経営学者ハーバート・サイモン

ビッグデータを使いこなすには、非常に優れたコンピュータと明晰な解析ソフトが必要になる。この解析ソフトが、人工知能（ＡＩ）と言われるものである。

一九五六年、「ダートマス会議」（人工知能に関するダートマスの夏期研究会）が米国ダートマス大学で開催された。主催者は、当時、ダートマス大学にいたジョン・マッカーシー（一九二七～二〇一一年）であった。

ジョン・マッカーシーは、米国の認知科学者であったマーヴィン・ミンスキー（一九二七年～）と並ぶ初期の人工知能研究の第一人者で、人工知能という用語の創始者である。彼は、「リスプ」（ＬＩＳＰ）というプログラミング言語も発明した。

一九六一年、マッカーシーはＭＩＴ一〇〇周年記念式典で、「タイム・シェアリング・システム」の技術によって開発された人工知能技術を販売するビジネス・モデルが生み出される可能性について述べた。この考え方は一九六〇年代に一時的に人気となった（第一次人工知能ブーム）が、当時のハードウェア、ソフトウェア、通信技術が未熟であったために消え去った。しかし、二一世紀になって、人工知能開発の機運が再び高まった。「アプリケーション・サービスプロバイダ」、「グリッド・コンピューティング」、「クラウド・コンピューティング」が浮上したのである。[16]

ダートマス会議は、一か月に及ぶ、ブレインストーミングの場、つまり、参加者がてんでばらばらに自説を披露する学習の場であった。とくに、アレン・ニューウェル（一九二七〜九二年）とハーバート・サイモン（一九一六〜二〇〇一年）が世界初の人工知能プログラムと言われる「ロジック・セオリスト」のデモンストレーションを行ったことは注目される。これは、コンピュータが四則演算等の数値計算しかできなかったものであった当時では画期的なことだった。[17]

サイモンも、一九七八年の「ノーベルを記念するスウェーデン銀行賞」受賞者である。彼は、多くの同賞受賞者を出したシカゴ大学出身である。研究分野は、経営学、経済学だけでなく、人工知能、認知心理学、コンピュータ・サイエンス、政治学と広い分野にまたがっていた。

サイモンは、行動する主体の意思決定には、辻褄の合わない要素が必ず含まれるという「限定合理性」論を展開した人である。限定合理性とは、合理的であろうと意図しつつも、認識能力の限界によって、経済主体は、限られた合理性しか持ち得ないことを表す概念である。

意思決定をするに当たって、完全な合理性を実現させるには以下の条件が必要になる。まずあり得る選択肢がすべて提示されること。そして、一つの選択肢を選んだ場合、どのような結果が生じるのか。そのことがすべての選択肢について正確に予測されなければならない。さらに、それぞれの結果が、行動主体にとってどのような意味・価値があるのかが了解されていなければならない。

そのような条件が満たされることはまずあり得ない。あり得るのは、制限された合理性、つまり、限定合理性である。

限定合理性を実現するためには、組織の成員に明確な仕事範囲を割り当てること、仕事を遂行する手続きを明確にすること、その結果が組織にどのような意味をもつかの認識を成員間で共有すること、成員の意識形成に大きな影響を持つ情報の流れをきちんと管理すること、等々が必要になる。しかし、このように限定しても、意図した成果が現れることは難しい。したがって、組織は、実施内容の範囲を限定した上で、合理性を実現するという仕組みを試行錯誤的に絶えず作り直すという作業をしなければならないというのが、サイモンのいう限定合理性である。(18)

この限定合理性について、サイモンは、一九六九年初版の『システムの科学』で、「アーティフィシアル・サイエンス」という別の視角から説明している。(19)

サイモンが強調したのは、コンピュータの処理能力の進展のスピードに比べて、人間の概念形成（＝認知）能力の発達速度が遅いということである。

人間のこの欠点を補うべく、「記憶の科学」を徹底的に推進することが、決定的に必要であると言うサイモンの発想が、人工知能の到来を受け入れるという姿勢を大学や国家の中枢部に生み出した。

サイモンは独特の用語の使い方をする。しかも、その用語は、文系、理系を包含した多義性を持たせている。そのせいで、サイモンの論理を端的に理解することは非常に困難であるが、あえて以下で説明したい。

まず、「アーティフィシアル」（人工的）という言葉について。これは、「アート」（芸術）から派生した言葉である。人間社会は、何らかの設計図に従って展開してきたものではない。

アートとは「寄せ集め」（ブリコラージュ）である。布切れを寄せ集めて、ちぎり絵を作るのは、服に縫い上げられることが「自然の流れ」である。例えば布切れ。布切れにとっては、自然の流れに反する。しかし、自然の流れに反しても、まったく別のものを創り出す能力が人にはある。その能力を活かして、その場、その場の寄せ集めを編成することで人間社会は進展してきた。

神話体系がその典型である。神話は、様々な神々や英雄が織り成す逸話の寄せ集めである。神話は、けっして、一つの整然としたシナリオによって創り出されたものではない。先行する民族や隣接する民族の神話を取り込み、各地方の神話を融合させる等の寄せ集めでできたのが神話体系である。寄せ集めの神話体系で民族意識の重要な部分が形成されてきた。そうして形成された民族意識が社会を編成している。

ここでいう「人工的」とはそういう意味である。本来の用途とは違う用途のために使う物や情報を生み出すことが人工的なのである。

人工的をこのように解釈することは、構造の「多様性」の認識に結び付く。進化は、あらかじめ作られた設計図に基づきゼロから行われる「エンジニアリング」ではなく、既存の系統に対して用途の変更や追加を行うことによって実現してきた。その結果、進化は必ず複雑性を増してきた。挑戦と挫折、試行錯誤の繰り返し、そして、脈絡のないところから突然にやって来るヒラメキ、そうしたものが、ないまぜになって概念（認識）を形成する。

サイモンは、その実例として脳と視覚神経の関係を説く。絵を描く作業がそれである。キャンバスに色を塗る。その度に私たちは、一歩下がってキャンバスを眺める。その全体像を脳裏に写し込んで、またキャンバスに向かって色を塗る。こうして絵が仕上がる。つまり、脳に概念が記憶される。

これがサイモンの言う「デザイン」である。人間の認知的な側面は単純である。ところが、人間の行動は複雑極まりない。人間が様々なデザインを寄せ集め的に描いてきたからである。人類の固有の研究課題は、「人間そのもの」であるが、複雑な人間行動を理解するためには、人間が描いてきたデザインを研究しなければならない。人間固有の研究領域はデザインの科学に他ならない。デザインこそ、アーティフィシアル・サイエンスである。「秩序」を求めながら、現実にはそこから大きく逸れてしまうというパラドックスを理解するには、各人が描く多様なデザインに注目しなければならない。

「人間社会のデザイン」「組織変革のグランド・デザイン」とかの言葉が、今日では普通に使われている。そうした意味でデザインを使用した人がサイモンである[20]。

3　経営学者のサイモンが人工知能に期待する理由

サイモンは、「論理実証主義」者として位置付けることができる。論理実証主義の別名が、「論理経験主義」であることからも理解できるように、この考え方は経験を重視するものである。

論理実証主義者たちの多くは、二〇世紀初頭にウィーンに蝟集していたことから、「ウィーン学団」とも呼ばれていた。彼らは、一九二〇年代には哲学・科学の世界に大きな影響力を持つようになり、諸科学を一つに統合する「統一科学」の樹立を主張していた。

ルートヴィヒ・ウィトゲンシュタイン（一八八九～一九五一年）の影響を大きく受けて、認識の根拠は経験による検証であり、命題の意味とはその検証の方法に他ならない。したがって、検証不可能な形而上学の命題は無意味であるとの立場を堅持していたのが、論理実証主義者である[21]。『論理哲学論考[22]』の末尾に記述されたウィトゲンシュタインの言葉、「語り得ぬものについては沈黙しなければならない」は、彼らの座右の銘になっている。

一九三三年のナチス政権の成立、三八年のドイツによるオーストリア併合、等によって、ウィーン学団は散り散りになり、論理実証主義の著名な支持者の多数が米国に移住した。そして、一九五〇年代までには、論理実証主義は米国における科学哲学の主導的な学派となった。

サイモンは、いわゆる「カーネギー・メロン学派」の中心人物である。企業を研究対象とする学問分野において、この学派は米国では非常に有力な地位を持つ。サイモンの他には、リチャード・サイアート（一九二一～九八年）やジェームズ・マーチ（一九二八年～）がいる。サイアートとマーチの共著、『企業の行動理論』[23]で明言されているように、彼らは、あらゆる科学（経営学、社会学、心理学、政治学、経済学、数学、統計学、人類学、情報科学、等々）の「最新」の成果を絶えず摂取すると豪語している。サイモンの弟子のオリバー・ウィリアムソン（一九三二年～）も、二〇〇九年に「ノーベルを記念するスウェーデン銀行賞」を受賞している[24]。

現在も、カーネギー・メロン大学は、「米国経営学会」で大きな勢力を持っている。この学会の機関誌（『アカデミー・オブ・マネジメント・ジャーナル』）の歴代編集長のほとんどは、この学派出身者である。

サイモンにとって、コンピュータ・サイエンスは重要な位置を占めていた。サイモンは、組織における意思決定を、複雑な問題を解決するプロセスに模して理解しようとしたために、この複雑性を取り扱うことのできる科学的用具を必要とした。それがシミュレーターとしてのコンピュータの能力であった。シミュレーションによって、複雑な意思決定プロセスを模擬的に表し、コンピュータに決定の結果を予測させ、モデル化しようとしたのである。

サイモンは、コンピュータの処理能力を人間の思考メカニズムに似ていると見なしていた。これは、「ニューラル・ネット」論の先駆であった。人間社会の様々なパターンの認知、記憶、複写、他のパターンとの違いの分析とその結果の表示、等々に関して、人間が思考するプロセスと同じものを、プログラムとしてコンピュータ言語に書き直すことができれば、人の思考プロセスをコンピュータがシミュレートできる。コンピュータは、意思決定の複雑なプロセスをモデル化し、さらに新しい解析方法を人に知らせることができる。サイモンはそのように考えて、コンピュータの将来に人工知能を備えるだけの進化を期待したのである。これが、コンピュータの援用による、意思決定にかかわる新しい科学というサイモンの発想である。

人が取り組む問題の解決方法は試行錯誤の繰り返しである。したがって、解決の道筋は、体系的な演繹の帰結ではなく、あくまでも「発見の方法」（ヒューリスティック）によってもたらされるものである。しかし、最適な解決方法を発見すること等はできない。できるのは、人が持つ特定の基準に照らした「良好な解決策」の発見の繰り返しでしかない。より良好な解決策に近付くというプロセスを執拗に辿るしか解決策はない。

これが、近年のビッグデータを解析するに当たって、コンピュータを援用する情報プロセスである。(25)サイモンは早い時期からこのプロセスの有効さに気付いていた。

また、ダートマス会議の後、上述のマッカーシーは、一九六二年「ＳＡＩＬ」（スタンフォード人工知能研究所」を設立した。これは、実践的な人工知能技術を作り上げることを目標に掲げて設立した研究所である。

ＳＡＩＬから育った研究者たちは、シリコンバレーで次々とＩＴ企業を創業した。サンマイクロシステムズ、シスコシステムズ等がその代表格である。[26]

ＳＡＩＬ設立の直前には米国防総省内の組織として、「米国防高等研究計画局」（ＤＡＲＰＡ＝ダーパ）という研究組織が、ドワイト・アイゼンハワー（一八九〇〜一九六九年）の指令で創設されていた。一九五七年、ソ連が人類初の人工衛星、「スプートニク」を打ち上げ、軍事技術面で遅れを取った米国は、翌一九五八年に「高等研究計画局」（ＡＲＰＡ＝アーパ）を設立して、最先端技術の軍事転用を短期間で実現する体制を作った。このＡＲＰＡが一九七二年にＤＡＲＰＡに改称されたのである。ＡＲＰＡ時代に、インターネットの原型である「ＡＲＰＡＮＥＴ」（アーパネット）や「全地球測位システム」（ＧＰＳ）等、現在に通じる大発明が生まれている。[27]

サイモン自身が、一九八六年に告白しているように、ＤＡＲＰＡが主として、研究者による人工知能開発に資金を提供していた。[28]

4　「ベイジアンネットワーク」――ビッグデータ解析への道筋

よりましな解決策を得る試みを繰り返すことによって、次第に複雑な現実に近付き、確からしい意思決定ができるというサイモンの発想を、よりいっそう前に進め、今日の課題であるビッグデータの解析への道を探り当てたのがジューディア・パール（一九三六年〜）である。

パールは、パレスチナ生まれのユダヤ人で、人工知能への確率的アプローチと「ベイジアンネットワーク」（後述）を発展させたことで知られている[29]。

なお、彼の息子のダニエル・パール（一九六三〜二〇〇二年）は、『ウォール・ストリート・ジャーナル』紙の記者であったが、二〇〇二年一月、パキスタンのカラチで、アル＝カーイダ系武装集団に捕えられて殺害された。父パールは、息子の死の直後の二〇〇二年四月に「ダニエル・パール財団」を設立し、ユダヤ教徒とイスラム教徒との共生の必要性を訴えている[30]。

ジューディア・パールは、物理学から転進して、人工知能を研究するに当たって、人間の知識の狭さに着目していた。人間は、現実世界でいろいろなことを知っていると思われているが、実際にはほとんど何も知らない。ある事象の正しい姿を認識する手段として、人は、論理を使っているが、そのことによって正解に辿り着くのは稀である。論理的な判断を下すには、そのための証拠＝確実な知識が必要なのに、わずかに知り得た知識だけで推論を行うのだから間違うのも当然である。

人間の知識の乏しさを補う手段としては、統計・確率的な考え方を人工知能に導入できればよいのではないか。現実の世界は、情報が錯綜するカオス、雑音《ノイズ》で満ち溢れている。このような雑音の世界の現象を正しく認識するには、確率的な統計を駆使して、幾度も推論をやり直し、前よりも高い確率で現実世界に接近できるのではないか。これが、パールをしてベイジアンネットワークの立ち上げに邁進させた発想である[31]。

ここで、ユニークな存在なので、今世紀になって俄然注目を集めている「ベイズの定理」の元祖、トーマス・ベイズ（一七〇二〜六一年）について触れておこう。

ベイズが生きていた一八世紀初頭、英国では、イングランド国教会が国教であった。同じプロテスタントであるが、国教には与《くみ》しないという信念で、頑なに国教に合流しない長老派などは非国教徒と呼ばれていた。トーマス・ベイズは長老派教会の牧師として、非国教徒であった。彼は、一七一九年、エジンバラ大学に入学して、論理学と神学を修めた。卒業後、英国最南端のケント州の有名な保養地（温泉地）、ロイヤル・タンブリッジ・ウェルズで長老派教会の牧師となり、素人でありながら数学に没頭していた。

彼の死から三年後に遺稿集の中から後に「ベイズの定理」と名付けられることになる数学論文が見つかった。見つけたのは、彼の従弟で統計学者、政治思想家のリチャード・プライス牧師（一七二三～九一年）であった。プライスが、ベイズのオリジナルな原稿に加筆したものが、有名になった件の論文である。(32)

この論文には、生の形でベイズの定理が記述されているわけではない。しかし、ベイズが提示した問題を解いたピエール・シモン・ラプラス（一七四九～一八二七年）がベイズの定理と命名したのである。

ベイズの定理は、二一世紀に入り、様々な分野で急速に活用され始め、「ベイズ理論」「ベイズ・テクノロジー」「ベイズ統計学」「ベイズ・エンジン」等と、ベイズの名を冠した言葉が数学、経済学、情報科学、心理学等、幅広い分野で用いられるようになった。(33)

ベイズの定理を例題によって説明しよう。

普通、私たちは、「……が生じる確率」を求めよと言われた場合、サイコロの特定の目がでる確率等を想い浮かべる。しかし、このようなことは現実世界ではほとんど意味をなさない。サイコロの1の目が出る確率は六分の一であるとすぐに答えが出るが、現実世界では正確にこの確率に基づいて1の目が出るわけではない。このような抽象的な計算上の確率は「客観確率」と呼ばれる。

実際の日常生活では、これまでに自分が経験してきたことの記憶や、その時々の「勘」の働きを援用することによって、私たちは事柄が起こる確率を心の中で計算する。そうした場合、1の目が出る確率は様々であり、一義的には決められない。これが「主観確率」と呼ばれるものである。ベイズの念頭にあった確率は、この「主観確率」である。

患者から歯痛を訴えられた歯医者は、患者の過去のデータを見て、右下五番の歯が痛いのだろうと見当を付けて検査する。しかし、そうではなさそうだと気付いた医者は、今度は右下六番目かなと思い直す。この段階で、主観的な確率には変化がある。しかし、歯痛の原因はまだ特定されない。そこで、歯痛の原因として考えられるものを列挙し、各々の原因の確率を調べる。歯痛を治療するのに必要なデータは膨大になる。しかし、正解を得る確率はあくまでも主観的なものである[34]。

ある事象を起こす原因となる二つのA、Bを想定しよう。この二つは相互に無関係の存在である。原因はこの二つしかない。各々が発生する確率をそれぞれ、a、b、とする。Aを原因として事象Cが発生する確率をpとし、Bを原因としてCが発生する確率をqとする。このとき、事象CがA、Bのいずれか一方を原因として生じると仮定する。では、Aが原因でCが発生する確率（r）の大きさを求めよ。この類いのものが、ベイズが出そうとしていた問題である。

ｒは、ａ×ｐをａ×ｐとｂ×ｑの和で割った値である。

実際に数値を当てはめてみよう。日本人成人の喫煙率を五〇パーセントであるとしよう。今仮にある血液検査を行うと、喫煙者では九〇パーセント、非喫煙者では三〇パーセントの確率で陽性反応が見られるとする。ではこの検査で陽性となったものが喫煙者である確率はいくらか。

答えは、〇・七五である。定理の記号に当てはめれば、ａが〇・五、ｂが同じく、〇・五である。ｐは〇・九、ｑは〇・三である。ｒは、〇・五×〇・九を〇・五×〇・九と〇・五×〇・三の和で割った値、つまり、〇・四五を〇・六〇で割った値の〇・七五である。(35)

上記で説明したベイズの定理を基本として、人間の行動に代表される多種多様な要因が複雑に絡み合っている事象の将来を予測すべく、モデル化したものが、ベイジアンネットワークである。

例えば、衣料品の販売に従事する店員は、顧客の過去の購買履歴・個人的嗜好・最近の興味や最近の流行等を勘案してから、顧客が喜びそうな服を勧めるものである。もし、勧めた服を顧客が買ってくれなくても、買ってくれなかった理由を店員は学習し、次回は、もっと的確な商品を勧めてみようと、接客レベルを向上させる。

このように、一部の要素が未知である場合には他の情報を基に要素を予想し補完することで、多少曖昧であっても一定の回答を出す。仮に、一度出した回答が正しくなかった場合には、その結果を踏まえて、次回はさらに的確な回答を出す。これが、私たちの普通の日常生活における選択である。

コンピュータ用語では、上記の選択のことを「ソリューション」と呼ぶ。ベイズ的な主観確率の方法を使うと、それは、「ベイジアン・ソリューション」と名付けられる。

顧客に商品を勧める決定をするに当たって、例えば、顧客の三つの属性（特徴）から確率を推定する。

一つは、顧客の年齢。その人の属性が次のように推定される。この年齢だったら、所得はいくらほどあるのか、この年齢だったら、子供はいるのか、といった流れである。この流れは一方向の流れであり、これを遡ることはしない。

二つは商品の属性。顧客の好みそうな服の色、形はどのようなものか。

三つは、顧客の購入履歴。服Ａを買った後、服Ｂを買った等々。

そうしたことの主観的確率を推定してから、勧めるべき服が決定される。店員は、入手できる顧客に関する属性情報が多ければ多いほど正しい決定に近付く。それを可能にするのが、ビッグデータであるというのが一般的な説明である。

ベイズが生きていた時代では、ベイズの定理を人の行動予測等に適用することは技術的に不可能であった。しかし、ＣＰＵ（中央処理装置）の高度化によるコンピュータの処理能力の飛躍的向上、ハード、ソフト両面での発達によって、「ベイズの定理」の発見から約三世紀後、ようやく実用レベルに達し、ベイジアンネットワークを活用した高度のモデルが構築されるようになった[36]。

人工知能の分野には、現在、三度目のブームが訪れている。

第一次人工知能ブームは、すでに説明したが、人工知能という言葉が誕生した一九五六年を出発点としていた。この時期は、解きたい問題をコンピュータに認識させるために、コンピュータ言語で命令を正確に記述することさえできれば、コンピュータに処理させることができた。しかし、正確に記述できなければ、問題を解くことができない。つまり、曖昧な問題には答えようがない。自分の企業の将来は？とかいう質問にはコンピュータは回答できない。そうした壁にぶつかって、一九七〇年代に第一次人工知能ブームは去った。

一九八〇年代に第二次人工知能ブームがあった。ある程度のルールと知識を詰め込めば、コンピュータは人間に近い回答を出すとの考え方が広まったのである。一九八三年にダグラス・レナート（一九五〇年〜）が立ち上げ、発展を遂げながら現在に至っている「サイク・プロジェクト」がそれである。関連のない三〇〇〇万個もの知識項目をサイク（百科事典）という知識データベースに与え、リンク機能や帰納的推論機能を用いてサイク自らがその内部に知識体系を構築することを目指している。(37)

アップル製品群の音声認識の「ＳＩＲＩ」は、第二次人工知能ブームの大きな成果の一つであった。しかし、社会や人間に関する知識をコンピュータに与えることを目指せば、その数は無限にある。知識の付与は、理論上は可能でも、実際上は不可能である。第二次ブームにも挫折感が漂った。

そして、第三次人工知能ブームとして登場したのが、「ニューロ・ネット」である。この手法の特徴は、これまでの人工知能研究の壁であった、「データを基に、『何を表現すべきか』という問い」自体を、自動的にコンピュータに獲得させる点にある。

将来的には、言語データが抽象化されることで、機械が言葉を理解できるようになる可能性も高い。ニュースを機械に読み込ませることにより、機械がニュースの意味を理解できるようになる。ニュースの意味が理解できるようになれば、これから何が起きるのかに関する社会予測ができるようになる。(38)

5　脳を超えるコンピュータと「ディープラーニング」

オーストラリアの人工知能学者、ヒューゴ・デ・ガリス（一九四七年〜）も、人工知能が人間の知能を追い抜く「シンギュラリティ」が二一世紀後半に来るという仮説を提出している。そのときの人工知能は人間の知能の一兆の一兆倍になると言う。(39)

未来のコンピュータの記憶装置は10の24乗の数の原子から構成され、一秒間に、10の40乗回演算できる性能を持つとされている。

人間の脳の細胞は10の11乗個あると言われている。一つの脳細胞からシナプス（情報伝達の接触面を司る突起細胞）が一万本（10の4乗）出ているとして、合計10の15乗本ある。そして、一秒間にできる演算回数は10の16乗回である。

一秒間の演算回数において、未来のコンピュータが10の40乗、人間の脳が10の16乗、つまり、コンピュータは人間の能力の10の24乗倍、すなわち、一兆の一兆倍になると計算される。ちなみに、「京

（けい）コンピュータ」の一秒間の演算回数は、10の16乗回で、人間の脳と同じである。一兆の一兆倍というのは、一〇〇億人の人間が三〇〇〇万年掛かって考えることを、神のような機械なら一秒で考える、というくらい大きな違いである[40]。

人工知能開発の最新の手法は、「ディープラーニング」である。これは、カナダのジェフリー・ヒントン（一九四七年～）と米国のヤン・ルカン（一九六〇年～）によって開拓された新しいアプローチである。

人間の脳の生物学的構造をソフトウェアで模倣して、人間の関与なしで学習するコンピュータを開発しようというものである。人間の脳を模倣する学習手法を採用するために、コンピュータの記憶装置を七～八段の深い「ニューラル・ネット」（人間の神経回路網に似せたもの）を使う。これは、人間に関与させず、外的環境を人間のように理解する能力をコンピュータが得るようになることを目指している点で、これまでの人工知能開発手法とは異なっている。

数あるテクノロジー企業の中でも、人工知能に力を入れているのがグーグルである。そして、そのグーグルの人工知能の中核をなす技術を打ち立てたのがアンドリュー・ング（一九七六年～）と言われている[41]。

ングは、「コーセラ」の共同創設者でもある。コーセラは、多数の講義をインターネットにアップし、誰でも、どこからでも、世界の有名大学の授業を無料で受講できる仕組みで、世界の七三〇万人近いユーザーが受講を続けている。

ングに、大量のデータを提供していたのが、グーグルであった。ングは、「グーグル・ブレイン」というプロジェクトを立ち上げて、コンピュータが猫の概念を持つようになるプロセスを公開した。つまり、「ディープラーニング」が現実に機能することを実証したのである。ングが開発した技術は、グーグルの検索や画像検索、翻訳等に実際に用いられている。

二〇一一年、ングはグーグルの研究所、「グーグルＸ」に移籍した（しかし、二〇一二年にコーセラで成功するとともに、ングはグーグルを離れ、コーセラの経営に専念していた。しかし、シリコンバレーに二〇一三年に設立された中国の「百度」（バイドゥ）の研究所に、二〇一四年五月、所長として赴任した）。

二〇一二年一二月、人工知能研究で先端を行くレイ・カーツワイル（一九四八年〜）がグーグルの研究者になった。

二〇一三年三月には、グーグルは、ジェフリー・ヒントンのベンチャー企業、ＤＮＮリサーチを買収した。それとともに、ヒントンもグーグルに参画することになった。

二〇一四年一月、グーグルは、英国のベンチャー企業、「ディープ・マインド」を四億ドルで買収した。(42)

おわりに

人工知能開発に有力ＩＴ企業が鎬《しのぎ》を削る理由は、ビッグデータの争奪戦にある。ベイズ理論に依拠する現在の人工知能技術は、統計・確率的な手法に基づいているために、日々生起している日常のデータが多ければ多いほど、人工知能技術は進歩する。ビッグデータを解析するには人工知能技術が必要であり、同時に、ビッグデータを消化・吸収することによって、人工知能技術はさらに進化する。ビッグデータの収集と人工知能技術の進化との間には相乗作用がある。(43) そのために、グーグルをはじめとするＩＴ企業は、人工知能開発の研究室に資金提供と並んで、ビッグデータを提供し続けたのである。

そして、ビッグデータを集めれば集めるほど、企業は競争上優位に立つ。というよりも、ビッグデータを独占的に集めることが企業の存続にとって死活的重要性を持つのである。

しかし、その結末が、本書の「はしがき」で紹介した映画『トランセンデンス』の世界であるとは、人工知能に関するモラル論議が積み重ねられていない今日、否定できないのである。

第Ⅲ部

サイバー空間と情報闘争

――新たなフロンティアの覇権の行方

第8章　企業科学とグローバルな共同利用地の行方

はじめに

従来、科学的知は、世界に無料で公表され、次の科学的知の母体になることが、学術的科学の暗黙の了解事項であった。しかし、今日では、科学的知は発見されるや否や（発見の可能性が強くなってきた段階も含めて）、特許申請の対象とされ、知的財産となる。発見された知には価格が付けられ、莫大な利益をもたらす商品になる。その行為が、「イノベーション」として称揚されている。科学は、真理の追求や公共利益のためでなく、私企業の利益の追求に奉仕するものになりつつある。企業経営者がビッグデータに関心を持つのは、消費者の関心をいち早く摑み、効率的に商品を購入してもらいたいからである。

そこには、科学的な真摯さはない。発見も、厳しい学問的研鑽の結果ではなく、ほとんど偶然の産物である。数年を費やしただけの実験の繰り返しが、忍耐の結果として賞賛される。生涯をかけて苦難の学問を継続した科学者は、商品化されない知を追い求め続けるかぎり、学術の世界においてすら、片隅に追いやられる。逆に、世間の注目を浴びさえすれば、莫大な資金がベンチャービジネス支援として、開発者に集まってくる。二〇一三〜一五年にジャーナリズムを騒がせたＳＴＡＰ細胞をめぐる悲しい出来事は、そうした学問の堕落を如実に示したものであった。

1　「ディープラーニング」とビッグデータ

無線通信技術の進展、クラウド・サービスやソーシャルサービスの定着、等々のネットワークサービスの水準が高くなったことによって、膨大なデジタルデータがネットワーク上で生成、流通、蓄積されている。総務省の平成二四年版『情報通信白書』[1]が示した数値によれば、国際的なデジタルデータの量は、二〇一一年の約二ゼタバイトから二〇一六年には約四倍の八ゼタバイトに拡大すると見込まれている。平成二六年版『情報通信白書』では、さらにデータ量の拡大が予測されている。二〇二〇年には約四〇ゼタバイトになるという（同書、一〇〇頁）。日本でのインターネット利用者数は、二〇一三年末で一億四四四万人、人口に対する普及率は八二・八パーセントにも達している（同、一〇一頁）。

人間が教えなくても、コンピュータが自ら学習して賢くなるというプロセスが開発されたと言われている。前章でも触れた「ディープラーニング」（深層学習）が、それである。

深層学習が注目されるようになったのは、二〇一二年に生じた二つの出来事によってであった。

一つは、コンピュータが画像などを認識する精度を競う大会で、カナダ・トロント大学のジェフリー・ヒントン教授（一九四七年～）のチームが圧勝した。このチームが開発したコンピュータの図抜けた性能に世界は驚いた。

もう一つは、グーグルとスタンフォード大学が共同開発したコンピュータである。動画投稿サイトから無作為に選んだ大量の静止画像を読み込ませたところ、事前に教え込んでいないのに、そのコンピュータが猫や人間の顔を認識した。それは、幼児が目に入った情報から学ぶプロセスと同じものであった。

従来の技法では、人間がコンピュータに知識を教える必要があった。しかし、これが難しい。例えば、外国語を翻訳させるには、日本語の定義を教えなければならないが、教える当の日本人技術者ですら、日本語らしさとは何かを理解していない。したがって、これまでの日本語への翻訳ソフトは、変な文章にならざるをえなかった。深層学習がこの壁を突き破ったとされている。

人間の脳は、神経細胞（ニューロン）の多層構造になっている。この構造をコンピュータで再現するのが深層学習である。しかし、人間の脳のように、複雑なニューロン層を幾重にも重ねるという多層構造を構築することは非常に難しいことであった。これまでのコンピュータは、ニューロン層を増やせば学習能力を大幅に低下させたからである。それでも、技術進歩の結果、現在では八～九層のニューロンを繋ぐことができるようになったという。

アップル社のスマホ向けサービス「Ｓｉｒｉ」（シリ）の音声認識技術はその成功例である。このソフトは、音声を数多く聞かせば聞かすほど、言葉を正確に認識するようになる。

人間が言葉にしなくても理解している「世界」、例えば、「常識」をコンピュータに論理で教えることは容易ではない。コンピュータ自身に学ぶ能力を付けさせることで、そうした困難さを克服しようというのが、深層学習の技術である。

ＭＩＴ教授であったロドニー・ブルックス（一九五四年〜）のゴキブリ型ロボットが、深層学習への道を切り開いた。ゴキブリ型ロボットは、つまずき、ぶつかりながら歩くことを通じて、巧みな歩行法を学ぶようにプログラミングされている。賢くなるには、「論理でなく経験だ」との発想が、このロボットを生み出した。

加速度的に高速化するコンピュータに、増える一方の電子データを学ばせ続ければ、いずれ世界を理解し、常識を備えた人工知能が現れるかもしれない。これがビッグデータ・ブームの根拠になっている。量が質に転化する可能性への期待がそこには込められている(2)。

二〇一五年時点で、新聞が取り上げたビッグデータ活用の事例を拾っておこう。

コマツは、ビッグデータ解析でゼネラル・エレクトリック（ＧＥ）と提携した。インターネットで収集した世界の鉱山での生産設備の稼働データを、両社は共同で分析する。採掘から物流、発電まで、鉱山全体の最適な運用を実現し、生産コストの一割削減が目標である。

これは、「モノのインターネット化」（ＩｏＴ）の試みの一環でもある。ＩｏＴは「インターネット・オブ・シングス」の頭文字である。家電や工場の生産設備など、あらゆるモノをネットで接続し、データを分析することで、革新的なサービスや製品を生み出すシステムである。ドイツの「インダストリー４・０」もその潮流の一つである。

この分野ではＧＥが世界で先行している。自社の航空機エンジンやガスタービンをＩｏＴで常時監視し、製品の付加価値を高めている。ＧＥと提携したコマツは、建設機械の位置や稼働状況を把握するノウハウを持っている。コマツは、ＧＥと組むことで、資源分野でのビッグデータ解析を本格化させる意向である。

前述のコマツは、大型トラックに取り付けたセンサーから集めた稼働状況を、米国内にあるＧＥのデータセンターに送信する。解析結果をもとに、トラックのルートや配置を最適化するなど、操業状況を細かく把握することで、鉱山内の消費電力量を削減し、鉱物の運搬に使う鉄道の運行本数の無駄も省ける。鉱物の採掘から港湾での積み出しまでの滞留や在庫を減らし、運営コストを引き下げる。

両社は二〇一四年から、チリの銅鉱山で実証試験を続けており、二〇一五年から資源会社向けに分析サービスを始めた。コマツは、世界の一〇〇〇以上の鉱山に機械を納入しており、そのサービスを北南米やオーストラリア、アフリカの鉄鉱石や石炭の鉱山に広げることを目指している。(3)

日立製作所も、ビッグデータを利用し、街造りに伴う投資効果や環境への影響などを可視化できるシミュレーションソフトの開発に着手した。鉄道や病院などを建設する際、利用者数や人の流れを予測、必要な投資規模などを瞬時に算出するのが狙いである。インフラをパッケージにして提案することで、日立は、製品を販売するだけの事業モデルからの脱却を図っていると観測されている。

同社は、第一弾として、地下鉄などの都市鉄道を建設した場合のシミュレーションソフトを開発した。インフラ整備をする顧客の要望に応えて、コンピュータ画面上で線路を環状線にしたり、直線状にしたりして、乗客数、投資額、収益などの変化を算出できるというソフトがそれである。

日立によると、こうした投資や収益の試算まで盛り込んだ総合的なシミュレーションソフトは存在しなかった。不動産や鉄道会社向けに加え、政府や自治体による都市計画の策定の支援ツールとして利用できると、同社は説明している。(4)

みずほ銀行、三井住友銀行、三菱東京ＵＦＪ銀行のメガバンク三行が、ＩＢＭの新型コンピュータ「ワトソン」のコールセンターへの導入に踏み切った。(5)

まず顧客とオペレータの電話の会話を音声認識システムが文字データに変換し、それをワトソンに送信する。ワトソンは想定問答集やウェブサイトなどを参考に即座に最適な回答や顧客への追加質問などを導き出し、オペレータのパソコン画面に提示する。

経験が浅いオペレータだと、難しい質問に答えるのに最大三〇分ほどかかることもあるが、ワトソンを使えばオペレータの応対時間を平均八分以下に縮めることができるという。

ワトソンは、顧客の会話と回答の組み合わせを学習するシステムである。最初は回答に時間がかかった質問でも、二回目からは瞬時に答えるなど、進化が期待できると日本ＩＢＭはいう。(6)

2　ビッグデータの罠

世界はビッグデータ革命到来の興奮に包まれている。ビッグデータを利用することによって、企業や政策立案者は、「消費者が求めているものは何か」とか「どんな政策が有効か」などの判断を得ることができると言われている。はたしてそうだろうか？

情報が多ければ多いほどよいというのは、抽象的には正しい。しかし、情報が膨大すぎるとき、情報の中核になっている重要事を正確に分析できるものだろうか？　だからこそ、人工知能（ＡＩ）が登場して問題を処理すると言われているが、そもそも人工知能を信じ切ってよいものだろうか？　人工知能が搭載されたコンピュータを操作する統計の専門家は十分に存在しているのだろうか？

マッキンゼーの報告書によれば、米国では、データの取り扱いに慣れた統計の専門家が一四～一九万人足りないという。[7]こうした専門家の不足は、ビッグデータの解析のすべてが正しいとは言い切れないことを意味している。解析されたデータの相関関係を鵜呑みにし、それを基に意思決定することはきわめて危険である。相関性があることを、人は、ともすれば因果関係があると解釈してしまう。

専門家が示した分析結果が自分の予想と一致すると、顧客はそれをいとも簡単に信じ込んでしまう。

世界的な金融危機をもたらしたサブプライム・ローンを組み込んだ証券の大量購入がその好例である。

二〇〇八年にピークに達していたサブプライム問題では、金融機関は住宅価格が上がり続けることを前提に、サブプライム・ローンを証券化した。多くの企業は、それを魅力的な投資対象として歓迎した。そして購入が世界中に広がった。しかし、住宅価格は下落した。いったん住宅価格が下落すると、一気に信用収縮が生じ、その連鎖によって多くの金融機関が破綻した。戦後ずっと住宅価格が上がり続けていたので、住宅価格の急落などあり得ぬと、証券を作成して販売した金融会社も購入者も思い込んでいたのである。そうした思い込みがあるかぎり、ビッグデータは何の意味も持たなかった。膨大なデータであっても、下落の予兆を得ることができなかった。こうして、判断ミスが簡単に誘発されたのである。

米国の平均寿命に関するデータも、安易に因果関係を判断してしまってはならないことを示す事例である。よく知られているように、米国の平均寿命は、経済協力開発機構（ＯＥＣＤ）加盟国の多くに比べて短い。しかし、この事実から、米国の医療制度が原因であると単純に決めつけることはできない。

国立衛生研究所（ＮＩＨ）の二〇一三年一月の報告書によれば、黒人の平均寿命の低さには、健康保険制度以外に、米国独自の原因があるとした。他の先進国に比べて、乳児死亡率が高い。若者の肥満、糖尿病比率も高い。五〇歳未満での主な死因は、病死よりも、自動車事故、銃暴力と薬物中毒の方が高い。二〇一一年に調査した先進二三か国平均よりも銃による殺人は、二〇倍にもなっていた[8]。

このように、データを解釈することは非常に難しいことなのである。

統計処理面で十分な経験を積んでいないデータの分析者が、無意識のうちに偏った結果を導き出し、それを基にしたデータ解析を売りつけられた顧客が、致命的に誤った決断を下す可能性があることを、私たちは留意しておくべきである[9]。

ビッグデータの構造と理論的背景について、無知のままＩＴの外野席から非難するのは、あまりにも情緒的すぎて、人を間違った方向に扇動しかねず、危険である。しかし、ＩＴ関連業者が臆面もなく垂れ流すバラ色のビッグデータ賛美を信じ込む人々の受け身の姿勢も、それを上回る危険なことである。

そもそも、コンピュータの判断能力を無批判に信じ込むことが、もっとも危険である。確かに、コンピュータの情報処理能力は、人間の能力をはるかに超えているが、コンピュータは、人間の持つバランス感覚を備えてはいない。コンピュータは、突然暴走して自壊するか、誤った解析をしてしまう恐れがある。製造用機械に比べて、コンピュータは故障が多い。機械と違って、コンピュータは、負荷が自分の処理能力を上回ると、突然に暴走してしまう。しかも、コンピュータの情報処理で使われるパス（通り道）は、機械とは比べものにならないほど膨大な量であり、暴走を止めることは非常に難しい[10]。

ビッグデータは、分析の目的に合う良質な情報が含まれるとはかぎらない。雑音（ノイズ）が、データには数多く入り込んでいる。こうしたいろいろなノイズを除去するには、分析モデルの構築が必須である。しかし、きちんとした解析がされないまま、半加工のデータが高額の料金で顧客に売りつけられている可能性がある。

ビッグデータの解析が顧客に届くまでには、三つの工程がある。上流工程では、発生した情報が集められる。中流工程では、それらが整理される。下流工程では、データマイニングやテキストマイニングなどのソフトを使ってのデータ解析がなされ、それが顧客に提供されて、顧客の意思決定に利用される。

しかし、現実には下流工程を経ることなく中流工程を終了しただけで、「ビッグデータの解析」と称して顧客に販売されているケースが多いと思われる。

解析が終了したとして、「ビッグデータ活用ソリューション」と銘打って宣伝されているが、実態は大型のディスク装置（記憶媒体）の売り込みであるということが、結構見られる。データを切り売りするだけのことしかしていないのに、高額料金を取るというケースもある。

これでは顧客にとってなす術がない。いくらきれいなグラフに加工されていても、それだけでは、経営者の意思決定にはまったく貢献しないのである。

総じて、顧客の高いニーズを満たす、上流から下流までのフルラインナップのビッグデータ関連ソリューションが揃っているとは言いがたい。

ビッグデータが意味を持つとすれば、人間の価値観に適合できるときのみである。経営判断という大きな意思決定には、シンプルなモデルが必要である。ニュートンは、ビッグデータに頼って万有引力を発見したのではない。あくまでもシンプルなモデルを組み立て、抽象的演繹を繰り返すことによって、それを発見したのではなかったか。

経営判断には、少数に絞られた情報分析が不可欠である。膨大な生データをそのままコピーしても何も得ることはできない。ビッグデータを解析するには、①モデルを選ぶ、②それを検証する、③分析軸を選択する、④それをまた検証する、⑤仮説を立てる、⑥それも検証する、等々のいくつかの段階を踏まなければならない。しかし、実際にこれらすべての段階を踏まえたデータ解析は少ない。今のままでは、ビッグデータは流行語だけに終わる可能性が強い[11]。

ビッグデータ解析を商品化しようとしたグーグルの「インフルトレンド」（以下GFTと表記する）の失敗が、世界の関心を集めている。この失敗は、ビッグデータ・ブームへの警鐘と受け取られている。

二〇一三年に出版された『ビッグデータの正体』は、第1章の冒頭で、GFTをビッグデータ解析の成功例として紹介していた。グーグルは、数千億回の検索、五年分のウェブ上の情報のマイニングによって、四五個の検索ワードを用いたインフルエンザ予測モデルを構築した。そのことによって、データ報告が遅れる政府統計よりも早いタイミングで、インフルエンザが流行しそうな地域と日時を特定できるモデルを、グーグルが開発したとして、称揚されていたのである[12]。

しかし、その後は、GFTは失敗例であるとの見方が大勢を占めている。

ＧＦＴは、立ち上げ直後の二〇〇九年に発生した豚インフルエンザの大流行をまったく予測できなかった。二〇一二年末に起きたインフルエンザの流行を実際よりも五〇パーセント過大に予測した。二〇一四年三月の『サイエンス』誌には、ハーバード大学の研究チームの検証結果が掲載された。その内容はＧＦＴの効用を根本的に疑うものであった。その調査結果によれば、ＧＦＴは、二〇一一年八月以降の一〇八週のうち一〇〇週において、インフルエンザの流行率を過大評価していた。複雑なＧＦＴよりも、気温予測などを用いるという、はるかに単純なモデルの方が信頼できるとまで同記事は言い切った。

『ハーバード・ビジネス・レビュー』誌（二〇一四年三月二五日号）でも強烈なビッグデータ批判が掲載されている[13]。

その批判は以下の通りである。

データ量だけが増えても、分析の質は上がらない。莫大なデータセットがあっても、その有効性は保証されない。しかし、量ばかりを重視する間違った前提で、ビッグデータが正当化されている。量こそがすべてであり、大量の情報を盛り込んだものがよいデータであると。検索市場でのグーグルのシェアが八〇パーセントだから、他の検索エンジンのデータについては無視してもよいとまで言われていると。

3　廃れたウェブ2・0の現実とビッグデータの未来

ビッグデータの特徴付けとして、四つの「V」が提起されている。「量」「速さ」「多様性」「真実性」がそれである。[14]

量についての説明は不要であろう。速さについては、解析の処理速度、それも瞬時の速さが要求される。多様性についても説明はいらないだろう。問題は真実性である。データとその分析に真実性が要求されるのは当然のことであるのに、わざわざ四つのVの一つに掲げられている。伝統的な統計学のデータの基準から離れた不純なデータ、問題のあるデータも、ビッグデータとして役立つものにするという商業的要請がここには込められている。

ビッグデータは、ビジネスと科学とを結びつけた営利活動用に喧伝されている言葉である。科学がビジネスと一体化されるようになって久しい。かつては原子力発電、最近では再生医療、そしてここにビッグデータが登場したのである。これを「企業科学」と呼ぼう。そして、学問の本道であった大学などのアカデミズムの組織を拠点としていた「学術科学」は、この企業科学に主流の地位を譲る時代になっている。

企業科学は、学術科学の重要な掟をいとも簡単に破っている。学術科学の世界では、実験を行う環境をきちんと制御し、信頼に足りるデータを得る努力を払ってきた。しかし、企業科学は、データ制御の必要性を無視している。

「データ」と「情報」とは違う。データは価値判断を含まぬ単なる記録された数字・文字・画像である。

情報は価値判断を含む。一定の目的のもとで解析されたものである。単なるデータに一定の有用な目的を付け加えたものが情報である。ビッグデータ賛美論には、この基本的な区別が無視されている。データは目的を持たない単なる数値や文字ではあるが、データという場合、伝統的な統計学は、意味のあるデータと意味のないデータを区別する。意味のあるデータとは、サイコロの目のように、一定の確率構造を確認できるデータのことである。確率構造の確認ができなければ、そのデータは無意味なものとして棄てられる。つまり、データが大量であればあるほど、正確な分析ができるというのは幻想である。世の中には、無意味なデータが、それこそ膨大に存在している。この点をきちんと踏まえなければ、浅薄なデータ至上主義に陥ってしまう。ツイッターにおけるつぶやきをいくら豊富に集めてみても、そこに確率構造が存在しないかぎり、データとしては意味を持たない。

とはいえ、ビッグデータには雑多な情報がランダムに埋め込まれていて、解析に耐え得るものではないと切って棄てるのも、安直すぎる。現実にそこに膨大なデータがある。それも加速度的に量的に拡大している。その事実にどう向き合うのかが重要である。

戒めるべきは、データに恣意的な意味を持たせることである。ビッグデータの分析を商売にする企業は、時には、強引なデータ解釈をしてしまう。例えば、遺伝子分析の結果、癌にかかる確率が九〇パーセントであるので、今から癌細胞が発生する部位を手術で除去しなさいと個人に促す行為などは、その最たるものである。

繰り返しが十分になされるときのみ確率を確認できるのであり、十分な繰り返しが得られないかぎり、確率の数値は正当化されるものではない。にもかかわらず、この重要な視点が無視されて、データが企業利潤の下僕になっている。

データの恣意的解釈が横行するかぎり、ビッグデータ・ブームは持続できないであろう。それは、つい最近にブームになったが、すぐに廃れたウェブ2・0の運命を繰り返す危険性を暗示している。

ウェブ2・0とは、二〇〇五年頃、ウェブの新しい利用法を指すものとして登場したが、数年後には消えてしまった流行語である。

ウェブ2・0は、ティム・オライリー（一九五四年〜）によって提唱された概念である。旧来は、情報の送り手と受け手が固定され、情報の流れは、送り手から受け手への一方向であったが、これからは、送り手と受け手が流動化し、誰もがウェブを通して情報を発信できるようになるというのが、ウェブ2・0の世界であると、ネットワーク業界では喧伝されていた。

確かに、ブログによる発信に見られるように、情報の出し手は、不特定多数の受け手に向けて、自分の考えを披瀝する。出し手も不特定多数になる。つまり、誰もがインターネットを通じて自己表現できる社会が到来する。それは、「一億総表現社会」とでも称される社会である。このような新しい時代が開かれるとの期待を人々は抱いた。

これまでは、巨大マスコミが権力に都合のよい御用学者の言葉を執拗に流すことによって、人々が権力に対して従順になるという傾向が見られた。そのために、民主的社会が実現されなくなると見なされていた。こうした限界をウェブ２・０が打ち破り、真に民主的な社会建設を創り出す大きな力になるというのが、業界による謳い文句であった。

しかし、そうではなかった。ウェブ２・０の宣伝の片棒を担いだ多くの自称専門家たちは、グーグルを持ち上げ、グーグルのサービスを新しいビジネスに応用したいという、金儲けの意識が強すぎた。浅薄で饒舌な言葉ばかりが先行しているうちに、「一億総表現社会」は下品な暴露情報やヘイトスピーチを蔓延させてしまい、健全な常識を持つ普通の人々から遠ざけられるようになってしまった。そして、その言葉も二〇〇九年頃には消えた。

ビッグデータ現象も似たような道を辿るのではないだろうか？

ビッグデータが喧伝されていることの恐ろしさは、考えない人間を作り出してしまうことにある。人工知能とビッグデータ信仰のせいで、データをコンピュータにさえ押し込んでおけば、生きた人間は何も考えなくても、コンピュータが正しい指針を与えてくれる。そのように思い込む風潮が生み出されつつある。「プロでなくても、素人だけで職務を遂行できる」「専門的で複雑な仕事はコンピュータがカバーしてくれる」と。この言葉の恐ろしさを、どれだけの人が分かっているのだろうか？

起こる事象間の因果関係を考えなくても、膨大なデータが事象間の相関性を発見してくれる。したがって、生きた人間はどんな情報であれ、集められるだけの量を集めて、それをコンピュータに押し込めばよいという受け身の人間像が、ビッグデータ現象の奥底にはある。

データと思考をコンピュータに丸投げすることが一般化すれば、社会における文化的革新はできなくなる。人間は常に将来社会を論じてきた。そうした議論の高まりが社会を変える原動力になっていた。封建制の殻を破って民主制が生まれたのだが、自動的にそうなったのではない。常に、社会の不合理を是正しようとする生きた人間がいた。多くの先人たちが生命を犠牲にしてでも、民主的社会を後の世代の私たちに残してくれた。人間はいつも、制度的な革新を追い求めてきたのである。

ところが、コンピュータの分析は常に保守的なものである。当然のことであるが、過去の出来事を追うだけである。コンピュータの解析は、膨大な量の過去のデータの相関性を摘出することはできるが、創造性を持ってはいない。人間の将来に賭ける志向をコンピュータは理解できないのである。

そのようなコンピュータの特性からすれば、変化きわまりない将来を展望することなど不可能なことである。

人間がそのことを織り込んでコンピュータが行うビッグデータの解析を上手に利用すればよいのだが、コンピュータを万能視して、受け身の姿勢で意思決定をしてしまえば、社会は理念と倫理を失った金儲け主義に陥る危険性がある。

しかも、多くの若者たちが、スマホによって情報を得るようになった。しかし、スマホに依存することは、情報を加工するのではなく、受け身で消費する姿勢になってしまうことを意味する。

私は原稿を書く場合は、ＰＣを使うことが多い。執筆とは情報を生産することである。ところが、スマホで原稿を書くことは、至難の業である。ほとんどの場合、スマホを扱うことは、情報を生産するのではなく消費することである。ビッグデータを加工する業者も、今後はＰＣ向けよりもスマホ向けに技術を開発するようになるであろう。こうして、スマホの顧客は、ＩＴ業者がスマホに流す情報を、黙って、受け身で消費するだけの存在になってしまう。

情報の相互交流を通じて、生の人間が顔を合わせるようなコミュニケーションの場を創造することは、スマホの世界ではますます難しくなるだろう。積極的な民主的社会が創り出されるのではなく、逆に、保守的権力者の都合のよい社会が生み出される危険性が、ますます大きくなるだろう。

アラン・ケイ（一九四〇年〜）という信念の人がいる。ＩＴを金儲けのために使うのではなく、人間が真に生産的な価値を創り出すことの重要性を意識して、それが実現する環境作りを生涯の課題にしてきた人である。ＩＢＭの巨大なメインフレームによって、人々が支配される指令型コンピュータ社会を覆したいという、当時の米国のヒッピーたちの理念を実現しようとして、現在のパソコン（個人でも制作できる、人間の顔をしたパーソナル・コンピュータ＝ダイナブック）を創ろうとした人である。

彼は、ワークステーション「アルト」の開発も主導した。「未来を予測する最良の方法は未来を発明することである」との名言を発しただけでなく、自らそれを実践してきた人である。

ケイは、ＩＴビジネスとは距離を置き、教育用プログラミング言語の開発や、貧しい子供でも買える安価な一〇〇ドル・ノートパソコンの開発・普及に努めてきた。科学的論理を身に付けた子供が、硬直的な思考しかできない大人社会を変える大きな力になるというのが、彼の信念である。

硬直的な思考とは、カエルの捕食のようなものである。栄養満点なものであっても、カエルは動かない餌には見向きもしない。しかし、動く餌なら捕らえて食べる。それが疑似餌で栄養にならないものでも、人間が動かせば飛びついて食べる。餌がなくなり、餓死する運命にあっても、眼前にある動かない餌を食べることなく、衰弱して死んでしまう。無知とはそれほど恐ろしいものである。

硬直的な思考しかできない現在の多くの大人たちは、無知の恐ろしさに気付いていない。硬直的な思考で凝り固まっている人間は、過去に身に付けた知識しか信用しない。それ以外の思考もできるということを、なかなか思い付かない。

編集者、後藤貴子からのインタビューで、[15]ケイは、現在のＩＴ技術の急進展も社会の硬直的思考を打破していない、否、ネットが安易に情報を人々にもたらす結果、人々は自らの無知に気付くという面ではますます後退していると、厳しく現在のネット社会を批判した。

ケイは、すでに一九六〇年代からワイヤレスのネットワークを構想していた。時計型のウエアラブルインターネット機器によって、人々がユビキタス（いつでも、どこでも、誰でも）状態を楽しみ、世界の人々が交流できる社会を創り出すべきだと主張していた。

ところが現在、ＩＴの発達によって、情報の受け手側は、本を読み、文を書くということをしなくなった。これは退行であると、ケイはインタビューで嘆いた。

米国の多くの学校は、子供がグーグルで何かを見つけてコピーすると、それで学んでいると思っている。それに対してケイは、子供がそれについての作文を書かないかぎり、学んだことにならないと主張している。作文は思考を組織化する。単に博物館の展示物を集めても思考能力を高めることにはならない。しかし、ほとんどの学校はその違いが分かっていない。

理想的未来は、人々が今日よりも、よりよく考える社会でなければならない。だが残念なことに、ありそうなことは、人々がよりよく考えない、しかもそのことに気付かない社会の到来である。

必要なことは、科学的な本を読む習慣を子供のときから身に付けさせる教育である。現在の先進国でさえ、科学者とまともな会話ができる成人、つまり、科学的リテラシーを持つ成人は五パーセント未満しかいない。ほとんどの成人が科学的リテラシーを持っていない。科学的リテラシーとは、科学の本を読んで、その考えをほぼ理解でき、科学者とそれについての発展的会話もできる能力である。

大人を変えるのは難しい。しかし、子供は、ある程度変わることができる。少数の創造的な人がいるだけだったら、それは民主主義にとって破滅的である。

そのように語ったあと、ケイは、次の言葉でインタビューを締めくくっている。人は、自分が誤っているとはなかなか認識できない。さらに、人は、十万年もの間、世界が完璧なものだと思い込んできた。生存競争の激しさのせいで、世界が完璧でないかもしれないなどと考えつく暇はなかった。現代的意味での科学はまだ四〇〇年の歴史しかない。人があらゆるものを疑う習慣を獲得するには、まだまだ長い時間がかかるであろうと。

4　冒される個人の権利と「グーグル・フォビア（恐怖症）」

ビッグデータには、無視できない大きな欠陥がある。業者が得たいのは、母集団の解析ではなく、データに含まれる個人情報である。ここが問題である。この点において、最近のビッグデータ・ブームには、従来の統計学が扱っていたデータ分析とは基本的に異なった手法が使われている。

統計学が伝統的に扱ってきた情報は、集団に関するものであって、個々人の情報ではなかった。伝統的な統計学の関心は、個々人の特性値ではなく、集団がどのような特性を持つのかを解析することである。

人間という集団を例に取ろう。集団を構成している個々人は、相互にずいぶん性格が異なる。しかし、集団として見れば人間という種は安定している。これが「大数の法則」である。大数は個々の差違を消し去ってしまう。

しかし、集団を構成する個々の情報は必要である。人口構成を見るための国勢調査では、個々人が自己のデータを調査に提出してくれないかぎり、有意なデータを得ることはできない。個々人の特性値には関心がないといったところで、個々人のデータが得られなければ、集団の特性を解析することはできない。ところが、最近では個人情報の問題があり、個人のデータを出してくれないことが多くなった。これでは、信頼できるデータを作成できない。つまり、近年は、ますます質のよいデータを確保することが難しくなっているのである。他方で、ビッグデータがある。ここには、個々人が意識して提供したのではないのに、膨大な個人データが蓄積されている。そして、販売業者たちは、集団ではなく、個々人の情報分析を欲しているのである。伝統的な統計学の世界とはまったく別の関心が生まれているのである。

アンケートによるデータ収集方法だと、法律の壁があり、データは不正確なものにならざるをえない。しかし、ネット販売によるデータ、グーグルの検索エンジンを利用して集まるデータ、チャットによる会話のデータ、つまり、スマホ等を通して集積されるデータは、個人情報の宝庫である。統計学的に不適格なデータであっても、これら個人情報が企業にとって垂涎の的である。だれそれが、いつ、どこで、何を、どれだけ買ったか。同時に別の買い物もしたが、それは何だったのか。給料日と買い物日との相関性はどのようなものか。商品を売りたい業者にとって、ビッグデータの統計学的な制約、個人情報に関する倫理などどうでもよいことである。ただ、専門家が供給してくれるビッグデータの解析、それも企業にとって役立つ情報さえ得ることができればそれでよい。企業はそう考える。

しかし、ビッグデータの収集とその利用は、企業と消費者という次元を超えた国家間の角逐を生み出した。

いわゆる「スノーデン事件」がこのことの深刻さを映し出した。エドワード・スノーデン（一九八三年〜）が私的な通信に対する米国の監視について暴露した一件は、世界中に大きな波紋を広げた。

データの域内封じ込め政策はその余波である。

米国の巨大監視プログラムにグーグルなどが協力していたことをスノーデンは暴露した。「米国家安全保障局」（ＮＳＡ）が主導するＰＲＩＳＭがそれである。

スノーデン事件後、各国政府は、グーグルなどのデータ収集に危機感を募らせている。

ＥＵ委員会が、二〇一五年四月一五日、グーグルに異議告知書を送付したと発表した。同社に、インターネット検索サービスをめぐってＥＵ競争法（独占禁止法）に違反した疑いがあるというのである。同委員会は、グーグルがＥＵのネット検索市場で支配的な地位を乱用している恐れがあるとして、二〇一〇年から調査してきた[16]。

ＥＵのネット検索市場におけるグーグルのシェアは約九割にも上る。グーグルが検索サービスで圧倒的に高いシェアを持つという有利な立場を乱用し、検索サイトで自社のサービスや商品が有利になるようにして同業他社を締め出した疑いがあるというのが、ＥＵ委員会の口実である。しかし、これはあくまでも口実で、実際には国家の情報が米国に流出することを警戒しているのである。それに個人情報の流出に対する市民の反発もある。

ＥＵ委員会は、さらに、グーグルが提供するスマホ向け基本ソフト（ＯＳ）「Ａｎｄｒｏｉｄ」についても独禁法に基づく調査を始めると表明した。グーグルがＥＵで他社のスマホ向けＯＳを締め出している可能性があるというのである。

ＥＵの独禁法には、違反企業に対し、世界全体の売上高の一〇パーセントを上限に制裁金を支払うように命じることができるという一項がある。グーグルの二〇一四年一二月期の通期での売上高は六六〇億ドルであった。

ＥＵ委員会がグーグルを問題視する背景には、検索が情報を手に入れるためのインフラになっているとの判断がある。いわば「公共の場」であり、特定の企業が不当に有利にならず、さまざまな選択肢が提供される必要があると、同委員会は主張している[17]。

ＥＵでは、「ネット保護主義」が高まっている。検索市場で独占的なシェアを持ち、スマホ向けＯＳでも支配力を高めるグーグルへの警戒心は強く、「グーグル・フォビア（恐怖症）」という言葉も生まれている。

ＥＵ域内には米国ＩＴ企業に匹敵する有力な対抗馬が育っていない。英ベンチャーキャピタルのアトミコによると、二〇〇三年以降に誕生した評価額一〇億ドル以上の世界のネット企業一五六社のうち、ＥＵの企業は二五社で、北米の八七社の三分の一以下である。タクシー市場を侵食する米ウーバーのように、ＩＴとは縁遠かった業界で米企業が台頭していることも不安を増幅している。

マイクロソフトの動きもＥＵ委員会の動きを促しているようである。同社は、グーグルの影響力が強いワシントンに見切りをつけ、グーグルに厳しい目を向けるＥＵや各国政府への働きかけを以前から強めてきた。

『日本経済新聞』によると、エリック・シュミット（一九五五年〜）会長らグーグルの経営陣が、本格的にＥＵを回り始めたのは二〇一四年春以降にすぎない。その時点でグーグル攻めの「外堀」はほぼ埋まっていた。二〇一五年に、ＥＵ委員会にグーグルを告発した企業の四分の一は米企業であった。グーグルが欧米企業の共通の敵になってしまったのである。

ＮＳＡの無制限かつ無差別的な情報収集と市民監視をさらけ出したスノーデン事件以降、ＥＵはサイバー空間の「米国一極支配」にあからさまなアレルギー反応を示してきた。

ＥＵの市民たちは、グーグルのリンクから自分たちの個人情報を削除するよう各地で提訴している。今後、数百万人からリンク削除を一斉に求められた場合、グーグルは、対応コストが膨れ上がり、「ＥＵ撤退」という選択肢もありうる。(18)

個人情報の保護についての国際会議も活発である。

「データ保護とプライバシー・コミッショナー国際会議」という組織がある。この組織の第三六回会議（二〇一四年一〇月）がモーリシャスで開催された。この会議で、「モノの『インターネット』（ＩｏＴ）に関する宣言」と「ビッグデータの分析に関する決議」が採択された。ＩｏＴ技術には個人の自由意思を脅かす可能性があるとの警告がなされたのである。

インターネットに接続された機器から発生したデータは、個人情報と見なされるべきである。データの転送によって、そうした個人情報が世界中に広がる。ビッグデータによるプライバシー侵害を防ぐため、事業者はデータ保護原則を守り、消費者が基になったデータと分析アルゴリズムにアクセス出来る権利を担保すべきである、等々を、会議は決議した。(19)

ビッグデータ活用をめぐるサイバー空間の「プライバシー保護」と「表現の自由」をめぐって、各国政府と米国企業は激しく火花を散らしている。

米国企業は、データの国際的な流れを阻止し、データの国内処理を義務付ける「ビッグデータ・ダム」を中国が建設するのではないかという不安に駆られている。

在中国米商工会議所（ＡＣＣＣ）は、二〇一五年四月一四日に公表した報告書（*AFPBB News*）で、中国のデータ流出防止計画への危惧を述べた。

中国政府はインターネット・通信企業に対し、データを中国国内のサーバに保管し、公安当局に暗号カギを提出することを義務付ける反テロ法を提案した。

データを自国内に止めるという政策の先陣を切ったのがロシアである。ウラジーミル・プーチン（一九五二年〜）大統領が二〇一四年署名した法律が二〇一五年九月に発効した。同法は、ロシア市民に関するデータを直接収集、処理する企業に対して、データをロシア領内に保管することを義務付けたものである。

今や、サイバー空間は、グローバル・コモンズ（世界の共同利用地）になるどころか、米国、ヨーロッパ、中国、ロシアなどに引き裂かれ始めている。[20]

おわりに

コンピュータのスクリーンに向かってビッグデータをいくら解析しても、オフィスの外に出て消費の現場を歩き、消費者の息づかいを感じることを超えることはできない。ビッグデータ信仰を拒否する論者の多くが、そのように考えている。

現在、多くの企業が収益性を高めるために、ビッグデータを活用しようと莫大な資金を投じてきたが、現実には、それらは浪費に終わるだろうと言うのである。

実際の販売には想像力が必要である。にもかかわらず、販売に行き詰まった企業経営者は、想像力を培うよりも、ＩＴ関連企業の大宣伝に心を奪われて、安易に大金を投じてビッグデータ解析を購入してしまう。多くの経営者が、意図的に造り出された時流にいとも簡単に乗せられている。

ビッグデータを解析して、過去に消費者が求めていたものが分かっても、明日も同じモノが購入されるとはかぎらない。消費者はすでに同じモノに飽きて、何か別の新しいモノを求めているかも知れない。変化を嗅覚で読み取れなければ、いくらビッグデータに投資しても無駄に終わる。

それに、プライバシー問題という壁にビッグデータは必ずぶつかる。前節で見たように、とくにＥＵにおいて、個人のデータを利用することを規制しようという動きが強まっている。

ビッグデータは、効率的な手段ではないというのが、現在の妥当な判断だと思われる(21)。

なによりも、科学的成果が万人のもの（無料で利用できる）ものではなくなり、特定企業の利益増大に奉仕するようになって以来、科学はアカデミズムではなくなった。これは最近のビッグな賞を見ても明らかである。

第9章　証券市場の超高速取引（ＨＦＴ）

はじめに

最近、世界の証券取引で、高頻度取引とか超高速取引（ＨＦＴ、ハイ・フリークェンシー・トレーディング）と呼ばれる取引手法が話題を集めている。コンピュータのプログラムにより証券の自動取引を行う「アルゴリズム取引」がそれである。人間が瞬きをするほんの一瞬の間に数千回、数万回の大量の小口取引を完了する。戦略として、徹底的な薄利多売に徹している。取引対象は株式や株式先物だけでなく、通貨や商品先物も含む。

ＨＦＴを専門的に扱う業者（投資顧問やヘッジファンド）はここ数年で急増し、市場への影響力が大きくなるとともに、それによる事故も増えてきた。

このＨＦＴシステムも、プログラミングするのはトレーダーであり、かつプログラマーという人間である。マーケット時間中はトレーダー兼プログラマーが競争相手の動向を監視しているが、彼らが手動で取引を行うことはほとんどない。一度走り始めたプログラムは、眠らず、食べず、文句を言わず、トイレにも行かず、ただひたすら大量の取引をする。

ただし、HFTは、ポジションをまず持ち越さない。そのために、瞬時にして反対売買を速やかに行ってしまう怖さを持っている。

以下、HFTが今後の金融経済に及ぼす巨大な影響力について検討する。

1　証券市場で増大したHFTのウェイト

証券取引でよく使われている時間単位に、「ミリ」（一〇〇〇分の一）秒とか「マイクロ」（一〇〇万分の一）秒がある。それは、人の感覚では実感することができない瞬時の時間経過を指す。プロの投資企業が、瞬きよりも短い時間に大量の取引を人工知能に頼って実現させている。

それを担うシステムが「ボット」（ロボットの略）である。このシステムにはAIが搭載されている。HFTは、コンピュータ・システムが市場の気配値や注文状況などの変化に応じて、自動的に株式売買注文のタイミングや数量を決めて発注する仕組みを構築している。

HFTを駆使する企業は、プロップ・ファーム、ヘッジファンド、証券会社の自己運用部門、等々である。

プロップ・ファームは、自己勘定取引会社（自己資金のみを運用する投資会社）で、短時間での気配値の変化に着目して鞘取りを行うトレーディング専門業者である。

ヘッジファンドも短期の利鞘稼ぎのためにＨＦＴを利用する場合が多い。

証券会社の自己運用部門も、市場の攪乱的影響を避けるべく、大量の売買を瞬時にして行いたいという機関投資家の大口注文に応える手段としてＨＦＴを用いている。

ＨＦＴでは、一瞬の価格変動を摑んで証券を売買するために、データ転送の時間的ロスさえ極力抑えなければならない。この時間的ロスを「レイテンシ」（遅延）という。証券取引所は、顧客が、場内に取引サーバを設置すること（コロケーション）や、顧客同士のサーバを近接して設置すること（プロキシミティ）を積極的に勧めている。[1]

「コロケーション」という言葉はもともと文法用語である。ある単語と別の単語とを組み合わせて自然な語のつながりにすることがその意味である。例えば、「辞書」という単語を中心としたコロケーションは、「辞書を引く」「辞書で調べる」「分厚い辞書」等々の組み合わせがそれである。

基幹回線（バックボーン）を持つ事業者の局舎内にサーバや交換機等々を収容することで、高速かつ低コストの通信が実現される。

「プロキシミティ」とは、取引所のシステムに接続できるように、取引所の近くや取引所の内部に、取引参加者が自社の機器のアクセスポイントを設置することをいう。アクセスポイントではなく取引所と同じデータセンター内に機器を設置することがコロケーションである。

株式取引において、HFTが急速にシェアを伸ばしたのは、二一世紀に入って、AI技術が急速に進歩してからである。NYSE（ニューヨーク証券取引所）の資料によれば、二一世紀の初めには、HFTのシェアは一〇パーセント程度にすぎなかったのに、二〇〇五〜〇九年には株式取引数が一六四パーセントも増えた。そのほとんどはHFTによるものであった(2)。

二〇〇九年時点で、NYSEに登録されていた証券取引会社数はほぼ二万社あった。そのうち、HFTを駆使する企業数はその二パーセント程度しかなかった。ところが、全株式取引数に占めるHFTのシェアは七三パーセントもあったのである(3)。二〇一一年、英国では七七パーセントのシェアがあった(4)。

リーマン・ショック後、公的資金を投入して再建を果たした米国の投資銀行、ゴールドマン・サックスが、このシステムをいち早く導入して、急激に証券市場で地歩を固めた。このシステムの導入によって、ゴールドマン・サックスは、一部の取引所から注文情報などの市場情報を他の投資家たちよりも早く受け取ることができて巨額の利益を挙げえたのである。しかし、この種の取引が中小の証券取引業者を市場から追い出してしまう危惧があり、禁止すべきであると、米上院議員や多くの識者たちがSEC（証券取引委員会）に訴えるという騒ぎが起こった(5)。

日本でもHFT利用が急速に進展した。

東京証券取引所（東証）では、二〇一〇年の大発会（一月四日）からHFTの新システム「アロー・ヘッド」が稼働した。このシステムは、注文への応答時間が、平均五ミリ（〇・〇〇五）秒という能力のものであった。従来は数秒掛かっていたのだから、劇的な時間短縮であった。[6]

さらに、二〇一〇年七月二九日、野村證券系列の「チャイエックス・ジャパン」がＰＴＳ市場を日本に立ち上げた。

ＰＴＳとは、「自己勘定取引システム」の略で、邦訳では、「私設取引システム」という。前述のように、このシステムを駆使する証券取引会社がプロップ・ファームである。ＰＴＳは、証券取引所を通さずに株の売買をする市場を指す。ＰＴＳの取引可能な時間は、既存の証券取引所よりも長い。東証が開いている時間は、九時〜一一時三〇分と一二時三〇分〜一五時であるが、チャイエックス・ジャパンのＰＴＳ市場は、八時から一六時まで開いている。[7]

チャイエックス・ジャパンは、インスティネット証券の孫会社、チャイエックスの子会社であった。二〇〇七年に野村ホールディングスが一二億ドルでこの孫会社を買収した。

インスティネットは、世界で初めて機関投資家向けに「クロッシング・サービス」を提供した企業である。クロッシング・サービスとは、私設取引市場で、取引参加者同士が直接、価格や数量等の取引条件を交渉したり、他市場の時価、例えば、最良気配値の仲値（取引日の基準レート）や終値を取引価格として、定められた時点までに提出された売買注文を一括して実行する業務のことである。しかし、気配値や価格は公開されず、市場参加者についても詳細は秘密といった取引の匿名性を維持しているのが特徴である。

インスティネットは、機関投資家間の直接取引、ＮＡＳＤＡＣ（ナスダック市場＝全米証券取引業会による店頭市場）におけるマーケット・メーカー（値付け業者）のポジション調整手段として広く利用され、一九九〇年代前半には、ＮＡＳＤＡＣ市場取引高の二〇パーセント近くがインスティネット経由の取引であった。世界の取引所に進出していて、日本では、一九九四年に免許を取得している。[8]

チャイエックス・ジャパンが駆使するＨＦＴシステムの注文応答時間は、アロー・ヘッドをはるかに上回る一〇〇〇分の〇・五ミリ（〇・〇〇〇五）秒であった。[9] チャイエックスは、二〇一〇年一二月時点で、ＰＴＳ市場の三分の一を占めていた。[10]

日本の取引所も、懸命になってＨＦＴの注文応答時間の短縮化を目指した。二〇一一年二月一四日、大阪証券取引所が「Ｊ‐ＧＡＴＥ」というデリバティブ売買システムを稼働させた。対象となる商品は「日経二二五先物」「日経二二五ミニ」「日経二二五オプション」である。注文応答時間は従来の二〇倍の速さになった。[11]

さらに、二〇一一年一一月二一日、東証が従来のオプション取引を扱っていた「Ｔｄｅｘ＋」を「新Ｔｄｅｘ＋」に移行させた。これは、先物取引とオプション取引を統合させたデリバティブ取引システムである。これによって、注文応答時間が平均五ミリ（〇・〇〇五）秒、秒間注文処理件数が約三万六〇〇〇件と旧システムよりも約二〇倍速くなった。[12]

二〇一二年七月一七日、東証は、アロー・ヘッドの注文処理の速度を二ミリ（〇・〇〇二）秒以下から一ミリ秒以下に倍速化した。二〇一〇年一月のシステム導入以来の性能強化には、数億円掛かったという。

これほど、証券取引所が取引システムの超高速化に邁進する背景には、一日の間に繰り返し注文を出す機関投資家を引き寄せる狙いがある。機関投資家が重視するのは処理速度である。彼らの高速注文に対応できなければ、別の取引所で売買され、取引所は手数料を稼げなくなる。取引所にとって高速化は死活問題なのである。そのために、上述のようにコロケーションを進めるのである。

ところが、世界の取引所は日本における取引所よりもはるかに高速で取引を実現する能力を持っている。

ニューヨークやロンドン、シンガポールの取引所はマイクロ秒（百万分の一秒）に突入した。

ＡＩを組み込んだコンピュータ・システムによって、自動的に株式売買を繰り返す取引は、アルゴリズム取引と呼ばれている。ここでいうアルゴリズムとは「あらかじめ仕込まれた計算式」の意味である。大手証券会社は、こうしたアルゴリズム取引の種類を複数用意して、投資家に選択させている。

しかし、アルゴリズムは、これまで自分の「勘」に頼る「日計り商い」で辛うじて存続してきたが、先端のシステムを導入できる資金、ノウハウ、システムを動かせる技術者を調達できない中小証券会社を消滅させる力でもある。「日計り商い」というのは、同一の取引者が、ある銘柄を買い、その銘柄をその日のうちに売却するか、または空売りしてその日のうちに買い戻すような取引の形を指す(13)。

事実、日本証券業協会の加盟証券会社数（外資系含む）は、二〇〇九年三月末には三二一社あったのに、わずか二年後の二〇一一年三月末には二九三社になった。そして、二〇一五年二月現在には二五三社にまで減少している(14)。中小証券のディーリングからの撤退は、株式の流動性を損なう可能性がある。[15]

伝統的な取引業者が消滅するだけではない。アルゴリズム取引は、証券市場自体を不安定にさせる。[16]そのことを世人に知らしめたのが、二〇一〇年五月六日のＮＹＳＥで生じた異常事態であった。

2　「フラッシュ・クラッシュ」と「ミニ先物」という投機的取引

二〇一〇年五月六日、米国のダウ工業株三〇種平均（ダウ平均）が一四時四〇分から四五分までの五分間に五七三ドル急落した。株価は、午前からだらだらと下落していたのだが、この急落によって、前日の終値から一〇〇〇ドル近くも暴落した。これが、「フラッシュ・クラッシュ」と称されるものである。しかし、一四時四七分からはわずか一分半で五四三ドルに急騰した。

ダウ平均を乱高下させた原因は、「ミニ先物」の膨大な売りとそれに直ちに反応したＨＦＴ取引であった。

ＨＦＴは、買いポジションが極端に膨らんだ場合には、ポジション解消に動くようプログラミングされている。そうした事態が発生すれば、次の瞬間には売り手に転じる。そして、瞬く間に買い注文が消える。この煽りを受けて、現物株価までも大暴落する。超高速・大量取引に伴う株価が急激に乱高下する危険性はつとに指摘されていた。そして、五月六日、実際にその危惧が的中したのである。[17]

ここで、「ミニ先物」について説明しておこう。まず「先物」の意味から。

先物とは、「ある商品」を、「将来の決められた日」に、「今の時点で取り決めた価格」で取引することである。予約取引と見なしてもよい。

株式取引における「先物」とは、日経や「Ｓ＆Ｐ（スタンダード・アンド・プアーズ）」などが作っている「平均株価指数」を予約売買する取引である。例えば、ある日の日経平均（日経二二五）が一万円だったとする。先物の買い手が、日経平均を「決められた日」に一万円で買う予約を入れたとしよう。「決められた日」に日経平均が一一〇〇〇円に上がっていたとしたら、買い手は、予約によって一万円で買えるから、一〇〇〇円得したことになる。逆に九〇〇〇円に下がると、買い手は一万円払わねばならないために、一〇〇〇円損する。

売買の数量は「枚」という単位で表す。「日経平均ミニ先物」の場合は、日経平均の一〇〇倍が一枚である。取引単位である一枚が、日経平均の一〇〇倍であるということは、指数が一万円であるとき、その一〇〇倍である一〇〇万円の取引があるということになる。

しかし、実際に一〇〇万円の現金を必要とするのではない。先物取引は証拠金を証券会社に預ければよい。指数が一万円のときの一枚取引には五万円程度の証拠金を預けるだけで、一〇〇万円の取引ができる。これをレバレッジ（テコの意味）という。五万円の金額で一〇〇万円を動かせるのだから、この場合のレバレッジは二〇倍ということになる。少ない金額で大きな利益（もしくは損失）が生じるのである。

取引の種類によって、必要な最低取引数は異なる。

「日経二二五先物」は日経平均の一〇〇〇倍、日経ミニ先物は一〇〇倍である。倍率が小さいから「ミニ」と名付けられている。

値の付け方も異なる。日経二二五先物は、一〇円刻みで動く。これを「呼値」の単位という。日経ミニ二二五先物の呼値の単位は五円である。これも「ミニ」の特徴である。

先に述べた、「未来の決められた日」を「限月」という。限月の第二金曜日を満期日とすれば、取引の精算はその前日までに済ませておかねばならない。そうせずに、取引者が満期日を迎えてしまうと、証券会社によって反対売買されてしまう。買い予約は売りで、売り予約は買いで精算される。

限月は短いほど取引量が多く、長ければ（最長五年）取引量は少なくなってしまう。

先物取引の特徴は、限月まで決済せずに毎日売買できる（デイ・トレード）という点にある。先物には、現物株が実在せず、指数だけが売買されて、株券の受け渡しがない。売った値段と買った値段から利益や損失を計算し、その差額を受け渡すことで取引を完了させる仕組みが先物取引の特徴である。証拠金が足りていれば、一日のうちに何度でも買ったり売ったりできる。(18)

先述のフラッシュ・クラッシュのときは、二〇一〇年五月六日一四時四五分、ダウ平均が一瞬にして一〇〇〇ポイント（〇・九パーセント）も暴落した。その数分後に暴騰し、そして、また暴落して取引を終えた。最終的には当日で九九八・五ポイントの下げであった。(19)

ＣＦＴＣ（米商品先物取引委員会）とＳＥＣ（米証券取引委員会）の合同調査報告書によれば、暴落のきっかけは、ある大手の「ミューチュアルファンド」（随時解約可能な一般的投資信託）が「Ｅミニ S＆

Ｐ五〇〇先物」を大量に売り出したことにある。この投資信託は、保有する現物株の価格下落をヘッジするために、この先物売りを出したのである。七万五〇〇〇枚、金額にして四一億ドルもの巨額の取引であった。

これは、キーボードを誤って叩いたからではないのかとも言われている。証券市場ではこの種の誤りが多く、そのために市場が混乱するという説がある。「ファット・フィンガー説」と言われるものがそれである。指が太すぎるために、キーボードを叩く際に間違ったキーを押してしまうことから株式売買の誤発注をしてしまい、そのことによって、証券市場が混乱するという仮説である。[20]

ファット・フィンガーによるのか否かはさておき、一つの投資信託による先物の大量売りに煽られて、ＨＦＴが、売りプログラムを一斉に発動したことが暴落の引き金となった。[21] ＥミニＳ＆Ｐ五〇〇先物は、右で説明した日経ミニ二二五先物と同じ種類の先物である。

当時、アルゴリズム取引のプログラムは、一分前の相場から九パーセント動けば逆張りの取引を行うというものであった。その際、価格の絶対水準などは考慮の外に置かれていた。変動幅だけが重視されていたのである。

投資信託による膨大な先物売りに、ＨＦＴは、直ちに反応して、手持ちの長期先物をこれまた大量売りに出た。その後、ＨＦＴは超高速で売買ゲームに走った。

当日の一四時四一分の「初め」から四四分の「終わり」という、わずか四分という短い間に、膨大な売り買いが交錯してＥミニＳ＆Ｐ五〇〇の先物はほぼ三パーセント下落した。これをチャンスとして反応した別の投資家のＨＦＴがこの先物の買いに回り、そのヘッジに現物株が大量に売られた。この取引で、同じ時間内で株価指数が同じく三パーセント下がった。

しかし、経済のファンダメンタルを重視する投資家からの実需は出なかった。そこで、アルゴリズム取引業者たちは、相互に売買のポジションを目まぐるしく変える取引を行った。ＥミニＳ＆Ｐ五〇〇先物が下がった後の一四時四五分一三から四五分二七までの〇秒一四という、まさに瞬時の間に、既存の契約分の売買だけで二万七〇〇〇枚もあった。新規の契約は二〇〇枚だけであった。事態は、「ホット・ポテト・ゲーム」（ババ抜きゲーム）の様相を呈していたのである。

ホット・ポテト・ゲームというのは、子供たちが輪になって、熱々のポテトを隣の子に回し、あらかじめ定められた時間が来ると回すのを止める。そのときにまだポテトを持っている子が輪から脱落し、残りの子供たちで再びポテトを回し、最後にポテトを持っていない子が勝ちというゲームである。回されるのは、別に熱いポテトでなくてもよい。ボールでもハンカチでもよい[22]。

この種のゲームは、ドイツでは「シュバルツェル・ペーター」（黒いピーター）、フランスでは「ミスティグリ」（猫、ジャック）が、同じくババ抜きを意味している。

このホット・ポテト・ゲームを心理学に採用したのが、ファニタ・イングリッシュ（一九一六年〜）である。熱いポテトを手元に置いておきたくない不吉なもの（恐怖、難問、苦難の種、等々）と見なし、人はそれを他人に渡そうと絶えず画策している。人生で成功した人は、そうした技術に長け、失敗する人は、他人から厄介なものを押しつけられながら、他に流せないドジな性格を持っているという

「ホット・ポテト理論」がそれである。[23]

国際金融論の世界でも、このホット・ポテト理論が応用されている。国際金融市場では、リスクの大きい金融資産をなるべく速く、しかも大量に手放したい投資家が、主としてＨＦＴの手法を使って、その資産を売却する。売り付けられた投資家も、利鞘をとって転売する。こうして、大規模な資金の猛烈な勢いでのグローバル展開が生まれる。そのことによって、国際金融市場は不安定になるという考え方が、金融のホット・ポテト理論である。

ＢＩＳ（国際決済銀行）の機関誌でこの言葉がよく使われるようになって、国際金融論の世界では常套句になっている。とくに、英国イングランド銀行総裁（当時）のデーヴィッド・クレメンティ（一九四九年〜）が使ったことで話題になった。[24]

フラッシュ・クラッシュのときはどうであったか。五月六日の一四時四八分になると、事態の進行を危険であると判断したコンピュータ・プログラムによって、ＨＦＴ業者たちが一斉に株式の売買を停止してしまった。と言ってもわずか五秒間の停止であった。買い手が皆無になった。その煽りを受けて、Ｐ＆Ｇ株は一時一セントにまで暴落した。すぐに戻したが、市場におけるＨＦＴ業者たちの存在が大きいことがこのような事態を招いた。そして、一五時には市場は平静さを取り戻し、フラッシュ・クラッシュは早期に終息した。

象徴的なことは、同じ調査報告の中で、ＳＥＣとＣＭＥとでは見解が異なったことである。ＳＥＣはＨＦＴがクラッシュを引き起こした大きな原因であると指摘したのに、ＣＭＥはそうした証拠はないとの分析結果を報告した。それどころか、ＣＭＥは、クラッシュを終息させた大きな力としてＨＦＴを評価したのである[25]。

フラッシュ・クラッシュを生じさせた原因はＨＦＴだけではない。証券市場自体の構造変化も大きな原因である。

3　アルゴリズム取引と「ダークプール」

コンピュータを駆使したアルゴリズム取引を促進させるべく、証券取引システムが急速に変化させられている。

電子取引が証券市場の主役になって以来、証券取引における伝統的な「立会場」が世界各地で廃止された。ロンドンでは一九八六年、パリでは一九九四年、大阪証券取引所では一九九七年、そして東証では一九九九年に廃止された。東証の場合、立会場の跡地に先述のようなアロー・ヘッドを主軸に置いた「東証アローズ」という電子取引の場が設置された[26]。

ＮＹＳＥは、二〇一〇年に、立会場を廃止せずに、トレーダー向けの座席（ブース）を設置する形で模様替えした（このブースは「ポッド」と呼ばれている）。これはトレーダー数が一九九〇年から七割も減少したことへの対応であった。

電子取引市場へのシフトの影響で、全米におけるＮＹＳＥの上場株式売買シェアが、二〇一〇年時点で、わずか四年の間に約八〇パーセントから二五パーセントに落ち込んでいた。去ったブローカーの呼び戻しを狙って、三つのポッド（総座席数七二）が設置されている[27]。

一九六九年に、本章第一節で見たように、証券取引は、既存の証券市場を迂回したＰＴＳへの移行を始めた。すでに触れたように、インスティネットがＰＴＳ市場を牽引していた。

インスティネットが、世界で初めて機関投資家向けに電子取引を駆使して「ブロック取引」と「クロッシング取引」の場を提供する業務を始めたのである。

ブロック取引とは、機関投資家が、一般の証券取引所を通さずに、このサービスを提供する証券会社を通じて、同一銘柄を一度に大量に売却または購入を相対《あいたい》で行う市場外取引のことである。クロッシング取引については、すでに本章第一節で説明した。その際、成立した契約の価格は公開されない。

一九九〇年代前半には、ＮＡＳＤＡＣ市場取引高の二〇パーセント近くはインスティネット経由の取引であったと言われている。インスティネットは、米国を中心に世界中に一五〇〇社もの顧客基盤を持ち、世界の五〇を超える取引所において取引を行っていた。同社の子会社であるチャイエックスは、一九九四年に東京支店を開設した[28]。

ＡＴＳ（ＰＴＳ）等の電子取引市場は、「ダークプール」市場と総称されるようになった。この市場に個人が参加することはほとんどない。

ダークプールを主催する主な証券としては、ゴールドマン・サックス、シグマックス、ＵＢＳ、メリルリンチ、クレディ・スイス、モルガン・スタンレー、等がある。

米国では、二〇〇六年時点では四つしかなかったプールが翌二〇〇七年には四〇も爆発的に増大した。

アルゴリズム取引を主体とするダークプールの世界では、スマホの世界におけるビッグデータ収集の手法と同じく、「プラット・フォーム」が非常に重要な場となっている。

機関投資家の注文は、その数量が市場出来高の数十パーセントにも及ぶものがあり、自らの注文情報が他の取引参加者の行動に影響を与えることで価格を大きく変動させてしまう恐れがある。そうしたこともあって、よりよい価格で取引をするためには、自らの注文情報を他の市場参加者に見せないことが必要になる。説明が重複するが、重要なことなので繰り返したい。ダークプールにおいて、注文情報の匿名性が確保されており、規模の大きい注文であっても想定外の価格変動のない取引が可能であるということが、この種の取引を増大させる最大の理由である。(29)

しかし、ブローカーとなる証券会社内で、機関投資家やヘッジファンド等の注文を取引所の外で、マッチングするサービスであるダークプールは、市場の透明性を阻害していると言わざるを得ない。

電子化が進み、取引の種類や手法が多様化する一方で、これを支える金融システムは弱すぎるのではないかとの不安が金融監督機関の間で高まっている。

とくに、米国のＳＥＣが、そうした懸念を強く持っている。これまでのＳＥＣの規則では市場取引を監督し、投資家を保護する役割を十分に果たすには限界があると見られているのである。二〇一〇年のフラッシュ・クラッシュだけでなく、その後も、ＰＴＳ市場でしばしばシステム障害が発生しているからである。

中でもＳＮＳ（ソーシャル・ネットワーキング・サービス）最大手のフェイスブックのＩＰＯ（株式新規公開）時のシステム障害は大規模なものであった。二〇一二年五月一八日、米国のＮＡＳＤＡＣ市場にフェイスブックが上場した。世界中のメディアがこのニュースを取り上げ、大変な盛り上がりようだったが、上場から一週間後には株価は三二ドル弱で公開価格を大きく下回り、五月二九日には二九ドルを割り込むなど低迷を続けた。しかも、取引開始当日にＮＡＳＤＡＣのシステム障害が発生したことも株価低迷の原因の一つであった。上場当日、取引開始が、予定より三〇分遅れ、その後の約二〇分間取引の確認処理が停止、結果的に証券会社に取引の成立が通知されるまでに二時間以上を要した。ＮＡＳＤＡＣの発表によれば、上場開始前に「ＩＰＯクロス」と呼ばれるオークション入札が行われたのだが、入札が殺到し、その入札結果で算定される上場開始時株価の計算処理において障害が引き起こされたという。

入札を締め切ってから株式の実際の公開まで十分時間が取れるなら、何の問題もなかったはずだが、実際は、入札自体は上場開始直前まで受け付けていた。高速の処理に自信を持っていたので、ＮＡＳＤＡＣ側は事態を甘く見ていた。しかし、「高速」が要求されるところに「大量」が重なり、障害が発生したのである。高速・大量処理能力には上限があることをこの出来事は明らかにした。

さらに、複数の情報システムが並立している状況下では、全体の整合性を保ち難いということも明らかになった。取引開始時にシステム障害が発生し、ただちにバックアップ・システムに切り替えられた。しかし、バックアップ・システムは短時間の情報しかカバーできなかった。その後も殺到する入札情報を処理できず、機能を二〇分間も停止し、その間の取引情報を記憶できなかったのである。バックアップがあるから安全だと簡単に言われることが多いが、実際に起こっている事態を精確にバックアップすることは至難の業なのである。(30) SECはこの市場の混乱に対し、NASDAC市場を運営するNASDACOMXに一〇〇〇万ドルの制裁金を課した。

SECは、二〇一三年三月、新しい規則「レギュレーションSCI」を策定中であると発表した。「SCI」とは、システム（S）、コンプライアンス（法令遵守）（C）、インテグリティ（整合性）（I）の頭文字を取ったものである。それは、大量の取引を扱う機関のコアとなる技術は、SECの定める基準を満たすべきだというものである。

SECは主張した。これまでの市場の混乱は、ソフトウェアの不具合に起因するケースが多いことから、システムの設計、開発、テスト、オペレーション等についてもSECが監督する。また、システムが十分な容量（記憶、演算処理能力等の）、セキュリティ対策、リスク耐性等を維持するために必要な方針と手続きを策定することや、システムが停止した事例を報告すること等も、SECは業者に義務付けた。

しかし、監督とイノベーションとの兼ね合いについては簡単に解決できるものではないとのSEC批判が多く出されている。多様化する市場参加者を対象に、高度に精度を上げ続けるシステムを監督局が細かく監督するというのは、コスト面からも実務面からも非現実的であると批判されているのである。(31) それでも、この新しい規制は、二〇一四年一一月に発足した。

ＨＦＴを批判的に描き、ＩＴ技術のロケット的急進展が及ぼす社会への深刻な影響について述べた、マイケル・ルイス（一九六〇年〜）のノンフィクションに近い小説『フラッシュ・ボーイズ』（二〇一四年刊）が、米国で大きな反響を呼んだことを見ても分かるように、ＨＦＴに対して、証券市場はかなり神経質になったままである。

米国のＨＦＴ業者、バーチュ・フィナンシャルが「創業五年半の一二三八営業日のうち、損失を出したのは一営業日だけ、それも発注ミスが原因であった」と豪語し、二〇一四年四月にＩＰＯを実施する予定であったが、同年三月三一日に発売されたルイスの小説がウォール街を震撼させたために、急遽、上場を見合わせたということからも、この小説の反響の大きさが覗える。

ＨＦＴが連戦連勝なのは、別に高度の数学が使われたからではない。人間の認識能力を司るニューロンよりも、ＨＦＴで使用されているＡＩの方が速く反応する。この一点が連勝の秘密なのである。

その証左として、東京大学工学部の石川正俊・渡辺義浩研究室で開発された「ジャンケン・ロボット」を挙げよう。このロボットは、ジャンケン・ポンの競技において、絶対に人間に負けないのである。

ジャンケンには、グー、チョキ、パーの三種類しかない。当然、人間がチョキを出そうとすれば、一瞬であるが、前もってチョキを形作る動作がある。その動作をロボットが瞬時に認識するのである。ロボットは、一ミリ秒毎に人間の手の動作を認識している。一ミリ秒後に人間に勝つ「手」をロボットが出す。完全な「後出し」ジャンケンである。しかし、ジャンケンを争う人間には後出しされたという感覚はない。人間の目の認識速度は三〇ＦＰＳ（一秒間で三〇フィート）程度なので、ロボットの後出しを認識できないのである。

同研究室がこのロボットを開発したのは、日本における労働集約的産業の復活を期しているからである。ミリ秒の早さで制御できるロボットを利用すれば、自動化が困難であったために、賃金の安い途上国に移転された労働集約的作業部門を日本に戻すことも可能になる。視覚機能も含めたロボットの高速化により、工場の立地条件を根底から変え、日本の生産現場の空洞化に歯止めを掛けることにより、日本に工場を戻すことを目標にしていると、同研究室は語っている。

同研究室では、ジャンケン・ロボットの「バージョン２」も開発した。最初の「バージョン１」では、人間の手の動きを見てからロボットが動作し、人間の目が認識できる時間よりも早くロボットが手を出す、という後出しジャンケン・ロボットであったが、バージョン２は、人間の手の準備動作がある前に人間の出す手を予測して手を出す、つまり、「先出し手」が出るように改良されたのである。(32)

バージョン１のような後出しは、金融取引の世界では「フロントラン」という。フロントランは、日本の「金融商品取引法・第三八条第一項第七号」と「金融商品取引業に関する内閣府令・第一二四条第一項第七号」によって禁止されている。

フロントランとは、証券会社等が、顧客から有価証券売買の注文を受けるや否や、顧客との取引を実現させる前に、同一銘柄を自己勘定で売買することによって、利益を得るという行為を指している。

証券会社等は、顧客から売買の注文を受けた場合には、顧客注文を優先するというルールを守ることが義務とされている。このルールに従って、証券会社等は、顧客から受けた売買の注文を実現させるように努めなければならないのである。[33]

しかし、ジャンケン・ロボットのバージョン２に組み込まれているアルゴリズムを使えば、フロントランの禁止に抵触しない。競争相手の仲介業者等がミリ秒の間、もたつくであろうと予測し、その間隙を突く取引を瞬時に実現すれば、合法的に利益を得ることができる。

ルイスの小説にもあるように、ショット・ガンのように小口注文を大量に散らして、それを撒き餌に大口の魚影が浮かぶと、ピラニアのように先回りで買い占めるといった手口でフラッシュ・ボーイズは巨利を得る。彼らにとって必要なのは正確な情報ではない。自分たちに有利になるように、市場の形を一時的に歪めることなのである。[34]

すでに述べたが、東証は、二〇一〇年一月に立会場を廃止して超高速の現物株式売買システム「アロー・ヘッド」を導入した。そして、コロケーションサービスを開始した。先述のように、少しでも処理の遅延を少なくするためである。今では、注文の六割、成約の四割がコロケーション経由で処理されていると言われている。にもかかわらず、コロケーションの契約者数や契約の内訳等の情報は明らかにされていない。すべては秘密のベールで覆われている。

日本で活躍しているＨＦＴ業者の多くは、バーチュ、ＫＣＧ、サントレーディング、クオンツラボ等、外資である。十数社あると言われているが、これら外資の業者は、日本に設置されているロボットを外国の地から遠隔操作して指令を出している。

ＨＦＴの役割を擁護する人たちは、異口同音にＨＦＴを賛美している。曰く、「超高速取引が流動性を供給する」。曰く、それが、「株価変動を緩やかにする」。曰く、「ブラック・ボックス化で人間の恣意が介入する余地がなくなり、かつてのように場立ちの囁きや、小耳に挟んだ電話情報から、フロントランやインサイダー取引に手を染める『原始的な』証券犯罪は成り立たなくなった」、云々。しかし、この種の擁護論は、所詮自己弁護論以上のものではなく、主張の是非を立証することなしに、ＨＦＴを擁護しなければならないといった結論が先にあるだけである。

おわりに

阿部重夫が断罪した。

「それでは二〇一〇年五月六日にニューヨーク・ダウ工業株三〇種平均が、一〇分で六〇〇〇ポイントも急落した『フラッシュ・クラッシュ』を説明できない。実は取引所の売買記録は秒単位しかなく、マイクロ秒単位で起きたデータがないからだ。微視的にはオベリスクのように売買の一点集中が起きても、巨視的には凪の水面としか見えず、量子力学をニュートン力学で解くにひとしい。アロー・ヘッド導入の前後を比較したＪＰＸのペーパーも同じ轍を踏んでいる」(35)。

蛇足と承知しつつあえて付言する。

阿部重夫の文章にある「オベリスク」とは、古代エジプト期の神殿に立てられた記念碑（モニュメント）の一種である。佇立している様を表した言葉である。

「量子力学」と「ニュートン力学」との違いについては、以下のように理解すればよいだろう。量子力学成立以前の物理学においては、物体の運動はニュートンの運動方程式によって説明されていた。一八世紀に産業革命が始まるとニュートン力学はただちに機械工学に応用された。量子力学は、素粒子・原子・分子などの微視的（ミクロ）な物理現象をはじめとし、生物や宇宙のようなあらゆる自然現象までも記述する学問領域である。量子力学は、機械工学の領域をはるかに超えた物質の発生を理解しようとする学問である。

「ＪＰＸのペーパー」とは、大墳剛士のレポートである。(36)

「ＪＰＸ」とは、「株式会社東京証券取引所グループ（東証グループ）」と「株式会社大阪証券取引所（大証）」が、二〇一三年一月一日で統合されて成立した（日本取引所グループ＝ジャパン・エクスチェンジ・グループ）のことである。

本章を閉じるに当たって自戒の念も表明しておきたい。

人は得てして、容易に理解できない新しい技術の価値を十分に吟味せずに否定しがちである。二〇〇九年の規制論議では、フラッシュ・オーダーという特殊な制度の問題点をＨＦＴ一般に拡張し、誤解に満ちた批判を繰り広げたという大崎貞和の苦言(37)を素直に噛みしめておきたい。

しかし、だからと言って、新しい技術がもたらす、人類史における未経験な世界を無邪気に擁護することは危険である。新しい技術の正確な理解に一歩でも近付くためにも、技術の持つ怖さについては十分に考慮しておくべきだというのが本書のテーマである。

第10章　サイバー空間と情報戦

はじめに

ビッグデータを単純に大量の統計データと考えてはいけない。その入手には、政治的な思惑・ソチがある。この点を本章は重視している。

二〇一五年七月三一日、内部告発サイトのウィキリークスが、ＮＳＡ（米国家安全保障局）による盗聴を再び非難した。ＮＳＡが、少なくとも、二〇〇六年頃から、日本の内閣、日本銀行、財務省などの幹部の盗聴をしていたとして、このサイトで米政府の関連文書を公開した。ＮＳＡによる盗聴には日本の貿易や経済活動に関わるやり取りなどが含まれていたという。公開したのは米国が盗聴していた三五の電話番号のリストと、盗聴内容をまとめた五つの報告書の一部。盗聴していた時期は遅くとも二〇〇六年からの第一次安倍内閣までさかのぼるという。

一部の盗聴内容については米国が「ファイブ・アイズ（五つの目）」と呼ぶ情報収集活動などで協力するオーストラリア、カナダ、英国、ニュージーランドの当局と共有していたという。文書によると、農産物の輸入に関わる日本側の立場、二〇〇一年に始まった多角的通商交渉（ドーハ・ラウンド）をめぐる議論、気候変動や原子力エネルギー、二酸化炭素排出量の政府決定等々が含まれている[1]。

国家のものであれ、民間のものであれ、世界の暗号のほとんどが米国情報機関によって盗聴され、解読されていたことを、エドワード・スノーデン（一九八三年～）が世界に暴露したのが二〇一三年六月のことであった。その衝撃は大きく、「スノーデン・ショック」と呼ばれている。そのせいで、暗号技術の向上に携わるすべての機関・個人は、今や、パニックに陥っている。

スノーデン・ショック以後、国家機関を巻き込んだサイバー攻撃は激しさを増す一方である。二〇一五年六月以降、中国やロシアのハッカーが、米国など西側諸国のシステムに侵入していることが確認され、米国が躍起になって反撃に乗り出している。各国政府とも公には認めていないが、最近になって、冷戦期を思わせるスパイ活動が激しさを増している。

米陸軍は二〇一五年六月一〇日、マイクロソフトなどのソフトウェアにある「未知の弱点のリストを提供できる企業」を公募した。未知の弱点を突いて侵入するのはハッカーの典型的な手口だからである。

同じ日、ロシアのセキュリティ企業、カスペルスキー研究所は、米欧六か国がイランの核問題を協議する会場となっていた三か所のヨーロッパのホテルでスパイ活動があったことを確認したと報告した。使われたウィルスは、米国とイスラエルが共同開発したウィルス「スタックスネット」と技術的な共通点があるものとされた。

米国は、テロ捜査の名目で、企業や個人が使う暗号を米政府が解読できるように、特別な「抜け穴」を設けることをIT企業に要請した。

一方、二〇一四年末には、米国務省やホワイトハウスにロシアのハッカーが侵入したほか、中国人民解放軍幹部が米社の機密情報を、朝鮮（共和国）がソニー米子会社の情報を盗むなど攻撃が相次ぎ、オバマ大統領は二〇一五年四月に「国家の非常事態」を宣言した。二〇一五年六月四日に発覚した米連邦政府職員四〇〇万人分の個人情報の漏洩は、中国の犯行とみて、米当局が捜査を始めた。

本章では、米国の錚々たるIT企業が米国の諜報作戦に協力させられている怖さを説明する。

1　「スノーデン・ショック」

二〇一五年六月一四日、英紙『サンデー・タイムズ』は、エドワード・スノーデンが持ち出した機密文書を中国・ロシアが入手し、暗号を解読できる状態になったと報じた。米英の情報機関職員に危険が及ぶ可能性があり、英国は急遽、職員を撤収させたという。スノーデンは米当局の訴追を受け、二〇一三年六月からロシアに政治亡命している。

独メディアは、二〇一五年六月一一日、ドイツの連邦議会（下院）が五月からロシアの情報機関によると見られるサイバー攻撃を受け、復旧できない状態だと報じた。メルケル首相の事務所のパソコンもウィルスに感染していた。

同年六月に生じた日本年金機構の約一二五万件の年金情報流出は、中国語の簡体字の情報を含むウィルスが使われたという。同種のウィルスは多くの日本企業で見つかっており、中国の関与を怪しむ見方が強い(2)。

ＥＵの首脳や企業を対象にした米国家安全保障局（ＮＳＡ）のスパイ活動に、長年、ドイツの情報機関、連邦情報局（ＢＮＤ）が協力してきたのではないかとの疑惑も生じている。

二〇〇一年の米同時多発テロの直後から、対テロ活動の一環としてＮＳＡが監視相手の電話番号など膨大なデータを提供、ＢＮＤが通信傍受などで情報を収集していたという。

二〇一三年一〇月には、ＮＳＡによるメルケル首相の携帯電話への盗聴疑惑が発覚、さらに、一四年七月には、米国に機密文書を売った「二重スパイ」の疑いで、ＢＮＤの職員が捜査当局に逮捕されている。

ＢＮＤの前身は、ゲーレン機関と呼ばれていたものである。第二次大戦中、対ソ戦のために、ドイツ陸軍参謀本部のラインハルト・ゲーレン将軍（一九〇二〜七九年）が組織した秘密情報機関がそれである。戦後、米ソ対立が激化する中で、この地域に自前の情報網をほとんど持たなかった米軍は、この組織を残存させ、資金を提供して対ソ情報機関に育て上げた。同機関は米軍からＣＩＡの管轄に移り、西独が一九五五年に主権を回復した後、五六年四月に西独連邦政府に移管され、ＢＮＤとして発足した。

米独の機関は依然として冷戦時の関係を保ったままで、現政権が望まない活動を続けてきた可能性がある。(3)

さらに、米外交公電を暴露した前述のウィキリークスは、二〇一五年六月二三日、NSAがフランスのオランド大統領（一九五四年〜）ら歴代三人の大統領を含む政権幹部に対してスパイ活動をしていたとする文書を公表した。スパイ活動は少なくとも二〇〇六年から始まり、二〇一二年五月のオランド大統領就任直後まで続いたという。対象はシラク（一九三二年〜）、サルコジ（一九五五年〜）、オランドの三人の大統領のほか閣僚や駐米大使を含む。文書は大統領らの携帯電話番号の一部を載せたほか、NSAが傍受していたとする大統領の秘密会議の内容を公開した。(4)

世界最強の情報組織の最高機密（米国家安全保障局＝NSAの機密）を大量に暴露したエドワード・スノーデンは、左翼思想の持ち主ではない。米国の共和党の中でも超保守のリバタリアンであるロン・ポール（ロナルド・ポール、一九三五年〜、共和党の超保守主義的下院議員、二〇一三年議員引退）の熱烈な支持者であった。

すでに触れたが、リバタリアンとは、個人的な自由、経済的な自由の双方を重視する、自由主義的政治思想の持ち主たちを指す。リバタリアンは、他者の身体や正当に所有された物質的財産に物理的な強制やその脅迫を開始しないかぎり、各人には自らが望むすべてのことを行う自由があると主張する。また国家や政府は本質上、必然的に個人の正当な私的所有権を侵害する巨大な犯罪組織であり、したがって、究極的には完全に廃止されるべきであるとする。

スノーデンの立ち位置もここにある。この点において、リバタリアンと次章で説明する「サイファー・パンク」とは根底において通じている。

スノーデンの告発によれば、NSAは、何百万人もの米国市民から電話の通話記録、Eメールの件名などを、秘密に摑んでいる。さらに、NSAは、グーグル、マイクロソフト、フェイスブック、アップル等々のシリコンバレーの有力企業に個人情報提供を要請していたという（ハーディング『スノーデンファイル』一六頁）。インターネットの情報も、NSAに筒抜けであった。戦慄すべきことは、単なる生情報だけでなく暗号化された通信文までもが、NSAによって解読されていたという点にある。

NSAが収集する情報は、通信、電磁波等の信号情報であり、そうした情報収集活動は「シギント」と呼ばれている。シギントとは、「シグナル・インテリジェンス」の合成語で、信号情報を媒介とした諜報活動のことである。

収集される情報は、国外の人物や機関に限定されているというのがNSAの建前であるが、スノーデンの暴露は、そうした建前など嘘であることを示した。NSAはあらゆる人、あらゆる場所から、あらゆる情報を収集し、それを無期限に保持している。

スノーデンは、NSAから情報を盗み出して国外に逃亡した。米当局は、スノーデンのパスポートを無効にし、彼をスパイ罪に問い、彼の逃亡先政府に身柄の引き渡しを要請した。

デルの契約社員としてCIAに採用され、さらにNSAに派遣されてハワイで諜報活動に従事していた彼は、二〇一二年一二月には、ジャーナリストとの接触方法を真剣に模索するようになっていた。しかし、有能な記者と連絡する手段としてのEメールを、本名を明かして、送ればただちに自分の存在がNSAにばれてしまう。いわんや情報を渡すために、無防備に記者と直接合えば、ただちに当局に拘束されてしまう（同、五三頁）。

ハワイでの勤務中に彼は、「ステラ・ウィンド」（恒星風＝恒星から放出される帯電粒子の流れ）と名付けられたNSAの盗聴プログラムの存在を知り、そのレポートを入手できた。それは、二〇〇一年九月一一日事件以降、G・W・ブッシュ政権がいかに違法な盗聴活動を行ってきたかを示す資料であった。何百万人もの米国人の交信内容が秘密裏に集められていた。このレポートは二〇〇九年に書かれた五一ページにおよぶものであった（同、五四頁）。

スノーデンの告発の前にも、ステラ・ウィンドの存在を暴露しようとしていたNSA職員がいた。ウィリアム・ビニー（一九八一年〜）である。彼は、NSAで暗号解読に従事していた数学者であったが[5]、告発をする危険性がある人物として、二〇〇一年一〇月三〇日に辞任に追い込まれた[6]。

そのビニーが二〇一二年一二月四日に、『アクティビスト・ポスト』というウェブサイトで以下のことを語った。

NSAは、同一の個人データを何年にもわたって収集し、そのデータの蓄積により、その人の全人生を浮かび上がらせることができる。NSAは、百年分に相当する電子情報を保管する要塞をユタ州のブラフデールに保有している。この要塞には、個人の電子メール、携帯電話、グーグル検索履歴、旅行に関するデータ、車のパーキングの受領書、書籍購入のデータ等々、コミュニケーション上のあらゆる形式のデータが保管されている。以上のことを彼は外部に告発したが、彼は証拠物件を保持していなかったので、内部告発のインパクトはほとんどなかった。

スノーデンは違った。彼がもたらした情報は歴史上最高のものであった。

有力新聞に情報を提供したいスノーデンは、あらゆる信号情報によって、居所が把握される危険性があることを熟知していた。そのために、情報提供の手段について彼は悩んでいた。最終的には、『ガーディアン』紙の敏腕記者、グレン・グリーンウォルド（一九六七年〜）との接触に成功したのであるが、スノーデンの発した信号は暗号化されなければならず、それを解読するための鍵をグリーンウォルドに知らせることが難しかった。

グリーンウォルドの『自由と正義』（二〇一一年）は、権力を持つ者は、法を犯してもおとがめなしなのに、持たない者はすぐさま罰せられるという米国の司法制度の二重基準を告発したものである。二〇一二年八月に彼は『ガーディアン』紙のコラムニストになっていた。その彼に、スノーデンは、二〇一二年一二月から匿名でEメールを出すようになった。内容は、グリーンウォルドに「ＰＧＰ」（プリティ・グッド・プライバシーの頭文字を取った呼び名）という暗号化ソフトをインストールして欲しいというものであった。

ＰＧＰについて説明しておこう。最初のＰＧＰは、一九九一年に開発者のフィリップ・ジマーマン・ジュニア（一九五四年〜）によって公開された。しかし、公開鍵（次章で述べる）に米国のＲＳＡ

データ・セキュリティ社が特許を持つRSAを無断で採用したために、同社からの警告を受けて、PGPの配布を取り止めた。当時の米国では、暗号技術は核技術並の機密事項であり、国外流出は厳しく規制されていた。FBIはジマーマンを米国の暗号輸出規制への違反容疑で司法当局に召喚した。

PGP自体は、改良を続けられていたが、米国からの合法的な持ち出しはできなかった。そこで、ジマーマンは、「PGP5・0」のソースコードを書籍にして出版するという対抗措置を取った。全一二巻、六〇〇〇ページ以上というこの書籍の出版は、米国憲法により認められた「権利」であり、何人《なんぴと》もこれを侵すことはできない。これにより、米国の捜査当局は暗号解読の鍵の国外流出を食い止めることができなくなってしまった。ジマーマンは、不起訴となり、PGP暗号輸出が事実上、果たされることになった。PGP5・0ソースコードはヨーロッパでOCRにて読み取られ、初の合法的インターナショナル版「PGP5・0・i」が誕生した。最終的には、米政府は、一九九九年一二月に輸出規制を解除し、米国版PGPとヨーロッパ版PGPは統一されて、国際標準となった（PGP6・5・1)。米国のRSA特許も二〇〇〇年九月二〇日に期限が切れた。

スノーデンに戻る。

結局、グリーンウォルドはPGPをダウンロードせず、スノーデンが試みたEメールによるグリーンウォルドとの直接のコンタクトはできなかった。

次にスノーデンは、二〇一三年一月末、ローラ・ポイトラス（一九六四年〜）に匿名でEメールを送った。ポイトラスは、ドキュメンタリー映画作家で、グリーンウォルドの友人で監視国家米国の強烈な批判者であった（ハーディング前掲書、七一頁）。彼女は、自身の暗号化鍵を持っていた。スノーデンから暗号化鍵を尋ねられたポイトラスは、鍵を教えた上で、二人の間の通信は安全であることをスノーデンに納得させた（同、七四頁）。スノーデンは、彼女にメールをする場所を転々と変えた。自宅からは絶対に発信しなかった。安全な送信場所を見付けることは容易ではなかった。

スノーデンは、彼女にグリーンウォルドを誘ってくれるように依頼した。デジタル・メディアを使わずにグリーンウォルドとの連絡に成功した彼女は、彼にスノーデンのメールを見せた。スノーデンが彼女よりも先に彼にコンタクトを取ろうとしていたことを彼女は知った。そこで、両者は、スノーデンが本物の内部告発者であることを認識した（同、七七頁）。そして、『ガーディアン』紙の大スクープが成立したのである。

2　スパイマシーンになったインターネット会社

インターネットが世界史上最大のスパイマシーンになってしまっていることを、世界に知らしめたのがスノーデンである。

二〇一一年一〇月発足のステラ・ウィンドに、米国の主要な電話会社やプロバイダーは、当初よりＮＳＡに協力していた。翌月から彼らは、米国内からの通話とインターネットの「メタデータ」をＮＳＡに提供し始めたという（同、九三頁）。メタデータとは、データについてのデータ、つまり、本体のデータそのものではなく、そのデータに関連する情報のことである。データの作成日時や作成者、データ形式、タイトル、注釈などである。メタデータは、データを効率的に管理したり検索したりするために重要な情報である。文書や画像などを保存するファイル形式の多くは、ファイルの先頭にメタデータを格納し、続いてデータ本体を格納するようにできている。

企業パートナー三社が管理運営している通信インフラは、米国を経由する国際通話の八一パーセントをカバーしていると言われている（同、九三頁）。通信会社に、NSAの企業パートナーとして振舞うことを促したのは、G・W・ブッシュ大統領が二〇〇一年一〇月二六日に署名、発効した「米国愛国者法」（通称）である。この法律は、その頭文字をとって、「愛国法（USA PATRIOT ACT）」と称されているが、正式には長ったらしい名前の法律である。邦訳すれば、「テロリズムを中止・妨害するのに必要な適切な手段を提供することによって、米国を団結させ、強くするための二〇〇一年の法律（**U**niting and **S**trengthening **A**merica by **P**roviding **A**ppropriate **T**ools **R**equired to **I**ntercept and **O**bstruct **T**errorism Act of 2001）」である。

「適切な手段」として情報の傍受に重要な役割を担わすべきであるというこの法律を、二〇一一年、オバマ大統領はさらに強化すべく、テロリズムの定義を拡大し、テロに関与しそうな疑わしい人物の拘束・国外追放を可能にした。スノーデンはこれに激怒していたのである。

NSAの情報収集に積極的に協力した通信会社はけっして刑事責任を問われないし、金銭的損失も被らないという法律（FISA改正法＝FAA）も、二〇〇八年七月、G・W・ブッシュ政権の下で成立した（同、九八頁）。

米国には、一九七八年に成立した「外国情報監視法」（ＦＩＳＡ）がある。外国の情報活動を監視するための手続きを定めた法律である。情報収集活動を米国の情報機関が行うためには、外国情報活動監視裁判所（ＦＩＳＣ）からの令状が必要であるという情報収集に際しての歯止めが当初は掛けられていたが、幾度も改正され、ついにブッシュ政権は、ＦＡＡで、令状なしの通信傍受を合法化し、それ以前には違法であった、政府による令状なしの盗聴に協力した通信会社に対する遡及的免責も認めることになったのである。

ＦＡＡ成立に反対していた多くの民主党議員の中にあって、バラク・オバマ上院議員は賛成票を投じた。彼は、イリノイ州選出の一期目の上院議員で憲法学者でもあった。

オバマは、二〇〇七年時点では、街頭演説で次のように訴えていた。

米国民への違法な盗聴はしない。犯罪の嫌疑がない米国民をスパイの嫌疑でＮＳＡによる招集はしない。誤った戦争に抗議するだけの市民を圧迫することはしない。不都合になったとして法律を無視することはしない、と。しかし、二〇〇八年七月九日、民主党の大統領候補指名が確定するや否や、オバマは、賛成に鞍替えしたのである（同、九九頁）。

スノーデンが持ち出した重要な資料の中に、ＦＩＳＡ裁判所による二〇一三年四月二五日付の文書があった。それは、米国最大級の通信プロバイダーであるベライゾンに対して、何百万という顧客の通話記録をＮＳＡに提出せよと命じたものであった。ＮＳＡがテロリストという限定を外して無差別に米国市民の情報をプロバイダーを通じて集めていることの証拠であった。同文書は、ベライゾンの電話のメタデータを九〇日間にわたって吸い上げる無制限の権限を政府に与えていたのである（同、一二二頁）。

米国政府関係者との緊迫したやり取りの後、ついに、『ガーディアン』は、二〇一三年六月五日、ベライゾンの件を報じた。

『ガーディアン』は、追い打ちを掛けるように、翌六日にもPRISM（傍受プログラム）のことを公表した。[7] 翌七日、二〇一二年一〇月付の大統領政策令（民間IT企業に情報提供を要請）を公表した。八日にも『ガーディアン』は「バウンドレス・インフォーマント」の存在を公表した。バウンドレス・インフォーマントとは、無限の情報提供者を意味し、NSAがインターネットや電話回線を傍受して得たメタデータの量を国ごとに表示し、分析するためのソフトウェアである。

スノーデンが持ち出した情報は、機密指定されたものばかりで、過去に漏洩された文書とは比べものにならないほど膨大・かつ貴重なものであった。これら超弩級の情報をスノーデンはメモリーカードに収納し、非常に多くのパスワードで暗号化した。ファイルにアクセスできるパスワードを知り得る外部の人間はゼロであった（同、一四四頁）。

現在のNSAは、iPhoneをハッキングする技術をすでに開発済みであるという。難攻不落のデバイスとしてホワイトハウスが重用してきた「ブラックベリー」もNSAは容易にターゲットにしてきた。写真からボイスメールまで、NSAは何でも盗み出せる。フェイスブックも、グーグルも、ヤフーに対しても、NSAはハッキングできる。ターゲットが、いつ、どこにいたのかを知る地理データも持っている。全世界の携帯電話利用者の位置情報が一日に何十億件と集められる。それを利用して、NSAはターゲットの交友関係も知ることができる。

スノーデンがリークしたPRISMの機能を説明した四一枚のパワーポイント資料によると、PRISMに最初にデータ提供に協力したのはマイクロソフトで、その日付は二〇〇七年九月一一日であった。ヤフーが〇八年三月、グーグルが〇九年一月、フェイスブックが〇九年六月、パルトークが〇九年一二月、ユーチューブが一〇年九月、スカイプが一一年二月、AOLが一一年一〇月に、それぞれ協力している。アップルは、大手では最後に同意した会社で、マイクロソフトに遅れること五年であった。同意したのは、一二年一〇月である。これはジョブズが亡くなった一一年一〇月五日から、ちょうど一年後であった。NSAは、データを、サービスプロバイダー九社のサーバから直接得ているのである（同、一九四〜九五頁）。

個人がオンラインショッピングで買い物をするために、相手先のウェブサイトを開き、注文した際に作り出されるデータは「フロントエンド」と呼ばれる。しかし、相手は、注文のやり取りの記録だけでなく、個人が入力したあらゆるデータを記録し分析する。最初のフロントエンドを加工し、類型化したものが「バックエンド」である。情報収集の重要性はこのバックエンドにある。

企業は常に、これらバックエンドを分析していて、これをサーバに蓄積し、保存している。NSAは、PRISMに参加している「NSAパートナー」に直接アクセスし、膨大なバックエンドを入手できる。これに対して、IT企業は抗議するどころか、素直にNSAの直接アクセスを認めているというのがスノーデンの告発であった（同、一九五頁）。

PRISMの情報からNSAの分析官が監視されるべきターゲットを特定する。そのターゲット情報は解析ツールに掛けられて分類され、分析される。こうした分析過程を経なくても、Eメールに関しては、そのままNSAに通知される。個人がPCを起動させるだけで情報がNSA手元に集積される。米国当局が収集する情報の七つに一つはPRISM経由のものであり、PRISMは、二〇一三年四月五日時点で、一一万七六七五人の監視ターゲットが登録され、その多くがオバマ大統領の下に届けられていたという（同、一九六〜九七頁）。

インターネット情報で米国を通過しないものはほとんどない。すべては米国情報機関が盗聴できる（同、一九九頁）。

おわりに

過去も、現在も、暗号解読は、情報機関の専門領域である。第一次世界大戦後の一九一九年、英国は「GC&CS」という名の政府暗号学校を開設した。同機関は、第二次世界大戦中の一九四〇年、ドイツ軍の「エニグマ暗号」通信を数多く解読して成功を収めた。

エニグマ暗号は絶対に敵に解読されないものとして最強を誇っていた。これを解読したのがコンピュータの原型を作った数学者のアラン・チューリング（一九一二〜五四年）であった。暗号解読によって英国は勝利したが、解読者としての栄誉を受けるはずのチューリングは、その栄誉を死後二〇年まで秘密にされたままであった。

同機関は一九四六年に改組された。改組時の解読従事者は一万人を超えていたという。

しかし、一九七〇年代になると暗号解読は政府の専管事項ではなくなった。先述のPGPなどの暗号化ソフトが民間に出回るようになったからである。

二〇〇〇年を過ぎる頃にはオンラインコミュニケーションで暗号化が使われるのは当たり前のことになった。これは、次章で解説するが、「サイファー・パンク」の功績であった。民間の暗号化技術に対して、NSAはますます対抗策を強化した。最初は、NSAは手詰まりであった。

しかし、二〇一〇年になると、「ブルラン」と「エッジヒル」により暗号解読技術が飛躍的に進んだ(8)。ブルランとは米国の暗号解読プログラム、エッジヒルとは英国のプログラムである。このプログラムによって、NSAは、民間が使う暗号化ソフトに平然と遠隔操作して情報を盗み出す鍵（トラップドア）を仕込んだのである。

ブルランの成功によって、NSAはインターネットで駆使されている暗号技術を簡単に破ることができるようになり、これまで棄てていた暗号化されたデータを十分に利用できるようになった（同、一〇七頁）。それこそ、ビッグデータの活用によるものであった。企業が開発して売られるソフトには必ずと言ってよいほど「バックドア」がNSAの命令で仕掛けられている。

バックドアとは、「裏口」のことで、正規の手続きを踏まずに内部に入ることが可能な侵入口を指している。本来はＩＤやパスワードを使って使用権を確認するコンピュータの機能を、無許可で利用するために、コンピュータ内に（他人に知られることなく）設けられた通信接続の機能がバックドアである。バックドアには、設計・開発段階で盛り込まれるものや、セキュリティホール（システム上の盲点）を使って送り込まれたものもある。プログラムの開発者が意図的にプログラムに組み込んだバックドアを持つソフトウェア製品や、それを含んだハードウェア製品が販売されてしまうことがある。これが、バックドアの中で比較的多い。

ブルランは、米国内外のＩＴ業界を積極的に巻き込んで、彼らの商品設計に影響を与え、これを土台として公然と活動すると、スノーデンが暴露したレポートでは説明されていた。このレポートによると暗号化されているはずの通信内容が解読されていることを一般市民には知らされていなかった（同、二〇八頁）。

「テクノロジーの進歩がインターネットやメールを生み出し、同時にハッキング、大がかりな通信傍受を可能にした。法的・道徳的に疑問視されようとも、技術的にやれることはやってしまう。……何ごとにつけ、やらねばならないからするのと、やれるからするのとでは、結構意味合いが違う」（三木俊哉『スノーデンファイル』訳者あとがき、三三一〜三三二頁）。

第11章　ビットコインの可能性

はじめに

一九七〇年代までは暗号技術は、もっぱら軍や諜報機関が秘密に利用するものであった。しかし七〇年代に入って、二つの技術が公表されたことで状況が一変した。これによって、民間も暗号化技術の向上に取り組むようになったのである。

その技術の一つは「データ暗号化標準」(DES)である。これは、米政府によって公表された。これは「ブロック暗号」の技術を踏まえたもので、[1] 後に非常に多く使われるようになった。もう一つの技術は、「公開鍵暗号」[2] で、一九七六年にホイットフィールド・ディフィー(一九四四年〜)とマーティン・ヘルマン(一九四五年〜)によって初めて公開された方式である。

「サイファー・パンク」と呼ばれる一群の人たちがいる。「サイファー」は、暗号のことであり、

「パンク」は、対抗文化を追い求める集団のことである。したがって、サイファー・パンクとは、社会や政治を変化させる手段として強力な暗号技術の広範囲な利用を推進する活動家集団を指す。

彼らは、独自の「サイファー・パンク・メーリングリスト」（後述）に参加しているグループ間の対話を通じて、暗号技術の積極的な利用によるプライバシーとセキュリティの確保を狙い、一九八〇年代の終わり頃から活発な運動を展開していた。

1　サイファー・パンク

現在、注目されている仮想通貨の「ビットコイン」の開発者たちは、総じてサイファー・パンクに属する人たちである。とくに、デーヴィッド・チャウム（一九五五年〜）の匿名性を前提にした取引システムの思想は、ビットコインの原型をなしていた。ビットコインの開発者たちは、政府や世界の銀行システムの縛りから離脱して、権力による干渉に対し、常に不可侵でいられる、分散型で自律的なシステムを構築しようとしている。したがって、ビットコインの設計思想には、反権力の姿勢が濃厚に付きまとっている。

サイファー・パンクという発想は、このデーヴィッド・チャウムの論文を起源としている（チャウム「身元不明のまま安全性を得る」一九八五年）。彼は、「ビッグブラザー」の監視から逃れるために匿名性を保持し、しかも安全が保たれる取引方法を説いたのである。(3)

一九九二年末、ジョン・ギルモア（一九五五年〜）が、サンフランシスコにある自社の「シグナスソリューションズ」にエリック・ヒューズ（一九四六年〜）、ティモシー・C・メイ（一九六二年〜）と会合を持ち、以後、定期的に集まることになった。このメンバーが、後に、ジュード・ミルホン（一九三九〜二〇〇三年）によって、サイファー・パンクと名付けられた。彼らは、メーリングリスト(4)を通じて、数学・暗号学・計算機科学などの技術的な議論、政治および哲学的議論を交わしていた。メーリングリストへの参加者は個人のプライバシーや自由を何よりも優先していた。エリック・ヒューズは、一九九三年に「サイファー・パンク宣言」という檄文をネットに載せた。以下、要約する。

電子時代の開かれた社会では、プライバシーが重要である。プライバシーとは世界中に自己のことが無防備に何もかも知られることを望まない、世界に知らせる必要があれば、自己に関する項目を選択できる力のことである。

開かれた社会では、プライバシーを護りながら、自由に発言できることが重要である。発言の自由が制限されることがあってはならない。

雑誌の購入時、現金のやり取り以外に、私たちのプライバシーが暴かれるようなことがあってはならない。メールを送受信する際にも、メール内容がプロバイダーに知られるようなことがあってはならない。それゆえに、開かれた社会における取引は匿名性を原則とする。現在までのところ、このような匿名性を保障するものは現金取引だけであった。取引に身分証明を必要としないで個人のプライバシーを護ることが重要なのである。

開かれた社会には暗号文が必要である。私が何かを伝えたいとき、私が意図した人にだけ伝わるようにしたい。私の話が世界中に知られてしまえば、私にはプライバシーがなくなってしまうことになる。

暗号化がプライバシーを護る。強力な暗号技術が必要であると同時に、電子署名方法も確立されなければならない。政府、企業、他の顔の見えない大きな組織が、自らの利益を損なってまで私たちのプライバシーを護ってくれると期待すべきではない。彼らは、自分たちの利益だけを考えて人を話題に載せる。このような類いの話題にされることを私たちは拒否しよう。情報は冷酷である。情報はあらゆる空間に入り込む。情報は噂に尾ひれを付けさせる。情報は浮遊する。

私たちは、匿名性によりプライバシーの確保に努めなければならない。過去幾世紀も私たちはあらゆる手段を用いてプライバシーを護ろうとしてきた。しかし、電子情報社会ではそれは至難のことである。

私たちサイファー・パンクは、匿名性システムを構築しようとしている。それには、暗号化、匿名のメール、電子署名、電子マネーのシステム創りが必要である。私たちは、開発したシステムのコードを、世界中に配布する。世界中にそのコードが広まってしまえば、もはや権力が、それを根絶やしにすることはできなくなる。

プライバシーの権利を世界中に普及させることは、一種の社会契約である。人々は共通の善のために協同しなければならない。　一九九三年三月九日。

ビットコインの発想の原型がこの宣言にあることが見て取れるであろう。

2　ビットコイン

ビットコインは、今のところ、おおむね、否定的・懐疑的に受け取られている。この通貨が責任ある主体によって、発行・管理されていないというのが、その主な理由であろう。

二〇一三年一二月五日、中国人民銀行が、金融機関に対して、ビットコインの使用を禁止したのはその一例である。

二〇一四年二月一〇日、ビットコインの大手両替業者の「Mt.Gox」（マウントゴックス）がハッカーによる大規模なサイバー攻撃を受け、引き出し停止を余儀なくされたと報道された。

その三日後、薬物販売サイトの「シルクロード2・0」がハッキングされ、二七〇万ドル相当（当時の価値）のビットコインが盗み出された。

ただし、マウントゴックスの盗難事件の真相は今のところ不明である。ビットコインの取引所マウントゴックスで大量のビットコインが消失したとされる問題で、経営破綻した運営会社の社長（当時、三〇歳）がシステムを不正操作し、架空口座のコイン残高を水増しした疑いがあるとして、警視庁が私電磁的記録不正作出・同供用容疑で二〇一五年八月一日、書類送検した。捜査関係者によると社長は顧客から買い注文を受けると架空口座から顧客の口座にコイン残高を移し、預かり金を流用したという疑いが掛けられている。

社長側は、それまで、経営破綻時の記者会見などで、顧客口座などにあった約六五万ビットコイン（二〇一五年七月三〇日時点のレートで約二三〇億円）が消失し、外部からのサイバー攻撃が原因の可能性が高いと説明してきた。しかし、消えたとされるビットコインの一部は架空のものだった可能性が高いという。

ビットコインの利用者は世界中で増え続けているが、一方で取引所がサイバー攻撃を受けてコインが消えたり、資金洗浄（マネーロンダリング）に悪用されたりする例も相次いでいる。捜査関係者は「取引の安全性を確保する仕組みが普及に追いついていない」と指摘する。

それでも、海外で経済危機の際に資金の避難先として使われ、利用が拡大している。コインと現金を交換する取引所や、支払いに使える店舗も増えた。

デロイトトーマツコンサルティングによると、ビットコインの口座に当たる「ウォレット」は、二〇一五年五月末には世界で約三五〇万件。二〇一四年二月のマウントゴックス破綻後に約二二〇万件増えた。一日当たりの取引は九万六〇〇〇件という。

ただ、二〇一四年三月にカナダの取引所がサイバー攻撃を受けて閉鎖したほか、スロベニアの取引所も二〇一五年一月、約五〇〇万ドル相当のコインが盗まれたと発表した。

警視庁が二〇一五年五月に覚せい剤取締法違反（営利目的輸入）容疑で逮捕した男は、密輸代金をビットコインで支払っていた。資金の流れを不透明にする狙いがあったと見られる。

日米欧に中印などを加えた国際機関、金融活動作業部会（ＦＡＴＦ）は二〇一五年六月に「仮想通貨は資金洗浄のリスクがある」などとする報告書をまとめている[5]。

だが、ハッカーによるコイン窃盗であれ、取引所の不正であれ、ビットコインの革命的意義はいささかも低下しない。中国当局が、この通貨を金融機関に対して禁止したことの意味は大きい。この通貨が、中国からの資本逃避に使用されることを当局が恐れた措置であると見なせるからである。ビットコインに価値がないと当局が判断するのであれば、使用することの危険性を警告するだけでよいはずである。わざわざ金融機関にその使用を禁止するまでもないことである。現実に中国当局がビットコインに通貨上の価値を意識したからこそ、禁止したのであると考えられる。

ウェブブラウザの「モザイク」を発明したマーク・アンドリーセン（一九七一年〜）というＩＴ専門家がいる。

彼は、イリノイ大学の「国立スーパーコンピュータ応用研究所」（ＮＣＳＡ）に在籍中にモザイクを開発し、その事実を一九九三年に公表した。しかし、ＮＣＳＡがモザイクの権利を主張したために、実業家のジム・クラーク（一九四四年〜）の資金援助を得て、クラークと共同でモザイク・コミュニケーションズを設立した（後にネットスケープ・コミュニケーションズに社名変更）。そして、「ネットスケープ・ナビゲータ」というブラウザを開発した。このソフトウェアは高い評判を取り、一九九五年に、株式公開（ＩＰＯ）を果たして、彼は巨万の富を得た。まだ二三歳の若者が一夜にして大富豪となり、「レンタカーを借りられる年齢になる前に億万長者になった」とも言われた。

しかし、その後、マイクロソフトの「インターネット・エクスプローラー」に追い上げられて業績が悪化し、一九九八年に「ＡＯＬ」に買収された。このことについては、すでに触れた。彼は、短期間、同社の最高技術責任者（ＣＴＯ）に就いたが、一九九九年に退社し、今度はラウドクラウドを設立した。この会社は、ウェブサイトの管理サービスを提供するものであったが、二〇〇一年にＩＰＯを実施、二〇〇二年には管理サービスを「ＥＤＳ」社に売却、ソフトウェアの開発・販売に事業転換し、二〇〇三年にオプスウェアと社名変更後、二〇〇七年、ヒューレット・パッカード（ＨＰ）に一六億ドルで売却、彼は、ＨＰの重役となった。

さらに、二〇〇九年、ベン・ホロウィッツ（一九六六年〜）とともに、ベンチャーキャピタルのアンドリーセン・ホロウィッツを設立した。これは、もっとも有力なベンチャーキャピタルの一つである。

このように、アンドリーセンは、新しい技術でベンチャービジネスを立ち上げ、それが成功したのち、ＩＰＯ（新規公開株）で富を掴み、さらにそれを売却して、富と投資資金を得、そして、また新しい技術でベンチャーを設立し、ＩＰＯと企業の売却を繰り返すという、ＩＴ技術者の理想を体現した人である。

シリコンバレーにおける典型的な成功者であり、カネを求めてIT産業を食い物にしているとの誹りを受けかねないアンドリーセンなのに、彼は、対抗文化の一翼を担うサイファー・パンクなのである。ビル・ゲイツ（一九五五年～）のように、シリコンバレーでの成功者たちは、巨万の富を獲得したことの後ろめたさを隠すために対抗文化の担い手として自己表現している可能性は否定できない。しかし、それは、清貧の思想のない米国における民衆文化の一つの特徴である。

アンドリーセンのビットコイン論を見よう。

彼が、『ニューヨーク・タイムズ』（二〇一四年一月二一日付）に「ビットコインはなぜ重要か？」という文を寄稿している（アンドリーセン「なぜビットコインは重要か？」）。以下、それを箇条書き的に紹介する。

①ビットコインは画期的な発明である。それは、世界の多くの研究家たちによる、四〇年もの暗号学の研究と、暗号型の通貨に関する二〇年の研究の成果である。

②ビットコインは、コンピュータ・サイエンスの世界に存在した「ビザンチンの将軍問題」（一般にB・G・Pと称されている）を初めて実践的に解決した。ビザンチン帝国の将軍たちが占領地を慰撫するに当たって、広範囲に散らばっている将軍たちとの合意を取ることは難しい。伝令の錯綜を阻止することも難しい。伝令の内容に瞬時に従わすことも難しい。どうすれば、遠隔地にいる将軍たちの意思を統一させることができるのか？　これが「将軍問題」である。インターネットの参

加者は相互の信頼関係を基盤として結び付いているわけではない。見知らぬ人同士が参加しているだけのインターネットの世界で、どうやって信頼を築き上げることができるのか？　これが、インターネットにおける「ビザンチンの将軍問題」である。この問題を実践的に解決する一つの方策を見出したのがビットコインである。ビットコインは、インターネットのユーザーが、自らのデジタル財産を他人に転送することを、初めて可能にした。

③取引の安心・安全を確保するには、誰もがそれが行われたことを確認でき、その正当性を誰もが認めるという仕組みが必要である。ビットコインにはそれがある。転送の対象となるデジタル財産とは、デジタル契約書、オンライン上のロックを解除するデジタル鍵、車や家などの物理的資産のデジタルな所有権、デジタルな株や債券、デジタルマネー、等々である。これまでは、物理的財産の取引には、銀行などの信頼できる仲介者がいた。そうした仲介役を必要としないで、しかも信頼できるネットワーク取引を、ビットコインが可能にしたのである。

④ビットコインは、インターネット上に広がった帳簿のようなものである。ビットコインによる取引がこの帳簿に載る。そのためには、帳簿の枠をビットコインで買わなければならない。帳簿枠の所有権を売買するだけで、世界中の誰でも、他の誰かに、好きな額のビットコインを支払うことができる。

⑤ビットコインは、デジタル無記名証券である。これは、証券の発行者は明示されているが、宛先名が書かれていず、この証券を持参する人が誰であれ、額面通りで取引され、それも、無記名の

まま交換できるものである。

⑥ビットコインでの取引には、送信者は受信者を知る必要もない。「チャージバック」といって、いったん、成立した取引を取り消して、金を返せということもできない。ひとたび交わされた契約をキャンセルすることはできないのである。

⑦狭い範囲の取引しかできないというのがビットコインへの有力な批判である。しかし、このような批判は、早晩なくなるはずである。多くの人がビットコインを使うようになればなるほど、取引範囲は飛躍的に拡大するはずだからである。

⑧ビットコインの最大の効用は、国際送金にある。現在、世界中で何億人もの低所得者たちが、外国に渡って、厳しい仕事をしている。彼らは、稼いだ金を母国の家族に送らねばならない。その額は、世界銀行によれば年間四〇〇〇億ドルを超えている。送金を引き受ける既存の金融機関は、時には、一〇パーセント以上もの高い手数料を取っている。これは、送金をめぐる搾取である。手数料がゼロ、ないしはそれに近いビットコインによる送金に変更することで、これら移民者や移民者の家族の生活の質は高まる。送金だけでない、通常の決済においても、現代的な決済システムを持っている国は、世界中で二〇か国程度しかない。圧倒的多数の人々は、現代的な決済システムの恩恵を受けていないのである。

⑨ビットコインは少額取引もできる。これまでは、先進諸国でさえ、少額決済は不可能だった。既存のクレジットシステムでは、少額決済はコスト効率が悪いからである。ところが、ビットコイ

ンは、一〇〇分の一にも、それ以下にもできる。

⑩ビットコインは法定通貨ではない。これは、資金のない選挙での立候補者でも選挙戦を戦えることを意味している。ビットコインなら、瞬時に立候補者の財布枠に応援者は送金することができる。巨額の法定通貨を持ち、それゆえに巨大な権力を維持できる支配者層をビットコインで打ち破ることができる。

以上が、アンドリーセンの要約である。中でも、③⑤⑨の機能が「地域通貨」に結びつけることができれば、巨大金融資本に牛耳られている現在の金融の世界とは別のすばらしい空間を創ることができる。

マウントゴックス事件という不幸なスキャンダルに見舞われながらも、ビットコインには無限の可能性がある。

3　ビットコインの広がり

二〇一四年に入って、マウントゴックス事件があったにもかかわらず、ビットコインの使用範囲は広がっていた。決済大手のペイパルは、スマートフォンでの決済を中心にビットコインを受け付けることを決めた。急速に人気が高まっている配車サービス、ウーバーや、個人間で空き部屋の賃貸を仲介するサービス、ＡｉｒＢｎＢ《エア・ビー・アンド・ビー》などは、ＰａｙＰａｌ《ペイパル》グループの決済を採用しているため、ビットコインが使えるようになる。

ＩＴ大手のデルも、二〇一四年七月からビットコインでの支払いを受け入れた。米通信大手スプリントの買収でソフトバンクと争った米衛星放送ディッシュ・ネットワークも同年八月にビットコイン決済を受け付け始めた。

英ヴァージングループも、同年五月に米決済処理ベンチャー、ビットペイに出資したことから、同社グループでもビットコインを受け付ける見通しである。米ネット旅行予約大手、エクスペディアも、六月、ホテル予約にビットコインを使えるようにした。

ビットコインによる支払いを受け付ける米ネット通販大手オーバーストックは資産として一定のビットコインの内部留保を始め、取引先への支払いにも使う方針であることを表明した。

各社が決済手段に採用する理由の一つは、手数料の安さにある。クレジットカード決済の場合、消費者の支払額の五パーセント前後を手数料としてカード会社に支払う必要があるが、ビットコインでは、一パーセント程度を決済会社に支払えばすむ場合が多い。

日本企業でも米国事業でビットコインに対応する動きが出てきた。楽天の米物流管理受託子会社は同年八月にビットコイン決済を受け付け始めた。東芝も同年五月から米で販売するレジ端末システムをビットコインでの支払いに対応させた(6)。

リクルートホールディングスも、ビットコイン事業に参入することを二〇一五年一月に表明した。

ビットコインを使った電子決済サービスや、ビットコインの情報サイト開設といった関連事業の創出を目指すという。同社は、傘下の投資会社リクルートストラテジックパートナーズを通じて、ビットコインの売買を手がけるビットフライヤーに出資した。ビットフライヤーは取引所などからビットコインを仕入れ、個人などに販売する売買事業を手がける。ゴールドマン・サックス証券出身の加納裕三が二〇一四年一月に設立したものである。(7)

一方で、ビットコインに規制の網がかかろうとしている。日本には、ビットコインを取り締まる法律はまだないが、加納裕三は、「マウントゴックス事件は法制化の議論にも当然影響するだろう」と予想する。氏は、二〇一五年八月時点では、業界の自主規制団体「日本価値記録事業者協会」（ＪＡＤＡ）の代表理事である。

自民党は二〇一五年七月一日、ＩＴ戦略特命委員会を開き、議論を始めた。その少し前に金融当局の多国間組織「金融活動作業部会」（ＦＡＴＦ）が出したマネー・ロンダリング対策の指針を受け、ビットコインの事業者に登録制か免許制を導入する方針であるという。法案提出は一〜二年後で金融庁所管とする案が有力と言われている。(8)

「番人」のいない仮想通貨、ビットコインを支えるのは、暗号という知力である。この知力が、プルードン的地域通貨を創出する可能性があった。

デーヴィッド・チャウムの夢を具現化したビットコインが描く未来は美しい。当局の規制から逃れたサイバー空間で流通する通貨は、新しい社会の姿を描くのに最適なものである。しかし、すさまじい情報戦は、ビットコインの単純な夢を破壊してしまうものである。

米国情報機関による暗号解読方法がスノーデンによって暴露されて以来、当局の監視をかわすために暗号技術を向上させ、それを世界中に普及させるという牧歌的なサイファー・パンクの夢は、今のところ、破れているように思われる。

おわりに――ビットコインの可能性とプルードンの「人民銀行」

本章の締めくくりに、ビットコインが持つ可能性をを歴史的に裏付けるものとして、成功したが、時の権力によって潰されてしまったピエール・プルードン（一八〇九～一八六五年）の「人民銀行」の事例を紹介しておきたい。

プルードンの人民銀行で採用された、通貨の管理委員会が、国家の介入でなく、民衆の自主的な合意によって、創出されることができれば、ビットコインの将来には無限の可能性があると私は信じるからである。

労働者が組織化されたときに発揮する力と、労働者の組織のあり方を強い思いを込めて語り、株式を通じる社会改革を真正面から論じたのが、プルードンであった。

生家は貧しかったが学校（コレージュ）に一七歳まで通学した。ただし中退した。中退後は市内の印刷所に就職し、仕事を通じて当時の学者・知識人と知り合った。とくに、同郷の社会主義者、シャルル・フーリエ（一七七二〜一八三七年）ともそこで出会い、一時期「この奇妙な天才の虜」となった。印刷職人として順調に階段を上り、植字工から校正工、そして、フランスの職人の伝統に則ってフランス国内を遍歴した後、友人との共同出資でブザンソンで印刷所を開き二七歳にして親方となった。多能工化を労働者の人間的成長の鍵であると理解し、労働者に自立的な創意工夫の努力と自己責任の倫理を求めるプルードンの観点は、彼の職人的な出自に由来する（斉藤悦則二〇〇〇）。

しかし、印刷所は経営難で二年後に破産、友人は自殺し、プルードンは多額の借金を負った。しかし、地元知識人たちの後押しで応募した奨学生（年額一五〇〇フラン）に選ばれ、一八三八年から三年間パリで勉学に専念できた（斉藤、前掲）。

一八四八年の二月革命直後から、プルードンは、「相互主義」を重視し、経済問題解決の糸口を金融の場面に求め、「人民銀行」という名の相互信用金庫の創設を企てた。

プルードンはこの二月革命を一貫して冷ややかな目で見ていた。二月革命が政治革命の方向へ流されていると見たからである。政治革命は権力の担い手の交代にすぎず、権力そのものの変革ではないとプルードンは言う。政治革命は、一つの抑圧機関に代わる別の抑圧機関を、しかもそれ以前よりもいっそう抑圧的な機関を、作り上げるだけであるというのがプルードンの基本的理解であった。

人間は相互に様々な活動を通して関係を結んでいる。その際、同じ価値を相互に交換する「等価交換」が基本形である。そうした人間相互の同等性を社会組織の中に実現していくことをプルードンは、「相互主義」という言葉で示した。その点、政治権力の下での支配−服従関係は、この相互主義とは反対のことになる。そうした文脈から、彼は権力そのものに対して批判し続けた(9)。

貨幣が市場で商品よりも強いのは、商品に対して常に「交換可能性」を持っているからである。「交換可能性」とは今日の言葉でいう「流動性」のことである。権力論の延長線上で彼は、商品と貨幣は「同等性」を持っていないと論じた。彼は、貨幣の商品に対する優位性を貨幣の「王権」と呼び、政治権力の下での支配‐服従関係が経済の世界にもあると見なした。この貨幣の王権を奪おうというのが、「人民銀行」構想であった。

この問題提起をしたのが、二月革命のときだということは大きな意味を持っている。彼は、政治的権威だけではなく、経済的権威も（さらに宗教的権威も）等しく廃棄されなければならないと考えたからである。彼によれば、それが「社会革命」である。

プルードンは二月革命の少し前から新聞の刊行を始め、政府の圧力によって休刊を余儀なくされても、新しい新聞を直ちに発刊し、合計四種の機関紙を相次いで刊行した。その一つに『人民の代表』という名の新聞がある。そこで、プルードンは、一八四八年四月に「信用・流通の組織化と社会問題の解決」という論文を六回にわたって発表し、そこで初めて「交換銀行」の構想を明らかにした。この論文のほか、同じ新聞に、一八四八年、「社会問題要綱・交換銀行」を発表した。

「交換銀行」は、今の言葉でいう「地域通貨」を発行する銀行である。交換銀行は、加入者の意志によって運営され、国家から完全に独立した自立的組織であり、資本金を持たない。営利を目的にしない。この銀行は、加入者の「受領ないし販売した生産物、また引き渡された、あるいは近日引き渡され得る生産物の価値を表すあらゆる商業手形と交換に」、「交換券」と名付けられた一種の銀行券を発行し、それを受け取った人は、それと引き替えに、この銀行に参加する別の人の持つ商品サービスを手に入れることができる。その逆も可能である。

交換券には、法貨との交換性を付与しない。交換銀行は、常に商品サービス手形の時価に見合う交換券を発行するので、過剰発行は原則としてない。交換銀行は価格決定にはいっさいかかわらない。価格は、市場で決定されなければならないからである。交換銀行が価格決定の権限を持つことは、市場価格に介入してしまうことになるので、そのようなことをしてはならない。

プルードンには、市場廃止という主張はない。市場が、個人の自立と自由の一面を保証していると見なしたからである。

ただし、新古典派経済学のように、市場を神と見なすことはない。交換券を発行する場合、原則として市場によって決められた価格に従うが、その場合でも、参加者はそれらの商品の原価（材料費、賃金、一般的費用、保険費などの総額）についての正確な情報を提示することが義務付けられている。交換銀行の運営の責任は「管理委員会」と名付けられた組織が引き受け、さらに「管理委員会」は常に「監視委員会」によって点検を受ける義務を持つとされた。

プルードンは、市場を神の座には上げなかった。彼は正しく作成された経済データによって、「市場の誤り」が修正されるべきであると考えた。彼は、交換銀行が市場に依拠しながらも、同時に人為的操作を加味した運営に委ねられるものと考えていたのである（藤田、前掲）。

交換銀行は、市場で買い手が見つからない余剰となった生産物を購入することで、農工業者を救済することを大きな目的にしている。銀行が余剰生産物を買い取る価格は、原価の八〇パーセントであると定款で定められていた。商工業経営者や農民に長期の資本貸付や不動産を抵当とした貸付も行う。貸付はいずれも交換券で行われ、その利子もきわめて低く設定されるとされていた。

プルードンは、ルイ・ナポレオン（一八〇八～一八七三年）らとともに二月革命後の一八四八年六月には、国民議会補欠選挙で当選し、一八四八年の七月と八月の二回にわたって、国民議会にこの「交換銀行」計画の実現を訴えたが、否決されてしまった。そこで、この計画を練り直し、翌年に「人民銀行」と名を改めて再出発を図った。彼は、「交換銀行」の構想を明らかにした翌年の一八四九年に「人民銀行」と名前を変えた新しい銀行について発表した。

人民銀行では、交換銀行と異なって、加入者については会員だけであるという制限が設けられた。人民銀行は、協同組合的なものになった。それと「株」を発行し、それを所有した人が人民銀行のオーナーとなった。交換銀行という名称を人民銀行に変えた理由は、この銀行が「上から」国家によって作り出されるものではなく、社会によって「自生的に」作られるものであるということを、名称の上でもいっそうはっきりさせたいと考えたからである（藤田、前掲）。

プルードンは、人民銀行の設立場所を、労働者が主として住むフォーブール・サン・ドニ街に定め、その定款を公証人に提出し、「株主」と「加入者」を募集した。二万七〇〇〇人もの多数の加入者を集めたという。加入者の家のドアの横に「加入者」であるという標識を出し、加入者は自分が手に入れた「流通券」（交換券の呼び名も変えた）を使って取引することができると考えた。彼の新聞『人民の代表』も人気が高く、発行部数は平均四万部、一日平均二五〇フランの利益を上げたという（斉藤、前掲）。

しかし、プルードンがこの新聞に書いた論文が、大統領に就任したルイ・ナポレオン（ナポレオン三世）を誹謗しているということで裁判に掛けられ、一八四九年三月、禁固三年と罰金三〇〇〇フランを課せられた。一八四九年一二月、彼は、この新聞紙上で人民銀行の清算を発表した。

一八五八年の大著『正義』が、公序良俗壊乱に当たると攻撃され、プルードンはベルギーに逃れた。亡命中も、また一八六二年に帰国した後も、数々の著作を出し、思想界に大きな影響を与え続けた。最後の著作、『所有の理論』（一八六五年）は、所有を、個人の自由・自立・自己責任の根拠と見なす理解を展開したが、執筆直後、一八六五年一月一九日に病没した（斉藤、前掲）。

プルードンは、人々の協業、自己統治、社会統治、人民銀行といった、現在に再現すべき課題を見事に摑み出していたのである[(10)]。

ビットコインは、金融権力からの自立方向を指し示したものである。プルードンの成功した「人民銀行」が権力によって消滅させられた歴史を思うとき、この仮想通貨が発展してくれることを切に願うものである。

終章　スタートアップ企業に見る株式資本主義の変質

ＩＴ関連の業界には、彗星のごとく金融の世界に現れ、巨額の資金を集めるが、二～三年後には突然消えてしまうという類いの企業が結構多い。このように飛び出る規模の小さい企業は「スタートアップ企業」と呼ばれ、米国では、この種の企業を金融的に支援する法律「スタートアップ企業法」が二〇一二年に成立している。

この法律は、株式をまだ公開していないスタートアップ企業が、一般市民からインターネットを通じて資金を調達する形の資金募集方法（クラウドファンディング＝群衆に頼る資金調達）を合法化したもので、低迷傾向を見せ始めた株式新規公開（ＩＰＯ）を活性化する手段として、このクラウドファンディングを政府が後押しすることを目的としている。

一般市民が、インターネットを通じて、スタートアップ企業に投資をするには、仲介してくれる場が必要となる。これが、クラウドファンディングプラットフォームと言われるものである。インディーゴーゴー（「行け行け中小企業」の意味）、キックスターター（「キックでスタート」の意味）、プロスパー（「繁栄」の意味）等々、射幸心を煽るような名前のプラットフォームが二〇〇八〜〇九年にかけて相次いでサービスを開始した。

クラウドファンディングによる資金調達額は、二〇一四年には全世界で約一六二億ドルであった。資金の内訳は、北米が六〇パーセント弱で九四億ドル、アジア（とくに中国）とヨーロッパがともに二〇パーセントの三〇億ドル前後であった。アジアの資金は、二〇一三年に比べて四倍という狂乱的な増加ぶりを見せた。

中国のファンドが激増したことによって、二〇一五年には世界の総額が三四四億ドルと、対前年比二倍強になると予想されている。北米は一七二億ドルで、前年比でそれほど増えなかったが、アジアはさらに三倍増の一〇五億ドルと、ヨーロッパの六四億ドル（それでも二倍弱）を大きく引き離すと見込まれている。

本書第一章で触れたように、ウーバーは、二〇一五年六月五日に四一二億ドルの企業価値を付けられた。株式未上場の企業は、株式の時価総額がないので、もし株式を公開すればどの程度の時価総額になるのかといった想定価値が企業価値である。四一二億ドルという額は、二〇〇九年創業の新参社としては、とてつもなく大きな数値である。JR東日本の同時点（二〇一五年六月五日の終値）の時価総額が約四・五兆円（四〇〇億ドル弱）であったのだから、ウーバーは、創業わずか五年にして歴史ある日本の元国鉄の主力企業を企業価値で抜いてしまったのである。

この時点、米国で創業後一〇年未満のＩＴベンチャー企業のうち、企業価値で一〇億ドルを超えた企業数は六五社あり、その数は一年半で倍増した。さらに、企業価値が一〇〇億ドルを超えた企業は七社あった。ベンチャー企業で企業価値が一〇億ドルを超える企業は「一角獣」（ユニコーン）と称されている。常識的には考えられない形で、奇跡的に出現したのだから、一角獣と呼ばれる。ところが、一気に、六五社も一角獣が輩出したのである（ちなみに、ベンチャー企業というのは、和製英語である。この表現は、ベンチャーキャピタルと混同しやすい弊害があるが、日本の慣例に従って使う）。

二〇一五年第一・四半期の米国ベンチャー企業が調達した資金は一七七億ドルで、一五か月連続で一〇〇億ドルを超えた。そのほぼ半分がクラウドファンディングであった。クラウドファンディングの激増傾向が続くかぎり、米国のベンチャー企業は、今後当分の間は、ＩＰＯを実施する必要がない。

一九九〇年の後半に、米国でＩＴバブルが発生した。そのときでさえ、創業後一〇年未満の企業のうち、企業価値で一〇億ドルを超えた企業数は二〇社程度しかなかった。この数値だけで軽々に判断することは控えるべきであるが、近い将来、二〇〇九年と似たＩＴバブルが発生するかもしれない。

クラウドファンディングは、インターネットを活用した専用のプラットフォームが提供する企業のプロジェクト情報を閲覧し、気に入ったプロジェクトに投資家が、小口であれ、投資する仕組みである。

不特定多数の人から事業資金を集めてプロジェクトを実行する手法は昔からあった。フランスが米国に送った「自由の女神」はその好例としてよく引き合いに出されるプロジェクトである。しかし、クラウドファンディングは規模、参加者数、情報量、情報伝達スピードの面で過去の拠金とは決定的に違う。クラウドファンディングを利用することで、従来型の金融機関等からの資金調達が難しかった事業者は新たな資金調達手段を得たし、投資家も一攫千金の夢を追うことができる。

しかし、スタートアップ企業の多くは、事業基盤がしっかりしていない。株式を上場していないために、経営情報を経営者も正しく外部に公表しないことも多い。投資した人にとって、高値摑《つか》みの危険性は常に付きまとう。

華々しい花火大会では、何万発も連続して打ち上げられるからこそ花火が美しい。一発だけなら、瞬時にして消えてしまう。スタートアップ企業が、きちんとした軌道に乗ることは非常に難しい。それゆえに、スタートアップ企業という花火を仕掛けた多くのベンチャーキャピタルが、創業させた企業を高値で転売し、新しい花火を仕掛け、それをまた転売するという花火大会を繰り返している可能性がある。

多くのスタートアップ企業の経営者も、ベンチャーキャピタルに雇われた社長である場合が多い。実際的には、ベンチャーキャピタルが、スタートアップ企業を立ち上げ、経営者をヘッドハンティングして来るというのが、米国でよく見られる構図である。

社会の文化の違いなのであろう。創業した自らの企業を、安定したものに成長させることが、ベンチャーキャピタルと経営者の責任であり、中途で転売してしまうことは、責任ある創業者と経営者が行うべきことではないというのが、これまでの日本社会の了解事項であった。しかし、「資本までも商品化される」（カール・マルクスの言）という文化を当たり前のことと見なす社会では、創業者たちは、転売したこととの倫理が問われるのではなく、創業時の企業価値をはるかに下回る額で転売したという金融リターンの実利における失敗が批判される。

ここで、ベンチャー企業の失敗例を見ておこう。

本書でビットコインを解説するために引用したマーク・アンドリーセンとベン・ホロウィッツのコンビは、ベンチャーキャピタリストである。彼らがファブ・コムを事実上創業したが、社長は、外部の企業から転進してきたジェイソン・ゴールドバーグであったが、アンドリーセンとホロウィッツもまた、企業価値を高めて転売を繰り返すベンチャーキャピタリストであることに変わりはない。

とはいえ、ファブ・コムは、二〇一一年に設立され、一角獣として、もてはやされたものの、急展開して没落した情けない企業として、今では、エコノミストたちから叩かれている。確かに、ファブ・コムは、残念ながら瞬時にして消えたスタートアップ企業の代表格である。

しかし、スタートアップ企業の取締役会の構成メンバーについての基本的な特徴をまず押さえておきたい。米国のスタートアップ企業の取締役のほとんどは外部のベンチャーキャピタルの人たちである。たまに企業の技術担当者が取締役（ＣＴＯ）として加わることがあるが、普通は、企業側の取締役は社長一人である。当該企業を存続させるか否かを決定する力を持っているのは、外部のベンチャーキャピタルが送り込んだ取締役たちである。創業を画策した最初の投資家と社長が、決定的に強力な地位を確保し続けることはまずない。企業の存続が不可能だと判断すれば、後で参加した多くのベンチャーキャピタリストたちは、追加融資に応じず、企業との縁を切る。結局、孤独な社長は自社を売却するしか道はなくなる。

ファブ・コムの失敗の経緯を振り返る前に基礎的な知識として資金調達の各段階（シリーズA～D）を説明しておこう。

スタートアップ企業の創業者は、ユニークなアイディアを持って投資家に資金提供を依頼するのであるが、アイディアを見える形（実物大模型＝モックアップ）にするための初期費用は、どうしても気心の知れた創業者の仲間から調達しなければならない。この初期費用は一〇〇〇万円から一億円かかる。モックアップを作成してベンチャーキャピタルに資金提供を依頼する段階が「シリーズA」である。このシリーズA段階で企業価値が決められる。A段階で資金を提供してくれたベンチャーキャピタルの投資家を「天使」（エンジェル）と呼び、提供された資金を「シードマネー」（創業資金）という。

A段階で、将来の株式新規公開時の時価総額が決められる。その限度まで何回かに分けて資金調達を行うのが通例である。各段階は、「シリーズB」～「シリーズD」と呼ばれる。

A段階で調達された資金の二五パーセントは「天使」の管理下に置かれる。一五～二〇パーセントが従業員のストック・オプション用に別置され、残りが経営陣の裁量範囲である。シードマネーは操業時に必要な使途に限られていて、実際の営業開始前に通常はゼロになる。

商品を実際に開発する段階が「シリーズB」である。この段階で新たな資金調達が計画されるが、この段階ではベンチャーキャピタルに権利が優先的に配分され、企業の外部の人たちの権利はA段階の二五パーセントから四〇パーセント強に増やされる。

そして、製造・マーケティング段階に移る。これが「シリーズC」である。営業が軌道に乗って、さらに飛躍が期待されるときに実施されるのが「シリーズD」段階の資金調達である。D段階で、外部の投資家の権利は六五パーセント程度まで増え、経営陣と従業員の権利は三五パーセントにまで下がる。

企業が順調に発展すれば、「天使」たちの「リターン」は一〇倍前後に跳ね上がる。しかし、スタートアップ企業への投資は、ベンチャーキャピタル側からすれば、あくまでも「リスクマネー」である。リスクマネーは、当然にも逃げ足が速い。彼らがリスクを強く感じ始めて、企業と縁を切り、追加融資に応じなければ企業の存続は不可能になる。どうしても、経営者は、外部のベンチャーキャピタルの意向に従わざるを得ない。長期的な視点からの経営など思いもよらないのがスタートアップ企業の宿命である。

二〇一五年三月、ファブ・コムは身売りを決めた。転売価格は発表されていないが、一角獣として称賛されていた企業価値、一〇億ドルをかなり下回ったと言われている。

ファブは、上記二人が、自分たちが関与していたオプスウェアをヒューレット・パッカードに売却して得た資金一六億ドルで、二〇一一年八月に新しく起こした企業である。

同社は、当初は、ゲイ向けのSNSとして営業していたが、同年、すぐにeコマース事業に方向転換し、それが成功して急成長した。二〇一二年七月時点では登録ユーザーの数は五〇〇万人であったが、二〇一三年六月段階では一四〇〇万人を超えた。売上高も二〇一二年の一・二億ドルから二〇一三年には二・五億ドルと二倍強に伸びた。

二〇一二年七月には、企業価値が六億ドルとなり、一億五〇〇〇万ドルを調達できた。これが「シリーズD」段階であった。創業時の出資者は、ドコモ・キャピタル、「スカイプ」で知られるアトミコなどであった。後に伊藤忠商事、中国のネット企業大手のテンセント等が加わった。同社は、テンセントから社外取締役を受け入れた。

ファブ・コムCEOのゴールドバーグが、同社の役員たちを集めて、社員の三分の二を解雇しなければならないと通告したのが、二〇一三年一〇月のことであった。ほんの三か月前には企業価値は九億ドルと評価を高めていたのに、二〇一四年一〇月、PHCというヘルスケア財団に売却する交渉が始まった。そして、二〇一五年三月、一角獣もわずか三年で、社員の大半の首が切られた。

ファブ・コムの失敗から理解できるスタートアップ企業の脆弱性は以下の点に要約できる。

長期的な視点からじっくりと企業を育てるという企業文化が希薄である。人を採用するにも、新卒よりも中途採用に傾きがちである。中途採用の方が短期的に仕事を覚えてくれるからである。勢い、創業時からいる社員が置いてきぼりを食う。外部からヘッドハンティングされて入社した若い人材が古い社員をあごで使う。

嫌気をさした創業時の社員が企業を去る。そのこともあって、どうしても離職率が高くなる。何よりも雑多な文化的背景を持つ外部からの社員が増えると、各人が社内の個人事業主になり、互いに支え合う風土が醸し出されなくなる。

そして、ハンティングが繰り返される。場当たり的な人事が横行してしまう。場当たり的人事では、生え抜きの管理職を育てることができなくなる。外部からの寄せ集め人事では、企業内部の連帯意識を希薄にしてしまう。そして企業は消滅の過程を辿る。これが今日の企業の姿である。

二一世紀の資本主義はここまで来ている。

†注

第1章

(1) 窪谷「米国『労働市場の緩み』の点検」。
(2) http://jp.wsj.com/articles/SB12598258265585683745604580317651407356116
(3) http://london.navi.com/special/5044670; http://www.jikosoren.jp/seisaku/pro/pro05.html
(4) 『ザ・エコノミスト』「急成長するオンデマンド経済」。
(5) ウーバーに関しては、『日本経済新聞』電子版、二〇一四年三月一四日、五月二〇日、九月四日、二〇一五年一月七日。『日本経済新聞』二〇一四年八月六日付朝刊、二〇一五年一月二〇日朝刊。『ウォール・ストリート・ジャーナル』日本版、二〇一四年一二月一〇日、一五日付。『フィナンシャル・タイムズ』二〇一四年六月一一日付、等々を参照。
(6) ブリニョルフソン&マカフィー『第二の機械時代』。
(7) http://news.mynavi.jp/column/svalley/560/
(8) 「IT革命で潤うのは『トップ1%』だけ」『週刊東洋経済』二〇一三年三月二二日号 (http://toyokeizai.net/articles/-/13126)。
(9) グラッパー「技術は破壊以上のものを創り出さねばならない」。
(10) http://www.mhlw.go.jp/stf/seisakunitsuite/bunya/koyou_roudou/part_haken/
(11) http://www.rieti.go.jp/jp/publications/pdp/14p003.pdf

第2章

(1) フォード『テクノロジー』邦訳。
(2) ヒルバート他「世界のテクノロジー能力」。
(3) ケインズ「孫の世代の経済的可能性」邦訳。

（4）桑津「電話離れ」。
（5）http://www.informationweek.com/news/management/trens/showArticke.jhtml?articleID=1700858
（6）ノードハウス「コンピュータの生産性向上の二世紀」。
（7）グーズ他「ヨーロッパにおける仕事の分極化」。
（8）シュンペーター『資本主義・社会主義・民主主義』邦訳。
（9）ケレンベンツ「科学革命時代のテクノロジー」。
（10）http://www.y-history.net/appendix/wh0904-066.html
（11）ガルニエ『英国農民年誌』。
（12）アセモグル他『国家はなぜ没落するのか』より引用。
（13）http://www.bbc.co.uk/nottingham/content/articles/2009/07/20/william_lee_knitting_frame_feature.shtml
（14）ネフ「石炭の採掘と利用」。マントウ『一八世紀の産業革命』。
（15）ちなみに、バイロンの一人娘、オーガスタ・エイダ・ラブレス（一八一五～五二年）は、ラブレス伯爵の夫人として、当時の花形であった。彼女は世界最初のコンピュータ・プログラマーであったと賞賛されている。数学を愛好し、初期の汎用計算機である解析機関についての著作で知られている。一七歳のとき、エイダは、コンピュータの父とも言われるチャールズ・バベッジ（一七九一～一八七一年）の研究室に出入りするようになり、バベッジが開発した解析機械の将来性に注目していた。この解析機械が単なる数字と数式のみに留まらず、決められたルールに従って記号を扱うこともできることに、エイダは気付いた。

　エイダは、機械が音楽を奏でることもできるだろうと言っていた。「例えば、楽曲と音階の科学的な関係が、こうした表現と適応の影響を受けているとするならば、この機械は精巧に、そして科学的に、複雑さや広がりを持った音楽を奏でるかもしれない」と。

　これは、数学から演算への驚くべき発想の飛躍であった。世界初のコンピュータが誕生するよりも、はるか一世紀も前に、エイダは、いつの日か一台のコンピュータが、無数のタスクをこなし、その限界はプログラマーの想像力次第でいくらでも広げていくことができるとの確信を抱いていたと言われている。現在、エイダの肖像画は、ダウニング街一〇番地の英国首相官邸の壁に飾られている（http://googlejapan.blogspot.jp/2012/12/1843.html）。

（16）http://archive.org/stream/annualregistero09conggoog/annualregistero09conggoog_djvu.txt

（17）モキール「富裕者の影響力」。

（18）マントウ『一八世紀の産業革命』邦訳。

（19）フレイ他「雇用の未来」。

（20）http://toyokeizai.net/articles/-/12772?page=2

（21）https://www.khanacademy.org/computing/computer-science/algorithms

（22）https://archive.org/details/robertofchesters00khuw

（23）https://www.khanacademy.org/computing/computer-science/algorithms

（24）http://www.springer.com/computer/ai/journal/10994

（25）http://www.activrobots.com/Mobile_Robots.aspx

（26）ブレスナハン「コンピュータリゼーションと賃金の分散」。

（27）アセモグル他「技術」。

（28）アウター他「低熟練のサービス労働の増大と米国労働市場の二極分解」、グース他「嫌な労働と楽しい労働」。

（29）http://als-j.org/archives/2008/room/07.html

（30）ブリニョルフソン他『機械との競争』邦訳。レビー他「新しい分業」。

（31）http://www.ethos-law.jp/node/562

（32）http://www.esm.psu.edu/about/whatisesci/

（33）http://www.anderson.ucla.edu/faculty/jason.frand/teacher/technologies/palace/datamining.htm

（34）http://www.vision-systems.com/index.html

（35）『日本経済新聞』二〇一四年九月二〇日付朝刊。

第３章

（１）http://ameblo.jp/oyaji998/entry-11426851434.html
（２）ボーゲルスタイン『アップル vs グーグル』五三〜五五、一一四〜一一五頁。
（３）レビー『プレックスの中で』二一八頁。
（４）その経緯と帰結については、本山美彦［二〇〇三］（第三章「プット・オプションの怖さ」第五章「ストック・カレンシー（株式交換）の落とし穴」。
（５）広瀬「グーグルの無議決権株の無償割当に見る、シリコンバレーの傲慢」。
（６）http://www.barcode-proshop.com/shopbrand/003/X/?utm_source=yahoolisting&utm_medium=cpc
（７）http://www.macnews.com/content/tip-hat-tony-fadel
（８）http://www.itmedia.co.jp/enterprise/articles/1401/21/news052.html
（９）http://www.sophia-it.com/content/Aqua+interface
（10）ファデルとフォーストールの角逐については、ボーゲルスタイン、前掲書、九三〜一〇二頁。
（11）ボーゲルスタイン、同上書、二八三頁。
（12）http://www.businessinsider.com/tim-cook-why-i-fired-scott-forstall-2012-12
（13）コダック社については、楡『「いいね！」が社会を破壊する』八、一一、一三、一八〜一九、三四頁。
（14）http://jp.wsj.com/layout/set/article/content/view/full/378153
（15）『日本経済新聞』（電子版）二〇一四年七月二〇日付。
（16）宮崎「電機各社の大リストラで広がる疑心暗鬼の連鎖」。
（17）真壁「ソニーに追加リストラを迫った外国家電猛襲の危急」。
（18）真壁「日本の技術者を使い捨てる韓国企業から身を守れ！ＳＫハイニックス事件に見る情報漏洩の現状と教訓」。

(19) http://www.toshiba.co.jp/about/press/2014_03/pr_j1302.htm
(20) http://ejje.weblio.jp/content/system+integration
(21) http://next.rikunabi.com/tech/docs/ct_s03600.jsp?p=000962
(22) 増岡「ダメシステムとその甦生に関わる人々」。
(23) 総務省『情報通信』。
(24) 総務省『ＩＣＴ産業のグローバル戦略等に関する調査研究』。
(25) 情報処理推進機構『ＩＴ人材確保・育成施策に関する調査』。
(26) 片山「ＩＴエンジニアの地位を落とす、日本企業の大きな誤解」。
(27) http://detail.chiebukuro.yahoo.co.jp/qa/question_detail/q1410974079
(28) http://www.fujixerox.co.jp/support/xdirect/magazine/rp1112/11121a.html
(29) http://d.hatena.ne.jp/ryoasai/20120125/1327501906
(30) 片山「外注から内製へ」。

第４章

(1) 土井隆義「LINEで閉じる友だちの世界」http://www.meijitosho.co.jp/eduzine/opinion/?id=20140176
(2) アイザックソン『スティーブ・ジョブズ』二巻、三七八頁。
(3) ボーゲルスタイン『アップル vs グーグル』一三頁。
(4) 同上書、一二五頁。
(5) 同上書、一一〇頁。
(6) 同上書、一二七頁。
(7) 同上書、一三一～一三四頁。
(8) 同上書、一三七～一三八、一四一頁。
(9) http://e-words.jp/w/

(10)『日本経済新聞』二〇一四年一月三〇日付、夕刊。
(11)森『グーグル・アマゾン化する社会』二二五頁。
(12)http://www.sophia-it.com/content/
(13)http://e-words.jp/w/E38396E383ADE382B0.html
(14)森、前掲書、一四頁。
(15)http://e-words.jp/w/SNS.html
(16)ボーゲルスタイン、前掲書、一七～一九頁。
(17)総務省「青少年のインターネット利用と依存傾向に関する調査」（http://www.soumu.go.jp/iicp/chousakenkyu/data/research/survey/telecom/2013/internet-addiction.pdf）。
(18)宮崎「なぜ人はバカッターでカオスに身を投じるのか？」。
(19)内閣府「平成二五年度・青少年のインターネット利用環境実態調査」。
(20)『日本経済新聞』二〇一四年四月七日付朝刊。
(21)http://kotobank.jp/word/
(22)http://gatesofvienna.net/page/1045/
(23)福沢『学問のすゝめ』一三一～四〇頁。
(24)佐々木『キュレーションの時代』。
(25)http://pubs.socialistreviewindex.org.uk/isj85/chen.htm
(26)マクルーハン『グーテンベルクの銀河系』。
(27)http://diamond.jp/articles/-/20065?page=2

第5章

（1）カーツワイル『ポスト・ヒューマン誕生』一六頁。
（2）カーツワイル、同上書、一七頁。
（3）『日本経済新聞』電子版、二〇一四年一〇月四日付。
（4）ムーア「集積回路に詰め込める部品の量」。
（5）カーツワイル、前掲書、六六〜六七頁。
（6）松田『二〇四五年問題』七一〜七三頁。
（7）http://wired.jp/2014/12/29/next-world-01/2/
（8）カーツワイル、前掲書、九頁。
（9）カーツワイル『スピリチュアル・マシーン』。
（10）松田、前掲書、一四〇頁。
（11）カーツワイル『ポスト・ヒューマン誕生』二五二〜五三頁。
（12）カーツワイル、同上書、五三四〜三五頁。
（13）カーツワイル、同上書、二三四頁。
（14）ホーキング「ＢＢＣのインタビュー」。
（15）堀教授の発言『情報処理』二〇一五年一月号。
（16）カーツワイル、前掲書、五四九、五五一頁。
（17）カーツワイル、同上書、五七六頁。
（18）http://www.pff.org/about/、https://www.eff.org/ja/press/archives/2010/09/17
（19）http://www.pff.org/issues-pubs/futureinsights/fi1.2magnacarta.html
（20）ケリー『テクニウム』。
（21）http://dotplace.jp/archives/13230

（22）ランド『水源』『肩をすくめるアトラス』。
（23）http://www.econ.hokudai.ac.jp/~hasimoto/My%20Essay%20on%20Ayn%20Rand%20Literature.htm。
（24）ランド「あなたの全体をチェックせよ」。
（25）ウィナー「サイバー・リバタリアンの神話と共同体への展望」。
（26）ハイエク『隷属への道』。
（27）http://www.pbs.org/wgbh/commandingheights/shared/minitextlo/int_miltonfriedman.html、本山美彦「福井日記」一七〇（http://blog.goo.ne.jp/motoyama_2006/e/c47be2da63f00bb7414bb3e0f9e18217）。
（28）http://www.jca.apc.org/~kitazawa/un/unctad_12th_2008.htm
（29）http://www.strawberryplanet.net/blog/blog/2012/09/25/missing/

第6章

（1）ギルダー『性の自殺』。
（2）ギルダー『男性と結婚』。
（3）ギルダー『裸のノマド』。
（4）https://kotobank.jp/word/%E3%83%8E%E3%83%9E%E3%83%89-189361
（5）ドーキンス『神は妄想である』。
（6）ギルダー「階層秩序への信仰」。
（7）ローマー「収穫逓増と長期成長」「外生的技術変化」。
（8）公文『情報社会のいま』。
（9）http://e-words.jp/w/E3838DE38381E382BAE383B3.html
（10）二〇一四年一二月二九日の公文の述懐（http://techwave.jp/archives/%E9%AB%98）。

（11）レーガン「マイクロチップ」。
（12）ギルダー『ビジブル・マン』。
（13）ギルダー『富と貧困』。
（14）ギルダー『テレビの消える日』。
（15）ギルダー「福祉依存からの脱却」。
（16）https://kotobank.jp/word/ ネタニヤフ /
（17）ギルダー『イスラエル・テスト』。
（18）ギルダー「選ばれた人々を選ぶ」。
（19）http://www.geocities.jp/tetchan_99_99/international/.../balfour_declaration.htm
（20）http://www.l.u-tokyo.ac.jp/tokyo-ias/nihu/meeting/2012/20130117/index.htm
（21）http://www.afpbb.com/articles/-/2895656?pid=9368621　二〇一二年八月一六日、南アの北西部、ルステンブルク郊外のプラチナ鉱山で労働者たちと警官隊が衝突し、労働組合によると三六人が死亡した。現場は英国の資源採掘産業の大手、ロンミンが所有する鉱山である。衝突は、二日間にわたって鉱山付近の丘で座り込みをしていたデモ隊に対し、解散を呼び掛けた警察が催涙ガスや放水、ゴム弾などで強制排除にかかったために起きた。同鉱山では、一部の労働者が賃金を三倍に引き上げるよう要求してストライキを開始したが、強い影響力を持つ二つの労働組合の対立が絡み、暴力沙汰に発展していた。

第７章

（１）ロックフェラー財団の紹介と歴史については、フォスディック『ロックフェラー財団史』、シャプレン『ロックフェラー財団の五〇年』、辛島『帝国日本のアジア研究』。
（２）松田『戦後日本におけるアメリカのソフト・パワー』一一三、一五二〜五四頁。
（３）フォスディック、前掲書。辛島、前掲書、一九五頁。

（4）民間財団と米国外交との関連については、バーマン『米国外交に与えたカーネギー、フォード、ロックフェラー財団の影響』。辛島、一九六頁。
（5）辛島、一九七頁。
（6）『ワシントン・ポスト』一九九四年四月二四日付。
（7）辛島、一九九頁。ブキャナン「日本における経済学と経済学者たち」。
（8）辛島、二〇一頁。ファーズ「日本におけるロックフェラー財団の政策へのコメントと提言」。
（9）ポーランド生まれのヘンリー・ロソフスキーは、数量経済史の手法を用いて日本の経済成長を論じた。著書として、以下のものが著名。『日本の資本形成』『日本の数量経済史』、大川一司との共著『日本の経済成長』、ヒュー・パトリックとの共著『アジアの新しい巨人』『ハーバード流大学人マニュアル』、公文俊平との共著『日本の政治経済』。
（10）辛島、二〇二頁。ロジャー「東アジア訪問」。
（11）ヘーゲンは、MITの近代化論を代表する一人で、一九五二年にフォード財団とCIAの支援を受けてMITに「国際問題研究所」（CIS）の設立に関与した（辛島、二〇六頁）。代表作は、『開発経済論』。
（12）辛島、二一三頁。ウォルター「『東南アジア』への序言」。
（13）「ベスト・アンド・ブライテスト」は「最良の、もっとも聡明な人々」を意味し、一九六〇年代のケネディとそれを継いだジョンソン政権において安全保障政策を担当した閣僚および大統領補佐官たちを指す言葉である。
（14）辛島、二二一頁。ロストウ「ロウトウ、成長について」。
（15）辛島、二一七～一八頁。バーシェイ『近代日本の社会科学』。
（16）http://www-formal.stanford.edu/jmc/personal.html
（17）http://www.ai-gakkai.or.jp/whatsai/AItopics5.html
（18）サイモン『経営行動』邦訳書、一四五頁。
（19）サイモン『システムの科学』。

（20）http://1000ya.isis.ne.jp/0854.html

（21）「論理実証主義」『ブリタニカ国際大百科事典』。

（22）ウィトゲンシュタイン『論理哲学論考』。

（23）サイアート＆マーチ『企業の行動理論』。

（24）http://kikuzawa.cocolog-nifty.com/blog/2013/01/post-15fd.html

（25）サイモン『発見のモデル』。渡部「サイモン学説の方法論批判」。

（26）http://infolab.stanford.edu/pub/voy/museum/pictures/AIlab/SailFarewell.html

（27）http://www.darpa.mil/default.aspx

（28）http://dieoff.org/page163.htm

（29）http://bayes.cs.ucla.edu/jp_home.html

（30）http://www.danielpearl.org/home/about-us/judea-pearl/

（31）小林『クラウドからＡＩへ』七六〜七七頁。

（32）ベイズ「確率論の問題を解くためのエッセイ」。

（33）http://www.stat.go.jp/koukou/trivia/h_1700.htm

（34）小林、前掲書、七七〜七九頁。

（35）http://www.med.nagoya-cu.ac.jp/legal.dir/aoki/vf/risshi.html の例題をそのまま使用。

（36）http://www.modellize.co.jp/what.html

（37）http://www.nansei-shuppan.com/old/sentaku/sippitsu007.html

（38）http://www.utnp.org/cat23/yutakamatsuo/20141004.html

（39）ガリス「迫り来る知性戦争」。

（40）http://wired.jp/2014/06/03/transcendence/

（41）瀧「長年停滞したＡＩに、進化をもたらした男」。

（42）http://open-groove.net/all-things-technology/ai-deeplearning-note/

（43）小林、前掲書、二一一頁。

第8章

（1）バイトは、デジタルコンピュータで情報の大きさを表すために使われる単位である。一九八〇年頃からは、一バイトは二進数の八桁、すなわち8ビットを意味するようになった。つまり、連続した２５６（２の８乗）個の整数である。ゼタとは２の70乗である。ちなみに、２の10乗が一キロバイト、２の20乗が一メガバイト、30乗が一ギガ、40乗が一テラ、50乗が一ペタ、60乗が一エクサ、70乗が一ヨタである。
（２）『日本経済新聞』二〇一四年九月五日付朝刊。
（３）『日本経済新聞』二〇一五年四月八日付朝刊。
（４）『日本経済新聞』二〇一五年四月一五日付朝刊。
（５）『日本経済新聞』二〇一五年四月一二日付朝刊。
（６）『日本経済新聞』二〇一四年一一月六日付朝刊。
（７）マッキンゼー報告『ビッグデータ』。
（８）http://www.wsws.org/en/articles/2013/01/11/life-j11.html
（９）ロイター、二〇一三年一一月六日発信。
（10）西垣の言葉、『現代思想』［二〇一四］四七頁。
（11）野村「Dr. ノムランのビッグデータ活用のサイエンス」二〇一四年四月二日。
（12）マイヤー＝ショーンベルガー他『ビッグデータの正体』。
（13）フン「良いビッグデータ」。
（14）http://www.hitachi-solutions.co.jp/belinda/sp/special/landing01/bigdata.html
（15）「後藤貴子の 米国ハイテク事情」（http://pc.watch.impress.co.jp/docs/2006/0925/high43.htm）。

(16)『フィナンシアル・タイムズ』二〇一五年四月一六日付。
(17)『日本経済新聞』二〇一五年四月一六日付朝刊。
(18)同。
(19)http://wirelesswire.jp/2014/11/17598/
(20)http://bylines.news.yahoo.co.jp/kimuramasato/20140514-00035315/
(21)中野目「ビッグデータはビッグプロブレム？」。

第9章

(1)松原「ＨＦＴ（高頻度取引）の台頭と日本市場」六七〜七〇頁。
(2)『ニューヨーク・タイムズ』二〇一〇年七月二三日付。
(3)『フィナンシアル・タイムズ』二〇一〇年九月二日付。
(4)http://www.bloomberg.com/news/articles/2011-01-24/
(5)『ニューヨーク・タイムズ』二〇〇九年七月二三、二四日付。
(6)http://www.tse.or.jp/rules/stock/arrowhead/info.html
(7)http://jp.chi-x.com/trade.html
(8)http://www.glossary.jp/sec/finance/instinet.php
(9)兜「本日開店！　東証の眠りを覚ます『野村市場』」。
(10)http://www.sankeibiz.jp/110108
(11)http://www.cqg.com/Docs/CQG_OSE_PressRelease_JP.pdf
(12)http://www.tse.or.jp/news/25/111121_a.html
(13)http://www.tse.or.jp/glossary/gloss_h/hi_hibakariakinai.html
(14)http://www.jsda.or.jp/shiru/kyoukaiin/
(15)金融財政事情編集部「新聞の盲点　高速売買システム稼動で中小・地場証券会社に整理淘汰の大波」六〜七頁。

(16)『東京新聞』二〇一二年七月一八日付。
(17)http://info.finance.yahoo.co.jp/kabuyoso/article/detail/20140511-00014347-minkabuy-column-5073
(18)http://kabushiki-blog.com/article/21207942.html
(19)『ウォール・ストリート・ジャーナル』二〇一〇年五月九日付。
(20)『ウォール・ストリート・ジャーナル』二〇一〇年六月一八日付。
(21)CFTC他『調査報告　二〇一〇年五月六日の出来事に関する知見』。
(22)http://www.ehow.com/how_2044152_play-hot-potato-game.html
(23)イングリッシュ「ホット・ポテト・ゲーム」。
(24)クレメンティ「銀行のシステム危機」。
(25)二〇一〇年五月六日のフラッシュ・クラッシュについては、CFTC他、前掲書。
(26)http://mon.gouketu.com/kabu/053.htm
(27)http://www.bloomberg.co.jp/news/123-KZ1H700YHQ0X01.html
(28)http://www.glossary.jp/sec/finance/instinet.php
(29)http://www.kabuschool.jp/190/
(30)http://www.ascentid.co.jp/blog/?p=55
(31)http://www.nttdata.com/jp/ja/insights/opinions/2014042402.html
(32)http://www.k2.t.u-tokyo.ac.jp/fusion/Janken/index-j.html
(33)http://money.infobank.co.jp/contents/H300114.htm
(34)ルイス『フラッシュ・ボーイズ』九八、二八六頁。
(35)阿部「フラッシュ・ボーイズは日本にもいる！」。
(36)大墳『米国市場の複雑性とHFTを巡る議論』。
(37)大崎「米国におけるフラッシュ・オーダー」。

第10章

（1）『日本経済新聞』二〇一五年八月一日付朝刊。ちなみに、ウィキリークスは、政府機関や民間の内部告発情報を公表するウェブサイトである。創設者のジュリアン・アサンジ（一九七一年〜）代表はオーストラリア国籍の元ハッカーで、「非営利のメディア組織」とし、二〇〇七年から活動している。英国のエクアドル大使館にかくまわれていると言われている。

寄せられた情報は、ウィキリークスと協力関係にあるジャーナリストが裏付けを行い、専門家が情報の価値を調べた上で公表するかどうかを判断するという。オンライン百科事典「ウィキペディア」と異なり、外部のネット利用者による編集はできない。趣旨に賛同する人から広く寄付を募り運営している。

（2）玉利伸吾「スパイ疑惑に揺れるドイツ、情報機関設置の難しさ」『日本経済新聞』二〇一五年五月一七日付朝刊。

（3）川合智之「サイバー攻防、冷戦さながら、米が中ロに反撃」『日本経済新聞』二〇一五年六月二一日付朝刊。

（4）「米、仏三大統領を盗聴か、『ウィキリークス』公表、仏政府は強く反発」『日本経済新聞社』二〇一五年六月二五日付朝刊）。

（5）暗号の基本は数学である。ＮＳＡは世界でもっとも多く数学者を雇う機関である。大学などの数学研究を金銭的に支援もしている。だが最近、数学者から盗聴機関との「関係を見直すべきだ」という声が上がっている（http://www.shikoku-np.co.jp/kagawa_news/column/20140827000131）。

（6）"'Stellar Wind' Whistleblower Reveals More About NSA Domestic Spying," Activist Post, http://www.activistpost.com/2012/12/stellar-wind-whistleblower-reveals-more.html

（7）http://www.theguardian.com/world/2013/jun/06/nsa-phone-records-verizon-court-order。

（8）ＮＳＡは、南北戦争の有名な戦闘から名前を取ったブルランという暗号名の暗号解読プログラムを二〇〇〇年から開発してきた。同プログラムは、セキュリティ目的で暗号化された情報を伝送初期段階で「裏口」（バックドア）で解読していた。

ＮＳＡは、同プログラムを英国の情報収集・暗号解読機関である「政府通信本部」（ＧＣＨＱ）にも紹介していた。

GCHQによって運営されているプログラムの暗号名が「エッジヒル」である。

　暗号解読プログラムの実体は、別名「五つの目」と呼ばれるNSA、GCHQ、カナダ、オーストラリア、ニュージーランドの情報機関の一部の分析家しか正確には知らないほど極秘裏に運営されてきた（http://japanese.donga.com/srv/service.php3?biid=2013090779848）。

第11章

（1）「ブロック暗号」とは、データを一定の長さのブロックごとに区切り、ブロック単位で暗号化を行う暗号のこと。与えられたデータ（平文）を64ビットや128ビットなど「あらかじめ定められた長さ」（固定長）のブロックに区切り、この単位ごとに暗号化する手法がブロック暗号である。ブロックごとに分割された平文は、さらに分割、転置されて複雑なものに加工される。複雑さは暗号を解く鍵（暗号鍵）の「長さ」（鍵長）による。
　米政府が公表したDES（データ暗号化標準）は、解読が難しいという長所があって、民間企業によって多く採用されるようになった。

　DESを三回かけてさらに安全性を向上させたトリプルDES、SSL、ウェブの暗号化に利用されているRC5、DESの次世代版として期待されているAESなどがある（http://www.atmarkit.co.jp/ait/articles/0401/01/news076.html）。

（2）これは、公開鍵と秘密鍵の二つを使う方式の暗号である。秘密鍵暗号方式は、例えばアルファベットを別の文字に転換した文を暗号文として送信し、その解読用の秘密鍵を受信者に送るという方式である。しかし、鍵を送る過程で盗まれる可能性もあり、安全性に難があった。これを解決したのが、公開鍵と秘密鍵の二つの鍵方式である。
　公開鍵は、サーバなどに登録して誰でもダウンロードできるようにしておく。もう一つの秘密鍵は、誰にも知られないように大切に保管しておく「秘密」の鍵である。公開鍵と秘密鍵はペアの鍵で、お互いに関係はあるものの、公開鍵をいくら調べても秘密鍵がどうなっているかは分からない。そして秘密鍵で暗号化した文書は公開鍵でないと元に戻せない。逆に公開鍵で暗号化することもできるが、それは秘密鍵でないと元に戻せない、という仕組みが「公開鍵暗号方式」である。

暗号化して通信するときは、公開鍵で暗号化する。鍵は公開されているので、誰でも送信できるが、暗号化された文書は、公開鍵では元に戻せない（復号できない）。

これを復号できるのは秘密鍵だけである。復号して読むことができるのは秘密鍵を持っている正規の受信者だけなので安全である。

秘密鍵による暗号文は、公開鍵で読むこともできるが、誰の秘密鍵で暗号化されたかを知る人以外は復号が不可能である。

重要なのは秘密鍵が一つしかなく、それを持っているのは本人だけという点にある。秘密鍵で暗号化された文書は、秘密鍵を持った本人にしか作れない。したがって、これは「署名」と同じ効果がある。

ネットでやり取りされる文書には、サインもできないし、ハンコも押せない。しかし、秘密鍵を使えば、本人が作成した文書であることを証明することができる。

しかし、ディフィーたちは、そのアイディアを具体化できなかった。具体化に成功したのが、一九七七年、ロン・リベスト（一九四七年〜）、アディ・シャミール（一九五二年〜）、レオナード・エーデルマン一九四五年〜）の三人で、彼らのファミリーネームの頭文字を取って、RSA暗号と名付けられた。

さらに、一九九一年、プライベートな用途に公開鍵暗号を使うPGPを公開したのが、フィリップ・ジマーマン（一九五四年〜）である。このソフトは、'The International PGP Home Page' からダウンロードして、商用目的でなければ無償で使用することができる（http://www.infonet.co.jp/ueyama/ip/glossary/public_key.html）。

（3）「ビッグブラザー」とは、ジョージ・オーウェル（一九〇三〜五〇年）の小説『一九八四年』（一九四九年刊）に登場する架空の人物。独裁者のビッグブラザーが市民の一挙一動を監視する様《さま》が描かれている。

デーヴィッド・チャウムは、「ネットワーク型」電子マネーの元祖とされている。彼が一九八九年にオランダで創業した「デジキャッシュ」社用に開発した「eキャッシュ」がそれである（関口［二〇一四］）。

（4）メーリング・リストとは、複数の人に同時に電子メールを配信（同報）する仕組みである。用途としては、特定の話題に関心を持つグループなどで情報交換をする場合に利用されることが多い。メーリング・リストの原理は、登録メンバーの電子メールアドレスのリストと、メーリング・リスト宛ての代表電子メールアドレスを用意しておき、代表アドレスへ送信されたメールを、リストに登録されたメンバー全員のアドレスへ転送するものである。

(5)『日本経済新聞』二〇一五年七月三〇日〜八月二日付朝刊・夕刊。

(6)「米、ビットコイン決済拡大、安い手数料、デルなど相次ぎ採用、取引所破綻越え」『日本経済新聞』二〇一四年一一月四日付朝刊。

(7)「リクルート『ビットコイン』参入、ベンチャーに出資」『日本経済新聞』二〇一五年一月二八日付朝刊。

(8)「ビットコインに法規制検討、事業者の参入要件焦点に、利用者確認、資金洗浄防ぐ」『日本経済新聞』二〇一五年八月三日付朝刊。

(9)藤田「プルードンの貨幣論」。

(10)河野健二は次のように言う。「プルードンの述べた『二〇世紀は連合の時代を開くであろう』という予言は嘘ではなかった。ECその他の地域連合もまた、プルードン的着想の実現であった。今後に予想されるのは、国際的規模での連合の強化と、各国の内部における連合主義の一層の前進であろう。ここ二、三世紀の間、力を振るってきた国家中心主義や、集権制からの脱却の試みが現れるたびに、このブザンソン生まれの独学の思想家の名前が想起されないことはないであろう。私たちはそういう時代に向かっているのではなかろうか」(河野健二［一九八七］)。

プルードン研究の世界的権威者、ジャン・バンカール(Jean Bancal)も言う。「死後一〇〇年を経たプルードンは、明日のため、さらにその後のために書いているように思われるし、人は将来の展望と今日と将来の問題解決を目指すとき、彼に接近してしまうのである。……社会の哲学的・経済的発展、それが宿す危機とそれが担う希望、それが可能にする対話、これらすべてが、プルードンを二一世紀の予言者たらしめているのではないだろうか」(バンカール『プルードン』)。

†参考文献

第1章

Brynjolfsson, Erik & Andrew McAfee [2011] *Race Against The Machine: How the Digital Revolution is Accelerating Innovation, Driving Productivity, and Irreversibly Transforming Employment and the Economy* (English ed.), W. W. Norton & Co. Inc.〔ブリニョルフソン、エリック&アンドリュー・マカフィー『機械との競争』村井章子訳、日経BP社、二〇一三年〕。

Brynjolfsson, Erik & Andrew McAfee [2014] *The Second Machine Age: Work, Progress, and Prosperity in a Time of Brilliant Technologies* (English edn.).〔ブリニョルフソン、エリック&アンドリュー・マカフィー『第二の機械時代』(邦訳書なし)〕。

(The) Economist [2015] "The On-Demand Economy: Workers on Tap," 3rd January.〔『ザ・エコノミスト』「急成長するオンデマンド経済:労働市場の未来」『JBプレス』二〇一五年一月五日号〕。

Grapper, John [2015] "Tech has to create more than disruption," *Financial Times*, 21st January.〔ジョーン・グラッパー「技術は破壊以上のものを創り出さねばならない」『JBプレス』二〇一五年一月二三日号〕。

窪谷浩［二〇一四］「米国『労働市場の緩み』の点検」『基礎研レポート』(ニッセイ基礎研究所) 二〇一四年一二月二六日付。

第2章

Acemoglu, Daron & David Autor [2011] "Skills, Tasks and Technologies: Implications for Employment and Earnings," *Handbook of Labor Economics*, Vol. 4.〔ダロン・アセモグル他「技術、仕事、テクノロジー——雇用と所得への示唆」(邦訳書なし)〕。

Acemoglu, Daron & James Robinson [2912] *Why Nations Fail: the Origins of Power, Prosperity*, Random House Digital, Inc.〔ダロン・アセモグル他『国家はなぜ没落するのか——力、繁栄、貧困の起源』(邦訳書なし)〕。

Autor, David & David Dorn [2013] "The Growth of Low Skill Service Jobs and the Polarization of the US Labor Market," *The American Economic Review*, Vol. 103, No. 5.〔デーヴィド・アウター「低熟練のサービス労働の増大と米国労働市場の二極分解」

1〔邦訳書なし〕〕。
Bresnahan, Timothy [1999] "Computerisation and Wage Dispersion: an Analytical Reinterpretation," *The Economic Journal*, Vol. 109. No. 496.〔ティモシー・ブレスナハン「コンピュータリゼーションと賃金の分散――分析的再論」（邦訳書なし）〕。
Brynjolfsson, Erik & Andrew McAfee [2011] *Race Against the Machine: How the Digital Revolution is Accelerating Innovation, Driving Productivity, and Irreversibly Transforming Employment and the Economy*, Digital Frontier Press.〔エリック・ブリニョルフソン、アンドリュー・マカフィー『機械との競争――デジタル革命がいかにイノベーションを加速化させ、生産性を向上させ、雇用と経済を不可避的に変容させるか』村井章子訳、日経ＢＰ社、二〇一三年〕。
Charles, Singer, et. al. ed. [1957] *A History of Technology*, Oxford University Press.〔チャールズ・シンガー他編『技術の歴史』（邦訳書なし）〕。
Goos, Maarten & Alan Manning [2007] "Lousy and Lovely Jobs: The Rising Polarization of Work in Britain," *The Review of Economics and Statistics*, Vol. 89, No. 1.〔マーテン・グーズ他「嫌な労働と楽しい労働――英国における労働の分極化」（邦訳書なし）〕。
Goos, Maarten, Manning, Alan & Anna Salomons [2009] "Job Polarization in Europe," *The American Economic Review*, Vol. 99, No. 2.〔マーテン・グーズ、アラン・マニング、アンナ・ソロモンズ「ヨーロッパにおける仕事の分極化」（邦訳書なし）〕。
Ford, Martin [2009] *The Lights in the Tunnel: Automation, Accelerating Technology and the Economy of the Future*, Acculant Publishing.〔マーチン・フォード『テクノロジーが雇用の七五％を奪う』秋山勝訳、朝日新聞出版、二〇一五年〕。
Frey, Carl & Michael Osborne [2013] "The Future of Employment: How Susceptible Are Jobs to Computerisation?," http://www.oxfordmartin.ox.ac.uk/downloads/academic/The_Future_of_Employment.pdf〔カール・フレイ他「雇用の未来――仕事がいかにコンピュータリゼーションの影響を受けるか」（邦訳書なし）〕。
Garnier, Russell [2013] *Annals of the British Peasantry*, Hardpress Publishing, original 1908.〔ラッセル・ガルニエ『英国農民年誌』〕。
Goos, Maarten, Manning, Alan & Anna Salomons [2009] "Job Polarization in Europe," *The American Economic Review*, Vol. 99, No.

2.〔マーテン・グーズ、アラン・マニング、アンナ・ソロモンズ「ヨーロッパにおける仕事の分極化」（邦訳書なし）〕。
Hilbert, Martin & Priscila Lopez [2011] "The World's Technological Capacity to Store, Communicate, and Compute Information," *Science*, Vol. 332, No. 6025, April.〔マーチン・ヒルバート他「世界のテクノロジーの情報蓄積・通信・分析能力」（邦訳書なし）〕。
Kellenbenz, Hermann [1974] "Technology in the Age of the Scientific Revolution, 1500-1700," *The Fontana Economic History of Europe*, Vol. 2.〔ケレンベンツヘルマン・一五〇〇〜一七〇〇年の科学革命時代のテクノロジー」（邦訳書なし）〕。
Keynes, John, Maynard [1933] "Economic Possibilities for our Grandchildren (1930)," in *Essays in Persuasion*, Macmillan.〔ジョン・メイナード・ケインズ「孫の世代の経済的可能性」山岡洋一訳『ケインズ説得論集』日本経済新聞社、二〇一〇年、所収〕。
Levy, Frank & Richard Murnane [2004] *The New Division of Labor: How Computers are Creating the Next Job Market*, Princeton University Press.〔フランス・レビー、リチャード・マーネイン「新しい分業――コンピュータがいかに次の新しい職業市場を創っているのか」（邦訳書なし）〕。
Mantoux, Paul [2006] *The Industrial Revolution in the Eighteenth Century: an Outline of the Beginnings of the Modern Factory in England*, Taylor & Francis.〔ポール・マントウ『一八世紀の産業革命――イングランドにおける近代工場の始まり』〕。
Mokyr, Joel [1990] The Lever of Riches: *Technological Creativity and Economic Progress*, Oxford University Press.〔ジョエル・モキール「富裕者の影響力――テクノロジー開発と経済的進歩」（邦訳書なし）〕。
Nef. John [1957] "Coal Mining and Utilization," in Singer, Charles, *et al.* eds [1957].〔ジョーン・ネフ「石炭採掘と利用」（邦訳書なし）〕。
Nordhaus, William [2007] "Two Centuries of Productivity Growth in Computing," *The Journal of Economic History*, Vol. 67, No. 1.〔ウィリアム・ノードハウス「コンピュータの生産性向上の二世紀」（邦訳書なし）〕。
Schumpeter, Joseph [1962] *Capitalism, Socialism and Democracy*, Harper & Row.〔ヨーゼフ・シュムペーター『資本主義・社会主義・民主主義』中山伊知郎・東畑精一訳、東洋経済新報社、一九九五年〕。

桑津浩太郎〔二〇一四〕「コールセンター業界に忍び寄る『電話離れ』という危機――スマホ特需で活況を呈しているが…」ＪＢプレス、一一月六日号。

第３章

Levy, Steven [2011] *In the Plex: How Google Thinks, Works, and Shapes Our Lives*, Simon & Shuster.〔スティーブン・レビー『プレックスの中で――グーグルがいかに考え、仕事をし、われわれの人生を形成するのか』（邦訳書なし）〕。

Noelle-Neumann, Elisabeth [1966] *Offentliche Meinung und Soziale Kontrolle*, Ullstein, HC.〔E・ノエル＝ノイマン『沈黙の螺旋理論――世論形成過程の社会心理学』（改訂復刻版）池田謙一・安野智子訳、北大路書房、二〇一三年（初訳書は、池田謙一訳、プレーン出版、一九八八年）〕。

片山良平〔二〇一四ａ〕「ＩＴエンジニアの地位を落とす、日本企業の大きな誤解――ソフトウェア産業は製造業ではなくサービス業である」『日経ビジネス・オンライン』六月二三日。

Vogelstein, Fred [2013] *Dogfight: How Apple and Google Went to War and Started a Revolution*, Sarah Crichton Books.〔フレッド・ボーゲルスタイン『アップル vsグーグル―どちらが世界を支配するのか』依田卓巳訳、新潮社、二〇一三年〕。

片山良平〔二〇一四ｂ〕「ＩＴエンジニアがいない！　人材不足時代の採用と教育――外注から内製へ、ＩＴビジネスの潮流の変化を理解する」『日経ビジネス・オンライン』七月七日。

情報処理推進機構〔二〇一一〕『グローバル化を支えるＩＴ人材確保・育成施策に関する調査』（概要報告書）三月。

総務省情報通信国際戦略局〔二〇一三〕『ＩＣＴ産業のグローバル戦略等に関する調査研究』三月。

総務省情報通信国際戦略局〔二〇一四〕『情報通信業基本調査報告書』三月。

楡周平〔二〇一三〕『「いいね！」が社会を破壊する』新潮新書。

広瀬隆雄〔二〇一四〕「グーグルの無議決権株の無償割当に見る、シリコンバレーの傲慢」『ダイヤモンド・オンライン』四月七日。

真壁昭夫［二〇一四a］「ソニーに追加リストラを迫った外国家電猛襲の危急」『ダイヤモンド・オンライン』一月七日。

真壁昭夫［二〇一四b］「日本の技術者を使い捨てる韓国企業から身を守れ！SKハイニックス事件に見る情報漏洩の現状と教訓」『ダイヤモンド・オンライン』三月二五日。

増岡直二郎［二〇〇七］「ダメシステムとその甦生に関わる人々（九）――SEのシステム責任能力がレイムダック化を絶つ」『日経コンピュータ・デジタル』一月一二日。

宮崎智之［二〇一二］「電機各社の大リストラで広がる疑心暗鬼の連鎖」『ダイヤモンド・オンライン』六月八日。

本山美彦［二〇〇三］『ESOP――株価資本主義の克服』シュプリンガーフェアラーク東京。

森健［二〇〇六］『グーグル・アマゾン化する社会』光文社新書。

第4章

Isaacson, Walter [2011] *Steve Jobs*, Simon & Schuster.〔ウォルター・アイザックソン『スティーブ・ジョブズ』（一・二）井口耕二訳、講談社、二〇一一年〕。
McLuhan, Marshall [1962] *The Gutenberg Galaxy: The Making of Typographic Man*, University of Toronto Press.〔マーシャル・マクルーハン『グーテンベルクの銀河系――活字人間の形成』森常治訳、みすず書房、一九八六年〕。
Noelle=Neumann, Elisabeth [1984] *Die Schweigespirale: Offenltiche Meinung*, Unsere Soziale Haut, Piper Verlag GmbH.〔E・ノエル＝ノイマン『沈黙の螺旋理論――世論形成過程の社会心理学』（改訂復刻版）池田謙一・安野智子訳、北大路書房、二〇一三年（初訳書は、池田謙一訳、ブレーン出版、一九八八年）〕。
Orwell, George [1949] *1984*, Secker and Warburg.〔ジョージ・オーウェル『一九八四年』吉田健一・龍口直太郎共訳、文藝春秋新社、一九五〇年〕。
Vogelstein, Fred [2013] *Dogfight: How Apple and Google Went to War and Started a Revolution*, Sarah Crichton Books.〔フレッド・ボーゲルスタイン『アップルvsグーグル――どちらが世界を支配するのか』依田卓巳訳、新潮社、二〇一三年〕。
佐々木俊尚［二〇一一］『キュレーションの時代――「つながり」の情報革命が始まる』ちくま新書。
内閣府［二〇一四］「平成二五年度・青少年のインターネット利用環境実態調査」二〇一四年二月一九日発表。

福沢諭吉［二〇〇六］伊藤政雄校注『学問のすゝめ』講談社学術文庫、オリジナルは一八七一～七六年。

宮崎智之［二〇一三］「なぜ人はバカッターでカオスに身を投じるのか？　二〇一三年を闊歩した『ネットおバカ』の来し方行く末」『ダイヤモンド・オンライン』二〇一三年一二月一三日号。

森健［二〇〇六］『グーグル・アマゾン化する社会』光文社新書。

第5章

Hayek, Friedrich August von [1944] *The Road to Serfdom*, University of Chicago Press.〔フリードリヒ・フォン・ハイエク『隷属への道』西山千明訳、春秋社、一九九二年〕。
Hawking, Stephen [2014] "AI could Curse End of the Human Race: Interview by BBC," *The Independent*, Oct. 8.〔スティーブン・ホーキング「ＢＢＣのインタビュー」（邦訳書なし）〕。
Kelly, Kevin [2010] *What Technology Wants*, Viking Press.〔ケヴィン・ケリー『テクニウム――テクノロジーはどこへ向かうのか？』服部桂訳、みすず書房、二〇一四年〕。
Kurzweil, Ray [1999] *The Age of Spiritual Machines: When Computers Exceed Human Intelligence*, Viking Books.〔レイ・カーツワイル『スピリチュアル・マシーン――コンピュータに魂が宿るとき』田中三彦・田中茂彦訳、翔泳社、二〇〇一年〕。
Kurzweil, Ray [2005] *The Singularity Is Near: When Humans Transcend Biology*, Viking Books.〔レイ・カーツワイル『ポスト・ヒューマン誕生――コンピュータが人類の知性を超えるとき』小野木明恵・野中香方子・福田実訳、ＮＨＫ出版、二〇〇七年〕。
Moore, Gordon E. [1965] "Cramming more Components onto Integrated Circuits," *Electronics Magazine*, April 19.〔ゴードン・ムーア「集積回路に詰め込める部品の量」（邦訳書なし）〕。
Rand, Ayn [1943] *The Fountainhead*, Bobbs-Merrill.〔アイン・ランド『水源』藤森かよこ訳、ビジネス社、二〇〇四年〕。
Rand, Ayn [1957] *Atlas Shrugged*, Random House.〔アイン・ランド『肩をすくめるアトラス』脇坂あゆみ訳、ビジネス社、二〇〇四年〕。
Rand, Ayn [1964] "Check Your Premises: The Property States of Airwaves," *The Objectivist Newsletter*, Vol. 3, No. 4, April.〔アイン・ランド「あなたの前提をチェックせよ——電波の資産価値」（邦訳書なし）〕。
Winner, Langon [1995] "Cyberlibertarian Myths and the Prospects for Community," in Johnson, D & H. Nissenbaum [1995] *Computers, Ethics & Social Values*, Prentice-Hall, 1995.〔ラングン・ウィナー「サイバー・リバタリアンの神話と共同体への展望」（邦訳書なし）〕。
松田卓也［二〇一二］『二〇四五年問題』廣済堂出版。

第6章

Dawkins, Richard [2006] *The God Delusion*, Mariner Books. [Reprinted, 2008]〔リチャード・ドーキンス『神は妄想である——宗教との決別』垂水雄二訳、早川書房、二〇〇七年〕
Gilder, George [1973] *Sexual Suicide*, Quadrangle.〔ジョージ・ギルダー『性の自殺』（邦訳書なし）〕。
Gilder, George [1974] *Naked Nomads: Unmarried Men in America*, Quadrangle.〔ジョージ・ギルダー『裸のノマド——米国の未婚男性』（邦訳書なし）〕。
Gilder, George [1978] *Visible Man: A True Story of Post-Racist America*, ICS Press; 2nd Revised edn, 1995.〔ジョージ・ギルダー『ビジブル・マン——人種差別廃止後の米国のある物語』（邦訳書なし）〕。
Gilder, George [1981] *Wealth and Poverty*, ICS Press.〔ジョージ・ギルダー『富と貧困——供給重視の経済学』斎藤精一郎訳、NHK出版、一九八一年〕*Wealth and Poverty*: A New Edition for the Twenty-First Century, Regnery Publishing, 2012.
Gilder, George [1986] *Men and Marriage*, Pelican Pub Co Inc.〔ジョージ・ギルダー『男性と結婚』（邦訳書なし）〕。
Gilder, George F. [1990] *Life After Television: The Coming Transformation of Media and American Life*, W. W. Norton & Company.〔ジョージ・ギルダー『テレビの消える日』森泉淳訳、講談社、一九九三年〕Revised ed., 1994.
Gilder, George [1994] "Freedom from Welfare Dependency," *Religion & Liberty*, March/April.〔ジョージ・ギルダー「福祉依存からの脱却」（邦訳書なし）〕。

Gilder, George [2007] "Faith in Hierarchy: An Interview with George Gilder By: Ruthie Blum," *The Jerusalem Post*, June 20.〔ジョージ・ギルダー「階層秩序への信仰――インタビュー」（邦訳書なし）〕(http://www.desociety.org/id/information/07620.html)

Gilder, George [2009] *Israel Test*, Richard Vigilante Books.〔ジョージ・ギルダー『イスラエル・テスト』（邦訳書なし）〕。

Gilder, George [2009] "Choosing the Chosen People?Anti-Semitism," *National Review*, July 30.〔ジョージ・ギルダー「選ばれた人々を選ぶ」（邦訳書なし）〕。

Reagan, Ronald [1989] "The Goliath of Totalitarianism will be Brought down by the David of the Microchip," *The Guardian*, Jun. 14, 1989.〔ロナルド・レーガン「マイクロチップ」（邦訳書なし）〕。

Romer, Paul [1986] "Increasing Returns and Long Run Growth," *Journal of Political Economy*, Vol. 98, No. 5, October.〔ポール・ローマー「収穫逓増と長期成長」（邦訳書なし）〕。

Romer, Paul [1990] "Endogenous Technological Change," *Journal of Political Economy*, Vol. 98, No. 5, Part 2, October.〔ポール・ローマー「外生的技術変化」（邦訳書なし）〕。

公文俊平［二〇一一］『情報社会のいま――あたらしい智民たちへ』ＮＴＴ出版〕。

第７章

Barshay, Andrew E. [2004] *The Social Sciences in Modern Japan*, University of California Press (Berkeley).〔アンドリュー・バーシェイ『近代日本の社会科学』（邦訳書なし）〕。

Bayes, Thomas [1764] "An Essay Toward Solving a Problem in the Doctrine of Chances," in *Biometrika*, 45, (rep. 1958).〔トーマス・ベイズ「確率論の問題を解くためのエッセイ」（邦訳書なし）〕。

Berman, Edward [1983] *The Influence of the Carnegie, Ford, and Rockefeller Foundations on American Foreign Policy*, State University of New York Press.〔エドワード・バーマン『米国外交に与えたカーネギー、フォード、ロックフェラー財団の影響』

〔邦訳書なし）〕
Buchanan, Norman [1957]"Economics and Economists in Japan," October 5-16, 1957, folder 445, box 67, series 609, record group 102, Rockefeller Foundation Archives, RAC.〔ノーマン・ブキャナン「日本における経済学と経済学者たち」（邦訳書なし）〕。
Cyert, Richard & James March [1963] *A Behavioral Theory of the Firm*, Wiley Blackwell.〔R・M・サイアート、J・G・マーチ『企業の行動理論』松田武彦・井上恒夫訳、ダイヤモンド社、一九六七年〕。
Fars, Charles [1948] "Comments on Japan and Suggestions for Rockefeller Fondation Policy There," January 26, 1948, folder 22, box 3, series 600, record group 1-2, Rockefeller Foundation Archives, RCA.〔チャールズ・ファーズ「日本におけるロックフェラー財団の政策へのコメントと提言」（邦訳書なし）〕。
Fosdick, Raymond [1952] *The Story of the Rockefeller Foundation*, Harper & Brothers.〔レイモンド・フォスディック『ロックフェラー財団史』（邦訳書なし）〕。
Hagen, Evarett [1985] *Economics of Development (Irwin Series in Economics)*, Richard D Irwin.〔エバレット・ヘーゲン『開発経済論』（封訳書なし）〕
Garis, Hugo de [2009] "The Coming Artilect War," *Forbes*, June 22.〔ヒューゴ・デ・ガリス「迫り来る知性戦争」（邦訳書なし）〕
Kuznets, Simon [1941] *National Income and its Composition, 1919-1938*, National Bureau of Economic Research.〔サイモン・クズネッツ『一九一八〜三八年の国民所得とその構成』（邦訳書なし）〕。
Kuznets, Simon [1971] *Economic Growth of Nations. Total Output and Production Structure*, Harvard University Press.〔サイモン・クズネッツ『国民の経済成長と生産構造』（邦訳書なし）〕。
Roger, Evans F. [1956] "East Asia Trip Tokyo," October 26, 1956, folder 538, box 49, series 609, record group 1-2, Rockefeller Foundation Archives, RAG.〔エヴァンス・F・ロジャー「東アジア・東京訪問」（邦訳書なし）〕。
Rosovsky, Henry [1961a] *Capital Formation in Japan, 1868-1940*, The Free Press of Glencoe.〔ロソフスキー『一八六八〜一九四〇年の日本における資本形成』（邦訳書なし）〕。
Rosovsky, Henry [1961b] *Quantitative Japanese Economic History*, University of California (Berkeley).〔ロソフスキー『日本の数量経済史』（邦訳書なし）〕。

Rosovsky, Henry [1990] *The University: An Owner's Manual*, W.W. Norton and Company.〔ヘンリー・ロソフスキー『ロソフスキー教授の大学の未来へ――ハーヴァード流大学人マニュアル』佐藤隆三訳、TBSブリタニカ、一九九二年〕。

Rosovsky, Henry & Kazushi Okawa [1973] *Japanese Economic Growth: Trend Acceleration in the Twentieth Century*, Stanford University Press.〔同時発行の邦語版、ヘンリー・ロソフスキー・大川一司『日本の経済成長――20世紀における趨勢加速』東洋経済新報社〕。

Rosovsky, Henry & Hugh Patrick [1976] *Asia's New Giant: How the Japanese Economy Works*, Brookings Institution.〔ヘンリー・ロソフスキー、ヒュー・パトリック『アジアの新しい巨人――日本の経済がいかに機能しているか（邦訳書なし）〕。

Rosovsky, Henry & Shunpei Kumon [1992] *Political Economy of Japan: Cultural and Social Dynamics*, Stanford University Press.〔ヘンリー・ロドフスキー、公文俊平『日本の政治経済――文化・社会のダイナミズム』（邦訳書なし）〕。

Rostow, Walt Whitman [1952] *The Process of Economic Growth*, W.W. Norton and Company.〔W・W・ロストウ『経済成長の過程』酒井正三郎・北川一雄訳、東洋経済新報社、一九五五年〕。

Rostow, Walt Whitman [1959] "Rostow on Growth," *The Economist*, 15 August.〔W・W・ロストウ「ロストウ、成長について」（邦訳書なし）〕。

Rostow, Walt Whitman [1960] *The Stages of Economic Growth: a Non-Communist Manifesto*, Cambridge University Press.〔W・W・ロストウ『経済成長の諸段階――一つの非共産主義宣言』木村健康・久保まち子・村上泰亮訳、ダイヤモンド社、一九六一年〕。

Shaplen, Robert [1964] *Toward the Wellbeing of Mankind: Fifty Years of the Rockefeller Foundation*, Doubleday.〔ロバート・シャプレン「人類の福祉向上を求めて――ロックフェラー財団の五〇年」（邦訳書なし）〕。

Simon, Herbert [1977] *Models of Discovery: and Other Topics in the Methods of Science*, Reidel.〔ハーバート・サイモン『発見のモデル――科学的方法における他のトピックス』（邦訳書なし）〕。

Simon, Herbert [1996] *The Science of The Artificial, 3rd edn*, MIT Press; 1st edn, 1969.〔ハーバート・サイモン『システムの科学（第三版）』稲葉元吉・吉原英樹訳、パーソナルメディア、一九九九年〕。

Simon, Herbert [1997] *Administrative Behavior: A Study of Decision-Making Processes in Administrative Organizations*, 4th edn, The Free Press; 1st edn, 1947.〔ハーバート・サイモン『新版 経営行動――経営組織における意思決定過程の研究』二村敏子・桑田耕太郎・高尾義明・西脇暢子・高柳美香訳、ダイヤモンド社、二〇〇九年〕。

Simon, Herbert [1977] *Models of Discovery: and Other Topics in the Methods of Science*, Dordrecht.〔ハーバート・サイモン『発見のモデル』（邦訳書なし）〕

Walter, LaFeber [2003] "Forward," in George McT. Kahin, *Southeast Asia: a Testament*, *Routledge Curzon*, 2003.〔ラファーバー・ウォルター、ジョージ・カーヒン『東南アジア』への序言」（邦訳書なし）〕。

Wittgenstein, Ludwig [1921] "Logisch-Philosophische Abhandlung," *Annalen der Naturphilosophie*, 14.〔ルートヴィヒ・ウィトゲンシュタイン『論理哲学論考』野矢茂樹訳、岩波文庫、二〇〇三年〕。

辛島理人［二〇一五］『帝国日本のアジア研究――総力戦体制・経済リアリズム・民主社会主義』明石書店。

小林雅一［二〇一三］『クラウドからＡＩへ――アップル、グーグル、フェイスブックの次なる主戦場』朝日新書。

瀧口範子［二〇一四］「長年停滞したＡＩに、進化をもたらした男――グーグルのＡＩの中核をなす技術も開発」『東洋経済オンライン』四月一五日号。

松田武［二〇〇八］『戦後日本におけるアメリカのソフト・パワー』岩波書店。

渡部直樹［一九八〇］「Ｈ・Ａ・サイモン学説の方法論批判」『三田商学研究』二三巻一号、四月。

第8章

Fung, Kaiser [2014], "Google Flu Trends' Failure Shows Good Data," *Harvard Business Review*, March 25.〔カイザー・フン「良いビッグデータ」（邦訳書なし）〕。

Mayer-Schonberger, Viktor & Kenneth Cukier [2012], *Big Data: A Revolution That Will Transform How We Live, Work, and Think*, Houghton Mifflin Harcourt.〔ビクター・マイヤー＝ショーンベルガー、ケネス・クキエ『ビッグデータの正体――情報の産業革命が世界のすべてを変える』斎藤栄一郎訳、講談社、二〇一三年〕。

McKinsey Global Institute [2010], *Big Data: The Next Frontier for Innovation, Competition, and Productivity*, Report, May.〔マッキン

ゼー報告『ビッグデータ』邦訳書なし〕。

Schrager, Allison [2013], "Should We Believe More in Big Data or in Magic?," (Column), *Reuters*, November 6, 2013.〔ロイター、二〇一三年一一月六日配信（邦訳書なし）〕。

総務省［二〇一四］『平成二六年版情報通信白書』日経印刷株式会社。

塚越健司［二〇一三］「サイバー空間の権力論―スノーデン事件から考えるべき自由と安全保障の境界線」『インフィニティ』七月一〇日号。http://wedge.ismedia.jp/articles/-/2966

中野目純一［二〇一四］「ビッグデータはビッグプロブレム？――ジョン・クエルチ米ハーバード大学経営大学院教授に聞く」『日経ビジネス・オンライン』四月九日号。

西垣通、ドミニク・チェン（対談）［二〇一四］「情報（データ）は人を自由にするか」『現代思想』（特集・ポスト・ビッグデータと統計学の時代）六月。

野村直之［二〇一四］「Dr.ノムランのビッグデータ活用のサイエンス」NBオンライン、四月二日付。

第9章

CFTC & SEC [2010] *Findings Regarding the Marked Events of May 6, 2010*, U. S. Commodity & Futures Trading Commission and U. S. Securities and Exchange Commission, September 30, 2010. CFTC他〔『調査報告　二〇一〇年五月六日の出来事に関する知見』（邦訳書なし）〕。

Clementi, David [2001] "Banks and Systemic Risk ? Theory and Evidence," *BIS Review*, Vol. 43.〔デーヴィッド・クレメンティ「銀行のシステム危機」（邦訳書なし）〕。

English, Fanita [1969] "Episcript and the 'Hot Potato' Game," *Transactional Analysis Bulletin*, Vol. 32, No. 8.〔ファニタ・イングリッシュ「ホット・ポテト・ゲーム」（邦訳書なし）〕

Lewis, Michael [2014] *Flash Boys: A Wall Street Revolt*, W.W. Norton.〔マイケル・ルイス『フラッシュ・ボーイズ――一〇億分

の一秒の男たち』渡会圭子・東江一紀訳、文芸春秋、二〇一四年〕。

阿部重夫［二〇一四］「フラッシュ・ボーイズは日本にもいる！――超高速取引を前に、投資家は無力なカモ」『東洋経済オンライン』一〇月一〇日号。

大崎貞和［二〇〇九］「米国におけるフラッシュ・オーダー、ダークプール規制の動きと日本市場の課題」『旬刊商事法務』一八八一号、一一月一五日。

大墳剛士［二〇一四］『米国市場の複雑性とHFTを巡る議論』JPXワーキング・ペーパー・特別レポート。

兜　希［二〇一〇］「本日開店！　東証の眠りを覚ます『野村市場』――欧州でトップシェアのチャイエックスが日本参戦」『JBプレス』七月二九日。

金融財政事情編集部［二〇一二］「新聞の盲点　高速売買システム稼動で中小・地場証券会社に整理淘汰の大波」『金融財政事情』二月七日号。

土井隆義［二〇一四］『LINEで閉じる友だちの世界系線ネットで狭くなった人間関係』http://www.meijitosho.co.jp/eduzine/opinion/?id=20140176
松原弘［二〇一二］「HFT（高頻度取引）の台頭と日本市場」『金融財政事情』六二巻一号、一月三日号。

第10章

Greenwald, Glenn [2011] *With Liberty and Justice for Some: How the Law Is Used to Destroy Equality and Protect the Powerful*, Metropolitan Books.〔『一部の人間のための自由と正義：法がいかに平等を破壊し権力者たちを守るために法がいかに使われているか』（邦訳書なし）〕。
Harding, Luke [2014] *The Snowden Files: The Inside Story of the World's Most Wanted Man*, Vintage Books.〔ルーク・ハーディング『スノーデンファイル――地球上で最も追われている男の真実』三木俊哉訳、日経BP社、二〇一四年〕。
三木俊哉［二〇一四］「スノーデンファイル・訳者あとがき」『スノーデンファイル』日経BP社。

第11章

Andreesen, Marc [2014] "Why Bitcoin Matters," *New York Times*, January 21, 2014.〔マーク・アンドリーセン「なぜビットコインは重要か?」（邦訳書なし）〕。

Bancal, J. [1970] *Proudhon, Pluralisme et autogestion*, 2, Aubier Montaigne.〔ジャン・バンカール『プルードン　多元主義と自主管理（第二部）実現形態』藤田勝次郎訳、未來社、一九八四年〕。

Chaum, David [1985] "Security without Identification: Transaction Systems to Make Big Brother Obsolete," Communications of the ACM, Vol. 28, No. 10.〔デーヴィッド・チャウム「身元不明のまま安全性を得る——ビッグブラザーを追い越す取引システム」〕。

Eric Hughes [1993] "A Cypherpunk's Manifesto," http://www.activism.net/cypherpunk/manifesto.html〔エリック・ヒューズ「サイファー・パンク宣言」邦訳書なし〕。

河野健二［一九八七］『もう一つの社会主義』世界書院。

斉藤悦則［二〇〇〇］「プルードン」「所有とは何か」「人類における秩序の創造」「貧困の哲学」「哲学の貧困」的場昭弘他［二〇〇〇］所収。内田弘・石塚正英・柴田隆行編『新マルクス学事典』弘文堂。

関口和一［二〇一四］「必然だったビットコイン騒動、原点は二〇年前に」『日本経済新聞』三月六日、電子版。

藤田勝次郎「プルードンの貨幣改革について」（http://grsj.org/colum/colum/prouhdon_kaheikaikakunitsuite.htm）。

〔注および参考文献のＵＲＬは二〇一五年五月時点のものである。〕

あとがき

本書では、「はたらく（感＝労働）ことの尊厳が破壊される」という負の連鎖を糾弾してきた。このことが、企業のみならず社会の背骨を壊してしまう。

米国は世界の都である。多数のスタートアップ企業が潰れても、世界から若々しい新しい人材が蝟集してきて、別のスタートアップ企業を創設する。これが米国の強さだとして称賛されている。しかし、若者を米国に引き抜かれた若者の母国は、急速に老いた社会に転落してしまう。そうならないようにすればよいではないかと、マスコミの寵児たちは口を揃えて、変り映えのしない手垢のついたグローバリゼーション賛美論を出している。

そうだろうか？　野球のメジャーリーグは世界から優秀なプレーヤーを集めて世界にファンを持つ。しかし、プレーヤーを送り込む、地中海の国々の野球は支えてくれるファンを持つのであろうか。野球というプロスポーツが国民的人気を保っているのであろうか？

日本のプロ野球からも国民的人気のある優秀なプレーヤーがメジャーリーグに続々と入団し、日本の企業もメジャーのスポンサーに名乗りを上げている。しかし、日本のプロ野球が衰退の道を歩んでいることは否定できない事実である。

こういう言葉を吐く私は偏狭なナショナリストだろうか？

日本社会の停滞傾向とグローバリズムとは本当に無縁なことであろうか？　日本ですら世界の都になれない。都とは人を集める所である。しかし、都に若者を奪われた田舎は確実に衰退する。国全体が都になれるのはシンガポールと香港だけである。

いつ、日本の経営者がそのことに気付いてくれるのだろうか？

最後になったが、本書の出版を許可して下さった明石書店に感謝する。編集者の小林洋幸氏からの、並々ならぬ励ましを得て、私は本書を書き下ろした。こんなことを言えば、氏には迷惑だとは思うが、本書は、氏と私との共同作業であると感謝している。

二〇一五年一一月五日　神戸御影にて

本山美彦

著者紹介
本山美彦（もとやま よしひこ）

世界経済論専攻。1943年神戸市生まれ。京都大学名誉教授。公益社団法人・国際経済労働研究所理事長。元・日本国際経済学会長（1997～99年、現在、顧問）。元・京都大学大学院経済学研究科長兼経済学部長（2000～02年）。元・日本学術会議第18期第3部（経済学）会員（2000～03年）。元・大阪産業大学学長（2010～2013年）。

金融モラルの確立を研究テーマにしている。

主な著書、『世界経済論』（同文舘、1976年）、『貿易論序説』（有斐閣、1982年）、『貨幣と世界システム』（三嶺書房、1986年）、『国際金融と第三世界』（三嶺書房、1987年）、『国際通貨体制と構造的権力』（三嶺書房、1989年）、『環境破壊と国際経済』（有斐閣、1990年）、『南と北』（筑摩書房、1991年）、『豊かな国・貧しい国』（岩波書店、1991年）、『ノミスマ（貨幣）』（三嶺書房、1993年）、『新・新国際分業と構造的権力』（三嶺書房、1994年）、『倫理なき資本主義の時代』（三嶺書房、1996年）、『売られるアジア』（新書館、2000年）、『ドル化』（シュプリンガー・フェアラーク東京、2001年）、『ESOP・株価資本主義の克服』（シュプリンガー・フェアラーク東京、2003年）、『民営化される戦争』（ナカニシヤ出版、2004年）、『売られ続ける日本、買い漁るアメリカ』（ビジネス社、2006年）、『姿なき占領』（ビジネス社、2007年）、『格付け洗脳とアメリカ支配の終わり』（ビジネス社、2008年）、『金融権力』（岩波書店、2008年）、『金融危機後の世界経済を見通すための経済学』（作品社、2009年）、『オバマ現象を解読する』（ナカニシヤ出版、2010年）、『韓国併合と同祖神話の破綻』（御茶の水書房、2010年）、『韓国併合』（御茶の水書房、2011年）、『アソシエの経済学』（社会評論社、2012年）。

人工知能と21世紀の資本主義
――サイバー空間と新自由主義

2015年12月25日　初版第1刷発行
2017年6月25日　初版第3刷発行

著　者――本山美彦
発行者――石井昭男
発行所――株式会社　明石書店
〒101-0021　東京都千代田区外神田6-9-5
電　話　03-5818-1171
FAX　03-5818-1174
振　替　00100-7-24505
http://www.akashi.co.jp
装　幀――明石書店デザイン室
印　刷――株式会社文化カラー印刷
製　本――協栄製本株式会社

（定価はカバーに表示してあります）
ISBN978-4-7503-4292-4